prometeo libros

ARGENTINA 4.0

La revolución ciudadana

Carlos Magariños

ARGENTINA 4.0
La revolución ciudadana

*Promesas, mitos y desafíos de la democracia
en la era digital*

prometeo
libros

Este libro está dedicado a quienes creen que un país mejor es posible y que todos tenemos un rol que jugar para edificarlo, buscando los ideales de libertad, igualdad, progreso y paz.

En un plano más personal dedico esta obra a Belén, María de los Milagros, Tomás y Agustín, por su paciencia y compañía y por estimularme a buscar esos ideales, dándole una nueva perspectiva a mi vida y mi trabajo.

Esta obra

Argentina 4.0 pretende provocar una interacción, un diálogo que continúe y se enriquezca con nuevas ideas alrededor de una propuesta. Elude así la tentación de enviar un mensaje unidireccional con una solución definitiva.

Guarda la esperanza de convertirse en una iniciativa verdaderamente comunitaria, de la que la gente se apodere para construir, de una vez por todas, una democracia moderna en una sociedad más justa, equitativa y progresista.

Para estimular a las personas a pensar por sí mismas y hacer sus propias elecciones, este trabajo no está organizado de la manera convencional, con capítulos numerados y ordenados en un índice.

Solo tiene seis secciones que agrupan una serie de ideas, presentadas a través de un conjunto de títulos. Tanto las secciones como sus títulos pueden leerse en cualquier orden y examinarse de acuerdo con las prioridades y los intereses de los lectores.

Los títulos, a su vez, desarrollan una serie de conceptos, que se ponen a consideración de los lectores para fomentar el intercambio de opiniones. Se ofrecen también unas reflexiones generales.

Argentina 4.0 es un rompecabezas para armar entre todos. Empecemos ya. Es una aventura que comienza en estas páginas y continúa en www.argentina40.com

Fábula del colibrí

Aquel día hubo un gran incendio en la selva. Todos los animales huían despavoridos.

En mitad de la confusión, un pequeño colibrí empezó a volar en dirección contraria a todos los demás. Los leones, las jirafas, los elefantes... todos miraban al colibrí asombrados, pensando que demonios hacía volando hacia el fuego.

Uno de los animales, por fin, le preguntó: "¿Dónde vas? ¿Estás loco? Tenemos que huir del fuego".

El colibrí le contestó: "En medio de la selva hay un lago, recojo un poco de agua con mi pico y ayudo a apagar el incendio".

Asombrado, el otro animal sólo pudo decirle "Estás loco, no va a servir para nada. Tú solo no podrás apagarlo".

Y el colibrí le contestó con toda serenidad, seguro de sí mismo:

Es posible, pero yo cumplo con mi parte.

Una nota personal

Aun las ideas que aspiran a ser colectivas reconocen antecedentes personales. Pensé por primera vez en escribir este libro al regresar al país en 2007 luego de trabajar más de una década en el exterior. Durante ese período visité periódicamente Argentina por motivos laborales o personales y viví las crisis que pasamos a través de mi familia y mis amigos. Pero al restablecer mi vida en el país comprobé con mayor precisión cuánto habían cambiado las cosas.

Entre las distintas capas sociales parecía abrirse una falla sísmica. Me reencontré con una sociedad fracturada, con enormes contradicciones y contrastes. La Argentina se recuperaba de una crisis profunda y terminal, con decisión y decoro, pero cargaba sobre sus espaldas fenómenos sociales nuevos y complejos con grandes desafíos de cara al futuro.

Mi reacción inmediata fue la de proponer ideas –a través de un libro– y plantear propuestas, pero me pareció imprudente y un poco presumido de mi parte pretender asumir ese rol apenas retornado a un país que había pasado una etapa tan convulsionada. Pensé que tenía que aprender, escuchar y estudiar con dedicación y humildad para entender qué estaba pasando en la patria.

Mientras reorganizaba mi actividad profesional, tuve la oportunidad de reconocer esta Argentina contemporánea durante cinco intensos años de actividad política, académica y empresaria tanto en la Argentina como en el exterior.

Como resultado de ese proceso estoy más convencido que antes de la necesidad de preparar nuestro país para enfrentar los desafíos del futuro. Y como creo firmemente en el enfoque presentado en esta obra decidí arriesgarme a escribirlo.

Argentina tiene que ingresar en una nueva etapa y necesita una nueva agenda. Una agenda que ponga en el centro de la escena al ciudadano, sus necesidades y prioridades, para forjar un nuevo contrato social y volver a tener un país de clase media.

No se trata solo de una opinión o un punto de vista. Más allá de una evaluación particular, parece evidente que los cambios que tienen lugar en el mundo están empujando a nuestro país –tal y como ocurrió otras veces en nuestra historia– hacia una nueva era.

Podemos tratar de ignorar este cambio de época y buscar soluciones en el pasado. También podemos intentar eludir el efecto que estos fenómenos tendrán en nuestras vidas. Pero, tarde o temprano, llegará el momento en que tocarán a nuestra puerta. Si no nos preparamos para el futuro, el destino nos encontrará desarmados para enfrentar sus desafíos.

Y mis intereses en el futuro son muy concretos. María de los Milagros, Agustín y Tomás tienen ahora 5, 7 y 9 años y yo espero que, aun cuando la mayoría de mis hijos haya nacido en otros países, reconozcan a la Argentina como el propio y vivan con orgullo en una nación aún mejor que la mía, tal vez, una Argentina 4.0.

Eso será posible si debatimos acerca del cambio y del futuro, para encontrar soluciones concretas y las traducimos en instituciones lideradas por los ciudadanos. Hay que fortalecer sus derechos sociales y políticos, allí donde ellos residen, en su pueblo, en su ciudad, o en su provincia, para reconstruir un país federal y fortalecer a la clase media, recuperando nuestro lugar en el mundo.

Para ello debemos escucharnos los unos a los otros, promoviendo el diálogo y el consenso, atendiendo las necesidades de los demás sin pretender imponer nuestras prioridades, asegurando el derecho de las minorías.

Argentina 4.0 resume experiencias de un par de décadas de práctica profesional y académica en materia de desarrollo económico y social, así como cinco años de trabajo organizando material e investigando tendencias con la finalidad de contribuir con soluciones concretas para un futuro de cambios.

Agradecimientos

Esta obra y su autor tienen una deuda de gratitud con personas e instituciones que modelaron e influyeron en su contenido y formación.

En primer lugar debo agradecer a Juan Schiaretti, por haber leído y comentado una versión preliminar de esta obra. Él me dio la primera oportunidad de participar en la formulación y administración de políticas públicas. Su amistad y estímulo a lo largo de todos estos años han sido muy valiosos para mí.

Asimismo, quisiera expresar mi agradecimiento a mis antiguos colegas de las Naciones Unidas, por los extensos debates que compartimos –durante casi una década– sobre el futuro del planeta y los desafíos y amenazas de un nuevo orden mundial. Esta obra recoge y adapta muchas de las conclusiones a las que arribamos en esos debates, principalmente en los órganos de gobierno de la Organización de las Naciones Unidas para el Desarrollo Industrial (ONUDI, www.unido.org)

Del mismo modo tengo una deuda de gratitud con los líderes de las distintas agencias y organismos del sistema multilateral con los que compartí muchas horas de trabajo en el marco del Directorio de Jefes de Agencia para la Coordinación del sistema de las Naciones Unidas (www.unsceb.org). A pesar de mi juventud, siempre escucharon mis propuestas y me alentaron a participar, incluso en posiciones de liderazgo como la que me asigno Kofi Annan –secretario general de las Naciones Unidas 1997-2006– al nombrarme primer *Chairman* del Comité de Alto Nivel sobre Programas (www.unsceb.org/content/hlcp) de ese organismo (2000-2002)

Guardo un enorme y muy especial agradecimiento para con el Círculo de Montevideo (www.circulodemontevideo.org), una institución ejemplar, creada y promovida por un conjunto de hombres de Estado e intelectuales convocados por Julio María Sanguinetti, dos veces presidente del Uruguay.

Sus debates y actividades enriquecieron mi visión sobre el mundo, la democracia y la economía modernas. Tengo un gran afecto personal y una profunda admiración política por el doctor Sanguinetti y quiero expresarle mi profundo agradecimiento por sus comentarios y contribuciones.

Extiendo mi reconocimiento a Celia Szusterman, sir Marrack Goulding (póstumo), Warden de Saint Antony's Colllege(www.sant.ox.ac.uk) 1997-2006 y a Rosemary Thorp por darme la idea, la oportunidad y el apoyo para resultar seleccionado *Senior Associated Member* de esa prestigiosa institución. Mi paso por Oxford fue una experiencia extraordinaria y una profunda influencia académica en mi vida.

Aunque se ha incluido un apéndice bibliográfico quisiera reconocer especialmente las ideas inspiradas por el trabajo de Jeff Gates (*The Ownership Solution*), Don Tapscott y Anthony Williams (*Macrowikinomics*), Robert Conquest (*Reflections on a Ravage Century*), Anatole Kaletsky (*Capitalism 4.0*) y Pankaj Ghemawat (*World 3.0*).

Agradezco muy especialmente los consejos, opiniones y estímulo de Enrique Iglesias, por quien profeso una inmensa admiración personal e intelectual.

Un recuerdo y agradecimiento especial para Jorge Blanco Villegas (póstumo), quien siempre me estimuló a debatir y a pensar en la Argentina y sus desafíos. Fue mucho más que un amigo para mí y aprendí mucho de él.

Francisco Sercovich me alentó a escribir esta obra desde mi regreso a Buenos Aires. Revisó y comentó varias versiones de este trabajo. Le agradezco sus comentarios y enseñanzas. Rodolfo De Vincenzi también me ha dado un gran apoyo que quiero agradecer y reconocer.

El aliento e interés de Osvaldo Puccio Huidobro ha sido de gran importancia para moldear esta obra y agradezco sus consejos y opiniones así como el tiempo que dedicó a leer y comentar los distintos manuscritos.

Natalio Botana, cuya amistad tengo el privilegio de disfrutar, hizo comentarios fundamentales y contribuciones muy relevantes para esta obra.

Las opiniones, sugerencias e ideas de Marcelo Argüelles han sido muy valiosas para mí. Agradezco el tiempo compartido así como los debates con el grupo Villarino. Debo recordar con cariño el apoyo de Malú Kikuchi, el consejo de Natu Poblet y las valiosas contribuciones de Ramiro Sosa Navarro, Andrés Fernández y Antonio Assefh.

Por último quiero agradecer el estímulo y las opiniones de Raúl Diez Canseco Terry, mi querido hermano, sin cuyo apoyo tal vez esta obra no habría visto la luz.

La mayor deuda la tengo, sin embargo, con mi familia, que ha soportado mis encierros y humores mientras trabajaba en esta idea. Le agradezco a mi mujer, Belén, por sus innumerables consejos y por su dedicación y empeño en colaborar con mi trabajo.

Por supuesto, yo soy el único responsable por los errores, omisiones y fallas de esta obra, así como de cualquier controversia que la misma suscite.

Prefacio

El galardonado libro del biólogo y profesor estadounidense Jared Diamond, *Armas, gérmenes y acero*, postula, entre otras cosas, que la posesión temprana de especies vegetales y el cultivo de éstos, así como la domesticación de ciertos animales, hicieron que determinadas zonas de Europa logren un desarrollo sostenido y que, en cambio, otras quedaran rezagadas. Más tarde el mismo autor ampliaría su visión en su celebrado libro "Colapso", explicando el rol de los mecanismos de toma de decisiones en el ascenso y caída de las sociedades.

Siempre me pareció un enfoque impactante acerca del desarrollo de la humanidad y el impulso de las ventajas comparativas en la transformación de Occidente.

Ahora los profesores Daron Acemoglu y James A. Robinson, del Masachusetts Institute of Technology (MIT) y de la Universidad de Harvard, respectivamente, muestran en su libro *"Por qué fracasan las naciones"*, que los países escapan a la pobreza solamente cuando tienen instituciones económicas apropiadas, especialmente en lo referente a competencia y propiedad privada.

Como comenta el Nobel de Economía Gary Becker, hay en ellos (los profesores Acemoglu y Robinson) la convicción de que *"existe una mayor probabilidad de que los países desarrollen las instituciones adecuadas cuando tienen un sistema político plural y abierto, con competencia entre los candidatos a ocupar cargos públicos y un amplio electorado con capacidad por apostar por nuevos líderes políticos…"*.

Con renovada visión de futuro, el libro Argentina 4.0; *La revolución ciudadana*, que en esta oportunidad nos entrega el doctor Carlos Magariños, precisamente trata del poder y del ciudadano, de la participación del sector civil en una sociedad abierta y dispuesta a propulsar en la política la "destrucción creativa" de Schumpeter, que regenere la clase política mundial y que favorezca el cambio de época y el liderazgo de la institucionalidad. Solo así se consolidaría una sociedad inclusiva y emprendedora.

Para lograr tales fines, nada mejor que hacer uso de las tecnologías de la información y de las comunicaciones que han hecho posible la revolución comunicacional y el reinado de los tuits. Con estos componentes, el nuevo ciudadano global llegó para quedarse, dejando atrás los paradigmas que monopolizaban la información durante siglos beneficiando solo a élites privilegiadas. La democracia se fortalece en el siglo XXI principalmente a través de una mayor participación ciudadana.

¿Cuál es la piedra de toque o la plataforma sobre la cual se cimentan los cambios sociales y económicos, permanentes y veloces al compás de la tecnología y los soportes vanguardistas? Es la nueva sociedad que ha generado un mundo multipolar, global, ferozmente hipercompetitivo y, al decir del economista Moisés Naím, sin un único mando a la vista por buen tiempo.

Confiero todo este contexto para ubicar la obra, pionera en su enfoque y aleccionadora en su género del ensayo social y político de mi amigo y extraordinario consejero, el Dr. Carlos Magariños, quien desempeñara por ocho años, de 1997 hasta 2005, la dirección general de la Organización de las Naciones Unidas para el Desarrollo Industrial (Onudi), entidad rectora en la promoción de la cooperación entre los países industrializados y los países emergentes para acelerar el desarrollo industrial.

Magariños enfoca el pasado de Argentina para proyectarnos su presente; empero, sobre todo, nos habla del camino a seguir en el futuro **con el ciudadano en el centro de la escena** para reconstruir su nueva relación con la política, con la economía y la sociedad. También, reciclando los mecanismos de participación democrática a través de las nuevas tecnologías y potenciando la participación social en torno a la solución de los problemas concretos para mejorar la calidad de vida de la gente.

Este proceso, llamado Argentina 4.0, propone organizar la ´gran sociedad´ donde ciudadanos informados y comprometidos formulen sus propuestas y vigilen de manera militante el cumplimiento del mandato político que otorgan a sus representantes utilizando al mismo tiempo el poder del Estado y la dinámica del mercado para alcanzar sus objetivos.

En el alto nivel de calidad y profundidad de los análisis que forman parte del contenido de la obra, se presentan propuestas innovadoras, a saber: Políticas Sociales; Administración Pública; Democracia; Educación, Desarrollo Tecnológico e Innovación; Medio Ambiente y Energía; Economía y Sociedad.

Considero que son aportes sustantivos y replicables en cualquier país del mundo.

Conozco al doctor Magariños desde hace más de doce años. Tuve la fortuna de encontrarlo en mi camino, en 2002 en el desarrollo de un encuentro internacional, cuando liderábamos, él, desde Viena, Austria, la Organización de las Naciones Unidas para el Desarrollo Industrial (Onudi) y yo el Ministerio de Comercio Exterior y Turismo (Mincetur) y la primera vicepresidencia de Perú.

Acostumbrado a lidiar en la empresa privada y también en espacios públicos caracterizados en su gran mayoría por su indolencia colectiva y administración paquidérmica, encontré en él al ideal del funcionario internacional con gran sensibilidad por el entorno global y activo gestor de políticas que activan la lucha contra la pobreza y promueven la equidad social.

Muy joven cumplió con eficacia y eficiencia aquello que le encomendó la séptima sesión de la Conferencia General de la Onudi, en 1997: en un nuevo escenario planetario y de entornos cambiantes apoyar a las naciones emergentes para alcanzar el desarrollo industrial deseado y crecimientos sostenibles y sustentables, a fin de complementar los esfuerzos de los Estados en su lucha contra la pobreza y el subdesarrollo.

Así fue cómo, una vez conocida una iniciativa del portafolio a mi cargo orientada a ayudar a cientos de criadores de alpacas de los departamentos más pobres del Perú, Huancavelica y Puno, y cumpliendo su misión y función tan pronto como pudo, Carlos Magariños se puso el overol, arremangó camisas y logró la cooperación internacional que buscábamos para cumplir nuestro común objetivo: implementar dos centros de innovación tecnológica. Con estos centros mejoramos la calidad de vida de humildes campesinos, criadores de camélidos andinos y habitantes de territorios caracterizados por la dureza de su suelo, fiereza climática y la orfandad perpetua.

Les dotamos, así, con tecnología de punta para que mejoren el valor de la fibra de alpaca, insumo vital y necesario para la confección de productos textiles de calidad y orientados al mercado internacional del primer mundo.

He presentado este ejemplo para explicar mi convicción de que las transformaciones necesarias para que nuestras naciones se posicionen en lugares de vanguardia, serán conducidas por la nueva generación de líderes con espíritu social, ideas y visión de futuro y, sobre todo, con alma democrática.

Al fin de cuentas, el rumbo de la historia de la humanidad la forjan las buenas ideas como las que desfilan en esta innovadora propuesta editorial. Un trabajo a todas luces conceptuoso, horizontal y seductor para la tertulia de café, el debate de alto octanaje, el foro global y la democracia en acción. También la fraguan los buenos líderes como Carlos Magariños, quien, en su faceta de profesional, empresario, conferencista y político, se ha convertido en ciudadano del mundo y autorizada voz para la nueva generación.

Estoy seguro que al doctor Magariños, extraordinario amigo y mejor persona, lo encontraremos lidiando en las próximas batallas de las ideas. Será parte militante, por credo y convicción, de la nueva generación de protagonistas que transforman su nación, Argentina, para hacerla más equitativa, solidaria, justa, democrática, global, tecnológicamente competitiva y, obviamente, participativa.

Pero no nos equivoquemos, esto que parece prosa y retórica en torno a "forjar un nuevo contrato social que nos permita volver a tener un país (Argentina) de clase media", se origina en el alma y espíritu de una persona con alta sensibilidad social y creyente en sólidos principios y valoraciones. Un apotegma dice que "la gente puede que no recuerde exactamente lo que hiciste o dijiste, pero que siempre recordará cómo los hiciste sentir". En ese sentido, el doctor Carlos Magariños enfatiza la virtud del ejemplo para educar y a través de su libro nos hacer sentir que somos parte del cambio tecnológico y de la nueva era del siglo XXI.

Raúl Diez Canseco Terry
Exvicepresidente de Perú y fundador de la Corporación Educativa
San Ignacio de Loyola de Lima.

Historia de una idea

Cambio. Futuro. Soluciones. Esos son los temas que cuentan la historia de una idea: Argentina 4.0

Una idea que busca liderazgo en la clase media moderna y progresista, capaz de perseguir ideales de equidad, libertad y desarrollo recuperando un lugar en el mundo. Una idea dedicada a construir sobre los éxitos de 200 años de historia argentina sin eludir ni menospreciar las enseñanzas provistas por nuestros fracasos, los mismos que nos han impedido construir el país que imaginamos. Una idea que busca poner en el centro de la escena al ciudadano, expandiendo sus derechos civiles y políticos para rescatar una democracia secuestrada por burocracias políticas, empresarias y sindicales.

Argentina 4.0 busca catalizar un proceso de cambio que ya tiene lugar en el mundo, adaptándolo a nuestra realidad y generando soluciones concretas para vivir mejor en el futuro.

Por eso un tema central de este libro es el cambio. Y, sobre todo, la necesidad de adoptar una actitud positiva frente a él. Es acerca de la conveniencia de aprovecharlo para alcanzar nuestros objetivos y la insensatez de resistirlo, así como de utilizar su dinámica para transformar problemas en oportunidades.

Transitamos una época de cambios. Cambios exponenciales que alteran nuestra realidad constantemente y de diversas maneras. Cuando parece que por fin nos acostumbramos a un estado de cosas, una serie de cambios tecnológicos, políticos y sociales irrumpe de manera fulminante para poner de cabeza aquellas ideas que recién acabábamos de captar y las categorías que tratábamos de asumir. Y eso pasa cada vez con más frecuencia. Es sorprendente la velocidad, profundidad e intensidad con la que estos cambios despliegan su dinámica en nuestra vida cotidiana.

Para los que superan los 45 años es difícil reconocer el mundo que estudiamos en la escuela o en la universidad, repleto de categorías bipolares y cargado de verdades fijas y permanentes. Para los más jóvenes, sin embargo, el reto es aún mayor. Es difícil para ellos imaginar hacia dónde va el mundo que conocemos hoy.

No se trata tan sólo de una época de cambios. Vivimos un cambio de época.

Y por eso este libro es también acerca del futuro. Porque este cambio de época configura un futuro muy distinto a todo lo que conocemos. Aunque enfrentaremos viejos desafíos (como la desigualdad, la pobreza, la violencia, etc.), la fuerza dominante en nuestro futuro serán problemas nuevos (la escasez de agua, el fin de la energía barata, la degradación de la biosfera, etc.), algunos de los cuales ni siquiera imaginamos que estarán allí, esperando por nosotros.

Enfrentaremos nuevas fuerzas demográficas, nuevas exigencias para la producción de bienes y servicios, nuevos modelos de negocios y una nueva dinámica laboral.

Por primera vez los mayores de 60 años alcanzan el 14% de la población mundial aunque el 43% de los habitantes del planeta tienen menos de 25 años. Los empleos más demandados en los últimos años (por ejemplo, relacionados con el manejo de tráfico de redes sociales y otros) no existían seis o siete años atrás y una nueva generación de empresas de servicios surge a través de la web (reclutando, por ejemplo, en pocos años medio millón de personas que trabajan cuando ellos lo deciden en más de cien países distintos).

Por eso mismo este libro es también acerca de las soluciones que ese futuro de cambios nos exige. No podemos transitar el siglo XXI con los manuales del siglo XX. Esas soluciones no vendrán de la mano de liderazgos mesiánicos iluminados sino a través de instituciones. En el siglo XXI –como lo muestra la tecnología informática– el protagonismo es de la gente. De los consumidores, de los trabajadores, de los ciudadanos.

Esta es la historia de una idea: Argentina 4.0.

La idea de un país que, atendiendo las señales de un cambio de época, reconstruye el tejido social y se integra al mundo, forjando un nuevo contrato social que le garantice a cada compatriota la oportunidad de vivir una vida digna por sus propios medios, para erradicar la pobreza y la indigencia. Se trata de una nueva etapa del país donde los ciudadanos toman el rol protagónico y los políticos trabajan para la gente en instituciones que proveen soluciones concretas.

Argentina 4.0 busca devolverle el poder la gente y confiar en el liderazgo ciudadano con el objetivo de reconstruir la clase media a partir de una agenda dedicada a la formación de nuevos "activos" y "capacidades" personales y sociales que hagan posible una efectiva distribución de oportunidades.

Es una idea que quiere ser llevada a la acción. Por eso, aunque este trabajo está dedicado a indagar en cuestiones relacionadas con el progreso económico y social, tiene un título vinculado con la informática. El lenguaje de esa disciplina es apropiado para sintetizar la problemática de cambio, futuro y soluciones.

Los programadores asignan números crecientes a las versiones más avanzadas de los programas, como parte de un proceso evolutivo, donde los programas con números más altos proveen servicios de mayor calidad y más sofisticados.

¿Cómo se vería la historia argentina si la miráramos en términos de *"niveles de programación"*? ¿Qué pasaría si tratáramos de entenderla como un proceso en el cual introducimos una serie de cambios (mejoras o *"up-gradings"*) al programa original para incrementar sus prestaciones?

Vista así, la historia de nuestro país podría esquematizarse (con mis disculpas a los historiadores por la simplificación excesiva) en tres niveles de programación: su nacimiento; 1810-1862 (Argentina 1.0); el surgimiento del Estado; 1880-1930 (Argentina 2.0) y la democracia de masas; 1945-2001 (Argentina 3.0).

Es necesario trabajar sobre el próximo nivel de programación cuanto antes para reconectarnos con lo mejor de nosotros mismos y volver a ser parte del mundo. Se trata de organizar Argentina 4.0: una democracia de ciudadanos.

La propuesta busca rediseñar la relación de la gente con la cosa pública, utilizando la evolución de las ideas políticas y las nuevas tecnologías para recrear la "Plaza de Atenas", donde los ciudadanos ejercían sus derechos y cumplían sus obligaciones de la manera más directa posible, supervisada por sus vecinos.

Es una empresa excitante y peligrosa. Porque no todos los ciudadanos de Atenas podían acudir a la plaza. Los más pobres, aquellos con más necesidades, rara vez disponían de energía y recursos para discutir la cosa pública.

Por eso, habrá que avanzar gradualmente y experimentando, utilizando las nuevas tecnologías, no solo para expresarnos y comunicarnos, sino también para facilitar la participación de la gente, instruirla, educarla, apoyar su nutrición y su salud, fortalecer sus habilidades y su posición socioeconómica, liberando de ese modo la energía y la vocación de millones de personas para construir una sociedad mejor.

Poniendo en el centro de la agenda al ciudadano tendremos, además, la oportunidad de superar la dinámica clásica de la trayectoria histórica nacional basada a menudo en una serie de dicotomías fuertemente polarizadas (tales como unitarios y federales, agro vs. industria, Estado vs. mercado, etc.) y con demasiada frecuencia, irreconciliables.

Hacerlo de otro modo podría condenarnos al atraso y relegar el progreso de un país que tiene todo lo que necesita para asegurar a sus habitantes una vida digna.

Esta es la historia de una idea. Y, generalmente, las ideas cambian la historia.

La Nueva Época

En 1989 caía el muro de Berlín, desaparecía la Unión Soviética –uno de los líderes mundiales en la segunda mitad del siglo xx– y el mundo parecía quedar en manos de un líder único; los Estados Unidos de América. La integración de los mercados financieros y comerciales, conocida popularmente como "globalización", se aceleró de manera fulminante creando nuevos negocios y oportunidades para millones de personas y generando al mismo tiempo enormes desafíos y amenazas para la humanidad. La política global ecualizaba democracia con libertad económica.

A mediados de la década de los 1990s, se popularizaba una red informática llamada "internet", que cambiaría radicalmente la manera en que nos comunicamos, las formas de producir y consumir y el funcionamiento de muchas instituciones sociales. En unos pocos años su uso se generalizó de manera exponencial y se convirtió en una parte importante de la vida de mucha gente, acelerando todavía más la integración de los mercados y la globalización. ¿Se imaginan la vida cotidiana sin internet?

La fórmula integrada por la democracia occidental y la economía de mercado parecía cerrar los históricos debates acerca de cómo organizar mejor la vida de una sociedad y con ese argumento hubo quienes pregonaron que la humanidad había alcanzado el "fin de la historia".

Lejos de esos augurios, sin embargo, el siglo xxi comenzó con el estremecedor atentado terrorista que tuvo lugar en septiembre de 2001 contra las torres gemelas del Word Trade Center en Nueva York. Se trató del primer ataque que los Estados Unidos sufrieron en toda su historia por parte de fuerzas hostiles en su propio territorio, arrojando un saldo de alrededor de tres mil muertos.

Un viejo enemigo, el terrorismo, asomaba con una nueva dimensión y capacidad; su alcance global para golpear en cualquier parte.

Lejos de tratarse de un caso aislado el brutal atentado terrorista de Nueva York registraba antecedentes de menor escala aunque igualmente sangrientos

–tales como los ataques de los años 1992 y 1994 a la embajada de Israel y la AMIA respectivamente, que costaron centenares de vidas argentinas; o los de 1998 a las embajadas americanas en Kenia o Tanzania– y, en el contexto de la guerra contra el terrorismo, sería sucedido por otros encarnizados ataques en la estación Atocha de Madrid en marzo de 2004 o las bombas de julio de 2005 en el metro de Londres y la plaza Tavistock, que provocaron cientos de muertos.

Estos eventos también tuvieron significativas consecuencias prácticas en la vida cotidiana de millones de personas que viven en un país distinto al que nacieron (cuando viajan o giran remesas) y en millones hombres y mujeres que recorren el mundo diariamente.

Nuevas reglas para el control de migraciones, los movimientos de dinero y para la seguridad en los aeropuertos crearon un ambiente hostil para millones de migrantes en todo el mundo. Y, de algún modo, muchos las hemos experimentado. ¿Quién no han tenido casi que desvestirse para pasar un control de seguridad aeronáutico alguna vez? Seguramente han sido experiencias cansadoras pero mejores que las de quienes se han visto demorados por su origen étnico o su aspecto.

En materia económica la desaparición del comunismo soviético no sería la última novedad de la época. Incluso unos pocos años después de la caída del Muro de Berlín multitudes de manifestantes marchaban contra la globalización en las reuniones de organismos internacionales cuestionando el efecto social de la integración de los mercados. Las marchas tuvieron escaso impacto en la formulación de políticas aunque los disconformes lograban hacerse oír en pleno apogeo de las reformas de mercado.

Cuando esas protestas perdían fuerza, y parecía que la disputa acerca del rol del Estado y el del mercado en la economía estaba superada y se había saldado a favor de este último, explota una crisis financiera –en 2007– sin precedentes desde 1930, que estuvo a punto de derrumbar el sistema financiero internacional, afectando a millones de personas y amenazando todavía hoy la estabilidad económica global.

Las certidumbres del pasado se poblaron de preguntas acerca de cuál es el equilibrio apropiado entre regulación y libertad para lograr el mayor progreso social y qué rol tiene el Estado para garantizarlo. La relación entre democracia occidental y economía de mercado perdió su valor paradigmático y las dudas acerca de cómo organizar mejor una sociedad regresaron a los primeros planos de los debates.

La gente volvió a las calles de manera novedosa, organizándose a través de la innovación estrella de la internet de comienzos del siglo xxi: las "redes sociales" (Twitter, Facebook, etc.) nuevas protagonistas de la web 2.0. Ciudadanos de distintos rincones del planeta, viviendo bajo diversos regímenes políticos y con diferentes niveles de prosperidad económica, desataron una serie de protestas y reclamos que provocaron efectos significativos.

La llamada "primavera árabe" significó –a comienzos de 201– el fin de regímenes totalitarios que rigieron la zona por décadas. En Europa el malestar y los reclamos provocaron que casi una decena de gobiernos de la región cambiaran de manos. Y en los Estados Unidos los manifestantes salieron a las calles con sus reclamos.

En efecto, las protestas que tuvieron lugar en el norte de África, extendiéndose casi de inmediato por Medio Oriente, se originaron en las frustraciones de una población sometida a muchas postergaciones económicas –agudizadas en un contexto de aumento del precio de los alimentos– que vivía subyugada por regímenes políticos que, en su gran mayoría, carecían de credenciales democráticas. Su reclamo combinaba la necesidad de mejoras económicas con la búsqueda de un mayor ejercicio de sus derechos políticos.

Aun partiendo de una situación económica y política relativa completamente distinta, los manifestantes europeos y norteamericanos (área frecuente de destino para los migrantes árabes) también salieron a reclamar contra situaciones que afectaban su estilo de vida y sus oportunidades de progreso.

En un hecho sin precedentes las protestas se organizaron espontáneamente sin liderazgos personales o políticos definidos. En octubre de 2012, por ejemplo, utilizando las redes sociales para coordinarse y comunicarse, los manifestantes se reunieron contra la crisis global el mismo día en 950 ciudades de 82 países y aunque las protestas son difíciles de mantener en el tiempo constituyen, sin duda, un hecho político de la nueva época.

Se trata, tal vez, de la primera protesta de carácter verdaderamente global y colectivo. Los ciudadanos reclaman vivamente ser tenidos en cuenta más allá y más acá de las rondas de elecciones que tienen lugar periódicamente.

No se trata de la tradicional competencia del siglo pasado entre izquierda y derecha o del Estado versus el mercado. En esta nueva época las protestas parecen plantear una divisoria de aguas entre quienes ejercen el poder de manera vertical, jerárquica y excluyente y los que buscan un poder horizontal, cooperativo y transparente.

Son cambios profundos, que de pronto se vuelven vertiginosos. Con la misma intensidad, una nueva economía asoma en el horizonte del siglo XXI, modelando nuevas instituciones al compás de nuevos actores y nuevas reglas de juego. Aparece liderada por un conjunto de sectores emblemáticos que hacen de la innovación y el cambio técnico su carácter y su esencia, prometiendo revolucionar – aún más– la forma en que vivimos.

Por eso, resulta imprescindible pensar acerca del futuro y de cómo podemos anticiparnos a los desafíos que hoy mismo nos impone. La calidad de nuestra vida en el futuro depende crucialmente de una serie de decisiones que estamos tomando en el presente. Sería un error actuar como si el futuro no importara, sobre todo en una realidad dominada por el cambio.

Los cambios del futuro

En el futuro tendremos que enfrentar problemas conocidos como la pobreza, la falta de alimentos y la demanda de energía, pero también nuevos desafíos como la escasez de agua potable y la destrucción de la biodiversidad asociados con el deterioro del medio ambiente (en una escala sin precedentes) y con el aumento y la movilidad de la población mundial.

Por primera vez el mundo cuenta con unos mil millones de personas de más de 60 años, capaces de vivir con salud y plenitud la tercera etapa de su vida. Su concentración relativa en las economías más avanzadas crea nuevos patrones laborales y nuevos mercados, así como plantea una serie de desafíos fiscales en sus países para financiar esa longevidad con las prestaciones médicas y los beneficios del llamado "Estado del Bienestar".

Pero no tenemos un mundo más "adulto". En el año 2000 el plantea estaba habitado por 6100 millones de habitantes que apenas en 2012 ya se habían convertido en 7000 millones. El 43% tiene menos de 25 años (en algunos países esa proporción llega incluso al 60%) y la mayoría de esas personas vive en las economías emergentes.

El crecimiento de la población se acelerará en los próximos años así como la proporción de población joven, al tiempo que la gente continuará migrando a las ciudades. ¿Cómo vamos a crear empleo y asegurar el acceso a la educación, la salud y una vida digna para alrededor de 8000 millones de personas en 2020?

Sera difícil encontrar las respuestas en el sistema económico del siglo xx. Sus sectores emblemáticos (como el automotriz, la electrónica, etc.) han alcanzado la madurez tecnológica y necesitan menos mano de obra que antes.

Nuevos sectores emblemáticos (la biotecnología, las energías renovables, etc.) y nuevos modelos de negocios (como el "*crowdsourcing/funding*") basados en los últimos desarrollos tecnológicos están llamados a revolucionar las formas de trabajar y producir promoviendo una nueva camada de emprendedores, cuya presencia se hace cada vez más relevante para desarrollar nuevas empresas y oficios así como en el ejercicio de tareas sociales e, incluso, en la gestión del sector público.

En los años que faltan para completar esta, la segunda década del siglo, los países emergentes tienen la posibilidad real de llegar a producir casi el 60% del Producto Bruto Mundial (a paridad de poder de compra, PPP por sus siglas en inglés *Purchase Power Parity*).

El mayor crecimiento en su participación se produjo en la última década, cuando su ritmo de crecimiento duplicó al de los veinte años anteriores. Casi el 70% del crecimiento global de los últimos años proviene de las economías denominadas emergentes.

Allí se ha originado en los últimos años una nueva generación de empresas multinacionales que están tomando por asalto la economía global. No sólo vienen de China e India, las economías más dinámicas de las últimas décadas, sino también de otros rincones –menos obvios– del planeta como Brasil, México, Sudáfrica, Rusia, Indonesia, Egipto o Turquía.

A diferencia de las olas anteriores de empresas multinacionales (que gozaban de protección en su mercado interno para poder exportar a precios bajos) estas nuevas multinacionales tuvieron que ganar dinero a precios jamás vistos en las economías industriales avanzadas, revolucionando las estrategias corporativas conocidas hasta ahora.

Los cambios tecnológicos, la creación de empleo, el nuevo rol de las economías emergentes y los nuevos modelos de negocios prometen un futuro de cambios. Pero el cambio político, económico y social más relevante que vive el mundo desde el siglo XIX es la emergencia de una nueva clase media global.

De aquí a 2020 la clase media global podría expandirse lo suficiente como para que –por primera vez en la historia de la humanidad– más personas vivan en ese sector social que en la pobreza. Significará, sin duda, una revolución en la producción de energía y alimentos y una fuerte competencia por los recursos hídricos.

En ese contexto, el equilibrio geopolítico del mundo por venir se verá muy diferente del que conocimos hasta ahora, donde un mundo multipolar, con varios centros de poder, tendrá más probabilidades de materializarse que el mundo bipolar que pregonan los profetas del pasado.

Será un futuro más incierto e imprevisible donde escasearán las verdades fijas y permanentes. Requerirá una nueva forma de ejercer el poder y una nueva relación de los ciudadanos con la política y el Estado.

Más que una época de cambios transitamos, verdaderamente, un cambio de época.

Soluciones para un futuro de cambios

Para buscar soluciones a los problemas que nos aquejan, soluciones que nos permitan alcanzar la libertad, la justicia, la equidad y el desarrollo para todos tenemos que hablar del cambio y del futuro. Es una búsqueda que perseguimos hace tiempo y que se ha probado extraordinariamente elusiva en materia de resultados.

Los desafíos que nos impone la realidad que vivimos son complejos e intrincados y no es fácil descifrarlos del todo. Necesitamos entender cómo podemos defender los valores en los que creemos de los desafíos que los acechan en el futuro y, sobre todo, como podemos convertir esos desafíos y problemas en oportunidades y soluciones.

¿Es posible? Sí, es posible si promovemos el debate de ideas.

¡Y tendremos que hacerlo! Porque no vamos a resolver los problemas del futuro con las herramientas, las ideas y las políticas del pasado. Es probable que nos sintamos seguros hablando del Estado y el mercado pero ambos han probado sus límites y ya no podemos decir que uno de ellos prevalecerá en la contienda de ideas para construir la sociedad ideal. No hay verdades paradigmáticas ni fórmulas únicas. Apenas algunos rasgos comunes que se reconocen en todas las sociedades que progresan.

Si algo hemos aprendido en el "salvaje" siglo xx, es acerca del peligro de exagerar el valor de las ideas. Algunas de esas ideas e ideologías –como el fascismo, el imperialismo y el comunismo– fueron llevadas al extremo de causar millones de muertes y daños irreparables a generaciones enteras; y otras –como ha ocurrido con el capitalismo desregulado– han conducido a lamentar pérdidas materiales que afectan el bienestar y las perspectivas de igualdad y progreso de países enteros.

La historia parece indicarnos que las ideas que promueven el progreso son las que persiguen sus objetivos adaptando sus métodos, flexibilizando su aplicación para incorporar las enseñanzas que ofrece su práctica política. Flexibilidad, capacidad de adaptación –y a veces una dosis de moderación–

es lo que le ha permitido al sistema capitalista liderar y sobrevivir (con distintos formatos) dos siglos de cambios tecnológicos y sociales. Y es el mismo concepto que ha posibilitado que el sistema chino sobreviva al comunismo soviético.

En el pasado, para progresar, los países utilizaban armas para expandir sus territorios, aumentar sus recursos e imponer sus políticas. A medida que la especie humana alcanzó mayores niveles de civilización, esa contienda se trasladó a los mercados de bienes y servicios, donde la prosperidad económica lo es todo.

En el futuro, el progreso será el resultado de una competencia de mentalidades; es decir, de las formas en que pensemos los problemas y los desafíos que enfrentamos como sociedad.

Formas de pensar los problemas y resolverlos, formas de pensar la realidad e interpretarla, formas de prever el futuro y abordarlo, formas de promover la convivencia y el progreso social.

Las formas de pensar se ven afectadas por los patrones culturales y sociales, bajo la influencia de las circunstancias históricas. Cuando maduran y alcanzan consenso en la sociedad, las formas de pensar los problemas deben convertirse, idealmente, en instituciones. Hablo de reglas, leyes e incluso prácticas habituales y extendidas, entendidas como usos y costumbres que la sociedad en su conjunto respeta y hace respetar para poder vivir en armonía.

Crear y fortalecer instituciones que nos ayuden a superar los desafíos sociales y económicos que enfrentamos es clave en el progreso de cualquier sociedad, como lo demuestran numerosos e importantes trabajos de análisis e investigación así como la práctica de la ciencia política.

¿No sería bueno que la Argentina superara —de una vez por todas— la etapa de los caudillos mesiánicos e imprescindibles para alcanzar un liderazgo ejercido por instituciones gobernadas por ciudadanos?

El rol de las instituciones

El propósito de Argentina 4.0 es hablar del cambio y del futuro para encontrar soluciones concretas que puedan traducirse en instituciones. Instituciones que evolucionen con el tiempo y las necesidades de la gente de manera de crear capacidades sociales que nos permitan enfrentar los desafíos que tenemos por delante.

Tuve la oportunidad de comprobar el valor de las instituciones acabadamente durante más de una década viviendo fuera del país.

En ese lapso trabajé en tres países distintos haciendo tres trabajos distintos y me expuse repetidamente a culturas muy ricas y diversas. Tuve la oportunidad de visitar más de 120 países entrevistando y trabajando con líderes políticos, empresarios y sociales en ideas que permitieran solucionar problemas concretos. Algunas de ellas incluso se plasmaron en instituciones.

Son experiencias que podrían ser relevantes para compartir algunas reflexiones con una nueva generación de argentinos; los que tendrán la responsabilidad de superar los desafíos que nos plantea este mundo nuevo, en proceso de cambio permanente. Son los argentinos que van a liderar el país en un mundo que vive un cambio de época.

Tendrán que plantear soluciones concretas para algunos problemas conocidos, pero también para otros nuevos que aún no sabemos siquiera que estarán allí, esperando en nuestro futuro. Nuevas tecnologías, nuevos tipos de empleos, nuevas prácticas comunitarias y de negocios, nuevas manifestaciones culturales y formas de expresión social y nuevas demandas para el ejercicio de los derechos políticos.

Y esa nueva generación de argentinos tendrá que forjar consenso y construir instituciones para sacar el país adelante.

Más allá de algunas ideas que coleccioné a lo largo de mi carrera profesional y que pude experimentar desde distintas posiciones (en la política, en los negocios, en la diplomacia y en la academia) este libro no contiene recetas mágicas ni programas salvadores.

Argentina 4.0 propone una dirección, un camino, pero no dice que tendremos que alcanzarlo de una sola manera. Caminar en esa dirección tiene un propósito sencillo vinculado con las necesidades sociales del país.

La dirección es la de integrarnos en el mundo para participar activamente de la economía global, atraer más inversiones, crear mejores empleos y generar más riquezas y oportunidades para nuestro pueblo. El propósito es el de fortalecer la movilidad social, creando las condiciones para que millones de personas tengan, no sólo más chances de progreso, sino también la vocación, los incentivos y la oportunidad real de aprovecharlas.

Para hacerlo será necesario poner en el centro de la escena al ciudadano. Ni al Estado ni al mercado, sino alguna combinación de ambos, según lo amerite el caso que estemos tratando, para fortalecer y construir capacidades sociales, entendidas como habilidades del conjunto de la sociedad, alineando intereses contrapuestos y alcanzando objetivos comunes.

Simultáneamente, habrá que rediseñar y restablecer la relación del ciudadano común con la política, modernizándola para asegurar que no se vea reducida a la elección periódica de líderes, sino que abarque una relación más cotidiana con el ejercicio de los deberes y obligaciones democráticas en el ámbito que cada ciudadano elija, incluyendo su esfera de actuación más inmediata: su barrio, el vecindario, su municipio.

Y todo ese proceso deberá manifestarse en instituciones, entendidas como reglas, costumbres y regulaciones que contribuyan a generar consensos alrededor de objetivos comunes como la libertad, la igualdad y el progreso.

De la democracia de masas al liderazgo ciudadano

La democracia de masas se convirtió en la expresión política por excelencia de las sociedades libres en el siglo XX, sobreviviendo a un combate sin cuartel ofrecido por regímenes alternativos de gobierno como el fascismo o el comunismo. Su éxito, sin embargo, pronto la enfrentó a nuevas demandas de participación ciudadana en un mundo que se encuentra transitando un cambio de época.

Regresar a la "Plaza de Atenas" parece ser la dirección que proponen las protestas de millones de personas que utilizan las redes sociales y los teléfonos inteligentes para organizar manifestaciones alrededor del mundo, aun cuando viven en regímenes políticos de características distintas y disfruten de niveles de prosperidad económica diversos.

Argentina 4.0 consiste en fortalecer y expandir los derechos de los ciudadanos para evitar que las burocracias políticas, sindicales o los intereses sectoriales, actuando en nombre del "Estado" o el "mercado" secuestren el sistema político sometiéndolo a liderazgos hegemónicos o mesiánicos y arrojándolo a las fauces del populismo.

¿Qué mente individual esclarecida puede entender mejor los problemas de una sociedad que el conocimiento colectivo de los ciudadanos que la componen?; ¿Por qué vamos a expresarnos políticamente cada dos o cuatro años y únicamente a través de procesos electorales, cuando las nuevas tecnologías amplían exponencialmente las posibilidades?

Por supuesto, graduar la participación ciudadana, evaluar la escala apropiada y articularla de manera relevante constituye un gran desafío, pero parece inevitable explorar alternativas que fortalezcan y expandan los derechos civiles y políticos de la gente.

Sobre todo, porque la democracia como sistema de gobierno, especialmente en países como el nuestro, todavía tiene por delante el desafío de producir resultados concretos en materia de reducción de la desigualdad y la construcción de una sociedad más progresista, próspera e igualitaria.

Afortunadamente, por tratarse de un desafío común a muchas sociedades, podremos aprovechar las experiencias de nuestros vecinos y de otros países alrededor del mundo.

Nuestra región, América Latina, ha llegado relativamente tarde a niveles de desarrollo político y social que definen un concepto de democracia asociado con la búsqueda de la cohesión social y la igualdad.

Luego de atravesar distintas etapas (Estado liberal, Estado social, Estado desarrollista, Estado burocrático-autoritario) Latinoamérica enfrenta ahora el desafío de articular un nuevo modelo de relación entre los ciudadanos y la cosa pública, que fortalezca y expanda los derechos políticos de la gente, produciendo resultados concretos en materia de empleo, seguridad y reducción de la pobreza.

Es un desafío presente incluso en las regiones del mundo donde la evolución de las ideas y las circunstancias históricas posibilitaron el surgimiento de consensos más tempranos alrededor de estos conceptos.

Porque así como la democracia emerge fortalecida como sistema político de las batallas político-ideológicas del siglo pasado, tiene por delante el reto de demostrar que puede mejorar aún más su capacidad de producir soluciones prácticas a los desafíos que presenta un cambio de época como el que vivimos.

Es tal vez la mayor prueba que enfrenta la democracia en el siglo XXI: organizar un nuevo nivel de participación ciudadana que fortalezca el sistema político, mejorando su capacidad de concretar mejoras en la calidad de vida de la gente.

Paradójicamente, este proceso deberá verificarse en un contexto donde nuestros sistemas políticos y económicos se globalizan en torno de comportamientos y prácticas comunes, pero al mismo tiempo se vuelven más locales y próximos.

Son las encrucijadas propias de los tiempos de transición. Momentos históricos singulares, donde la sociedad experimenta y transita opciones al sistema vigente sin arribar a un esquema final o definitivo.

La Argentina, como cualquier otro país, ha vivido etapas de ese tipo a lo largo de su historia. Son, precisamente, los períodos que no caben apropiadamente en los 158 años resumidos en los tres programas de Argentina: 1.0 (Nace el país, 1810-1862); 2.0 (El Estado moderno, 1880-1930) ó 3.0 (Democracia de masas, 1945-2001) pero son claves para formular el siguiente nivel de programación.

Esos años intermedios, es decir, los períodos que comprenden: a) los años previos a la Revolución de Mayo; b) las llamadas presidencias históricas (Mitre, Sarmiento y Avellaneda) de 1862 a 1880; c) el período 1930-1945 y, más recientemente, d) la etapa 2002-2012, son considerados en esta obra como fases testigo de un cambio de la época, que "procesan" esos cambios y "formulan" la siguiente versión del programa.

Por supuesto, la clasificación es arbitraria y el criterio escogido para separar un "programa" de otros se apoya en momentos históricos que combinan grandes cambios políticos, económicos y sociales de carácter global con la manera particular en la que impactan en el país en un momento definido de su propia historia.

Cada uno de estos cuatro períodos históricos tiene una característica singular que lo distingue.

Podría decirse que la "fase" preparatoria de Argentina 1.0, por ejemplo, comienza con la Declaración de Virginia de 1776 (año, también, de la creación del Virreinato del Río de la Plata) y la Declaración de los Derechos del Hombre y del Ciudadano de 1789, que representaron un cambio sistémico en las estructuras de gobierno de la época y, junto al constitucionalismo y el derecho a la independencia, establecieron las bases ideológicas de una profunda revolución política y social, cuya influencia se proyecta todavía en nuestros días. Es una época contemporánea, nada menos, que con la primera revolución industrial –la primera máquina de vapor se construye en 1776– que revolucionaría la economía y la sociedad de esos tiempos.

En esos sucesos se inspiraron los movimientos políticos que provocarían en estas y otras latitudes la emancipación de España, permitiendo el libre comercio de los productos locales y, más tarde, el surgimiento de la República y la adopción de la Constitución Nacional; es decir, nuestro primer "programa": Argentina 1.0

Del mismo modo, casi un siglo más tarde, la segunda revolución industrial (que se expande de Gran Bretaña a Bélgica, Alemania, Rusia, los Estados Unidos y el Japón) desarrolla nuevas fuentes de energía (gas y petróleo), difunde la electricidad, da origen a la industria química, inventa el automóvil, el aeroplano, la radio y el teléfono. Es la época en la que Karl Marx publica *El capital*, Alemania e Italia unifican sus territorios para formar los modernos estados-nación, y surgen los partidos políticos (Republicano y Demócrata) en los Estados Unidos y la Segunda Internacional Socialista.

Ese es el período de preparación y programación de Argentina 2.0 que, a su tiempo, a partir de 1880, unifica su territorio y adquiere los contornos que le conocemos hoy, dispone la enseñanza obligatoria, laica, gratuita y gradual, desarrolla el modelo agroexportador, establece un sistema monetario nacional, organiza el sistema bancario con la aparición de diversas entidades y crea una burocracia estatal de carácter nacional.

La Gran Depresión, el auge y ocaso del nacional socialismo, las guerras mundiales, el surgimiento del keynesianismo y el proceso de descolonización mundial son el caldo en el que se cultiva Argentina 3.0, que alumbra en nuestro país la consolidación de los grandes partidos políticos, el sufragio universal y el voto femenino, el modelo de sustitución de importaciones y el surgimiento de una democracia de masas.

En los tres períodos consignados; a) 1780-1810; b) 1862-1880 y c) 1930-1945; hay elementos comunes. Profundos cambios políticos y económicos tienen lugar en un contexto de grandes innovaciones tecnológicas, disparando un período de cambios históricos. La humanidad reorganiza su sistema productivo sobre una nueva ecuación energética (carbón en la revolución industrial, petróleo a partir de 1930) que promueve profundas transformaciones sociales y políticas.

En todos ellos, un observador atento puede verificar un debate entre el orden que desaparece y el que llega; donde ninguno de ellos prevalece de manera definitiva pero en el que se establecen las bases para el próximo nivel de programación, que buscará consolidar los cambios.

Si bien los historiadores acostumbran a designar un hecho específico (ya sea una revolución o un invento y hasta un asesinato) para identificar un cambio de época, no sería aventurado postular que los cambios sociales y políticos son más bien el resultado de procesos históricos –que normalmente transcurren a lo largo de varios años– más allá del hecho concreto que los exprese.

Una vez más, el mundo se encuentra en una etapa de transición histórica. Un cambio de época.

Desde 1990 hasta nuestros días hemos vivido un período de cambios estructurales. Son veintitrés años en los que la caída del comunismo soviético, el desarrollo de internet, el fin de la energía barata, la influencia del cambio climático sobre la matriz energética, el dinámico cambio tecnológico, la emergencia del terrorismo global, la crisis del capitalismo global desregulado y las movilizaciones masivas organizadas espontáneamente por ciudadanos indignados marcan de manera ineludible el comienzo de una nueva era.

Nuevamente, la sociedad internacional reestructura su sistema productivo y reorganiza la producción de energía al compás de una revolución tecnológica que dispara nuevos modelos de negocios en un ambiente de cambios sociales y políticos.

Ese es el contexto en el que la Argentina sufre la tremenda crisis de los años 2001-2002 que, con un alto nivel de protagonismo ciudadano, dispara un proceso de transición económica y social que aún no se ha completado.

Es también la oportunidad para programar una Argentina 4.0 y comenzar una nueva etapa en la vida del país. No lo hemos hecho todavía, tal vez, porque durante las crisis es más frecuente aferrarse a la seguridad que ofrece la historia conocida que aventurarse en las aguas procelosas del futuro.

El lema de la protesta popular de principios de siglo era: "que se vayan todos", aludiendo al descontento de los ciudadanos con la clase política. Es un lema similar al que se ha escuchado en muchas capitales, una década después, a raíz de la crisis financiera internacional. Porque el proceso de cambio disparado en el mundo se profundizó a partir de 2008 y aún no se ha completado.

Al principio surgieron nuevos partidos y nuevos líderes políticos en la Argentina. Pero pocos de ellos han sobrevivido la última década. Para superar la crisis y amparado en un ciclo excepcional de los altos precios de los granos, nuestro país parece haber recurrido a prácticas políticas y modelos de organización económica más propios de su pasado (un modelo agroexportador con distribución forzada de la renta combinado con sustitución de importaciones), que de la modernidad y el futuro.

Es allí donde se produce una brecha importante entre la Argentina y las mejores prácticas políticas y económicas de los países exitosos, centradas en fortalecer y expandir los derechos ciudadanos de una nueva clase media emergente, modernizando la economía y participando de una economía del conocimiento.

Esa brecha puede y debe cerrarse completando la transición iniciada en 2001-2002, pasando de una vez por todas de los liderazgos personalísimos al fortalecimiento de las instituciones, poniendo en el puesto de comando al ciudadano y recuperando la clase media.

Para ello será necesario fortalecer el carácter federal de nuestra república, porque será imposible reparar el tejido social del país con provincias pobres o sometidas política y económicamente a un gobierno central.

¿Por qué no pensar en un conjunto de 20 ciudades del interior del país que lideren este proceso? Una democracia de ciudadanos fundada en instituciones fuertes necesita la contribución y el liderazgo de la riqueza cultural y la sabiduría social de cada rincón de la patria.

Argentina 4.0 predica la idea de que la democracia se fortalece cuando los derechos políticos y sociales de los ciudadanos se enriquecen. El primer lugar para hacerlo está allí, cerca de la gente, en los gobiernos municipales y provinciales.

Así, la política municipal o provincial se verá fortalecida, aumentará su relevancia y legitimidad y será posible fomentar el desarrollo institucional. Para los municipios y las provincias, las instituciones serán un resguardo contra la prepotencia del poder central.

Es un camino útil para reponer el protagonismo ciudadano en la agenda política contemporánea. La idea se refleja en el concepto de la democracia de las antiguas ciudades griegas o de los más actuales cantones de la Europa alpina, en Suiza.

Seguramente habrá quienes la critiquen argumentando que siempre pareció una quimera para un país numeroso pretender remedar la democracia directa. Y sería así seguramente si estuvieran en el siglo pasado. Pero en un mundo que vive un cambio de época, las nuevas tecnologías basadas en la web 2.0, los teléfonos inteligentes y las redes sociales no han encontrado obstáculos –aun en países con una tradición democrática más modesta que la nuestra– para sacudir modelos políticos que parecían destinados a prevalecer eternamente.

Fueron revoluciones de ciudadanos, que actuaron de manera directa, expandiendo de hecho sus derechos políticos y sociales –sin necesidad de ponerse bajo el ala de un líder que los organice– los que cambiaron la historia.

¿Y si una próxima reforma constitucional fortalece los mecanismos de control ciudadano en lugar de habilitar re-reelecciones indefinidas en los cargos públicos? Sin buscar democracia directa podemos fortalecer la representativa.

En un esquema así, prevalecería el interés de los electores por sobre el de los elegidos. Aquellos que ven en la política un medio para alcanzar riquezas, gloria u honores se verían desalentados por un sistema que sólo permite arribar a la política para servir a la sociedad. No hay que olvidar que la gente responde a incentivos.

Incluso un sistema parlamentario puede también proveer una alternativa al presidencialismo personalísimo que parece dominar nuestro sistema político. Por supuesto, siempre que no se convierta en una trampa organizada alrededor de los intereses de un clan político.

Muchas cosas, tal vez la mayoría, parecen imposibles o inamovibles, hasta el momento en que las hacemos realidad, materializando los cambios que soñamos.

Devolviéndole el poder a la gente

Pasar de una democracia de masas a una democracia de ciudadanos requiere expandir los derechos sociales y políticos de la gente. Y esa es una empresa mucho más ambiciosa de lo que parece, que contiene muchas dimensiones e implica múltiples acciones de cambio en diversos frentes.

Por razones de espacio no es posible ofrecer aquí un programa completo y detallado que incluya una definición del nuevo rol del Estado, el papel definitivo de las instituciones o la lista taxativa de nuevas políticas públicas necesarias para cumplir el objetivo deseado.

Sin embargo, se presentan a continuación algunas líneas de pensamiento que constituyen los trazos gruesos del esfuerzo que deberá hacerse para completar esa tarea.

Se trata de un esfuerzo considerable que muchas veces puede resultar desalentador. Vale la pena intentarlo con nuevas herramientas y asumir que tales formulaciones, en el marco de esta obra, sólo pueden ser opiniones informadas, sin pretender nunca alcanzar la categoría de axiomas o, mucho menos, verdades reveladas.

Es una tarea que llevará tiempo y sobre la que todos y cualquiera deben tener la posibilidad de opinar si así lo desean, aun asumiendo –por supuesto– que su opinión no prevalezca. Argentina 4.0 planea disponer de una plataforma informática del tipo interactivo –web 2.0– para convocar opiniones e ideas de la gente en torno de estos temas.

Recrear la "Plaza de Atenas", con más participación popular y apoyada en las nuevas tecnologías, es un enorme desafío para la política moderna, cuyo punto de partida será encontrar la escala apropiada para ese fenómeno en un contexto diferente y más concurrido que aquel que la democracia enfrentaba como sistema político hace veinticinco siglos.

Aun cuando las nuevas tecnologías lo faciliten todo habrá que elaborar y desarrollar mecanismos e instituciones que permitan ejecutar una efectiva mediación de ese nuevo nivel de participación ciudadana. Una participación que debe darse en el marco de un sistema representativo legítimo, buscando vincular de una manera dinámica y moderna a la gente con sus representantes.

Argentina 4.0 plantea que los niveles de gobierno más próximos a la gente, los municipios y los gobiernos provinciales, son el primer eslabón –y el más accesible– para mejorar y rediseñar la participación ciudadana y reconciliarla con la práctica política en democracia.

Esa idea constituye una primera aproximación, un intento inicial de salvar la distancia entre los ciudadanos, sus representantes y la cosa pública.

El rol del Estado

Para construir una sociedad moderna, en la que los ciudadanos sean capaces de disponer y ejercer sus derechos civiles y políticos apropiadamente así como de cumplir con sus obligaciones, el Estado del siglo XXI tiene que promover cuatro transiciones fundamentales en favor de la gente.

La primera es la llamada *"transición del desarrollo humano"*, desplazándose desde una situación donde un pobre nivel de servicios en materia de educación, salud y nutrición se traducen en altas tasas de natalidad, alta mortalidad y bajo nivel de activos sociales y humanos hacia otro escenario, en el que la sociedad logra reducir la mortalidad y la fertilidad e incrementar la inversión en áreas como educación, salud y nutrición lo suficiente como para formar capital humano de una manera sostenible.

Esta transición debe verificarse en todo el territorio de la república y no solamente en las áreas o sectores sociales de mayor afluencia económica. Sólo construyendo un proceso sostenible en el tiempo y distribuido espacialmente en el territorio puede completarse esta transición.

La segunda es la *"transición de productividad"*, que implica movilizar conocimiento, habilidades, información, ciencia y tecnología, recursos financieros a través de la sociedad y del sistema productivo para permitirle a la economía innovar e introducir cambios tecnológicos.

Ése es el proceso requerido para lograr los incrementos de productividad en la agricultura, la industria y los servicios que permitan aumentar los niveles de ingreso y los estándares de vida de manera sostenible.

La tercera *"transición"* es *"ecológica o medioambiental"*, para mejorar la utilización de cada tonelada de agua, suelo y energía que la economía tome prestada de la naturaleza, aumentando la calidad de la tecnología empleada para movernos desde la degradación medioambiental a la sostenibilidad.

También implica alcanzar una urbanización exitosa, manejando apropiadamente los flujos migratorios del campo a las ciudades (evitando o resolviendo, por ejemplo, aglomeraciones humanas desproporcionadas como las que se observan en el conurbano), tratando los problemas de los barrios marginales y mejorando la calidad de vida en los centros urbanos.

La cuarta y última es la *"transición política"*, que permite pasar de sistemas de gobierno con un bajo nivel de legitimidad y sofisticación en materia de equilibrio de poderes, alternancia y control del poder político y altos niveles de corrupción hacia regímenes donde el ejercicio del poder se vuelve más transparente, abierto, legítimo y cooperativo con respeto a las minorías y fortalecimiento de los derechos políticos y sociales de la población. Es una transición donde el poder no se ejerce de manera hegemónica y autoritaria (cualquiera sea la fuente de ese poder) sino de manera inclusiva y transversal.

Estas transiciones no pueden ser secuenciadas rígidamente ni alcanzadas de una sola vez y para siempre. No existe una receta única que pueda seguirse y normalmente deben transitarse en paralelo. Para hacer las cosas más difíciles las estrategias para alcanzarlas deben ser permanentemente actualizadas y sus resultados frecuentemente comparados.

En general, los países que han logrado alcanzar estas transiciones de manera sostenible lo han hecho de formas muy diferentes, siguiendo políticas y estrategias distintas. Si de todas maneras quisiéramos identificar unos pocos rasgos comunes, podríamos decir que esas sociedades alinearon sus sistemas de incentivos y fortalecieron sus instituciones para asegurar la provisión de bienes públicos.

En cuatro transiciones sobresale la necesidad de fortalecer los niveles de provisión de educación y sanidad como bienes públicos esenciales. Un ciudadano necesita estar sano para poder educarse apropiadamente y necesita esa educación básica para contribuir a la primera transición, la del desarrollo humano.

Al mismo tiempo necesita estar sano para trabajar y adquirir un nuevo nivel de conocimientos que le permita aumentar su productividad, cambiar de oficios o innovar en su propio puesto de trabajo o en la empresa.

Del mismo modo se necesitan servicios de salud y educación allí donde la población actualmente reside y esa es una herramienta relevante en materia de control de los flujos migratorios internos en muchos países. Finalmente, nadie podrá ejercer sus derechos políticos o civiles apropiadamente sin educación de calidad a su alcance.

La centralidad de la educación de calidad debe ser una enorme prioridad para cualquier Estado moderno. Pero, sobre todo, para aquel que busque consolidar una sociedad de clase media. Y es un componente esencial de la propuesta de Argentina 4.0.

Más allá del Estado omnipresente o del Estado mínimo, los extremos entre los que oscilaron el comunismo y el capitalismo liberal durante el siglo pasado, la tarea del Estado en el siglo XXI aparece más desafiante y compleja. Seguramente, en el futuro necesitaremos con frecuencia más Estado y más mercado, al mismo tiempo, para encarar estas transiciones.

Las instituciones

Es imposible restaurar el tejido social de la Argentina con provincias y municipios débiles. Y de poco serviría promover la reconciliación de la gente con la política utilizando la plataforma provista por los gobiernos locales si estos no tienen competencias y recursos para resolver los problemas concretos y cotidianos de los ciudadanos.

Por esas razones, Argentina 4.0 necesita, en primer lugar, consolidar su carácter de país federal y fortalecer los mecanismos institucionales –como la coparticipación federal de impuestos– que le permitan materializar esa condición fundamental consagrada en la Constitución nacional.

Para un país con las características geográficas y demográficas de la Argentina el sistema federal representa una herramienta fundamental para el desarrollo económico y social. Es fácil entender por qué los fundadores de la patria lo eligieron como uno de los tres pilares fundamentales –junto al sistema representativo y republicano– de nuestro sistema de gobierno. No podían concebir el país ni articular los intereses de las distintas regiones de otra manera.

La implementación de un sistema federal efectivo es una asignatura pendiente de nuestra trayectoria histórica y una de las fuentes principales de guerras civiles y luchas intestinas libradas antes y después de la adopción de la Constitución nacional.

Es fundamental comprender que una parte importante del fracaso argentino en la construcción de un Estado moderno y una sociedad progresista e igualitaria se explica en el centralismo porteño y en el tamaño excesivo del área metropolitana del conurbano que, históricamente, han contribuido a la falta de progreso en la distribución equitativa de los recursos nacionales y la implementación efectiva del sistema federal.

Este último es una herramienta básica y necesaria, una condición excluyente, para que el Estado promueva tanto una *"transición de productividad"* como una *"transición ecológica"*, para alcanzar el desarrollo equilibrado del territorio, creando empleo, fortaleciendo los servicios sociales de nutrición, salud y educación y administrando consecuentemente los flujos migratorios domésticos (y de países limítrofes) de una manera ordenada para evitar aglomeraciones de personas en áreas geográficas reducidas y concentradas, siempre fuente de violencia, marginalidad y peligros.

En segundo lugar, Argentina 4.0 necesita desarrollar y, en su caso, fortalecer los arreglos institucionales que promuevan la formación de activos humanos y sociales, tanto de carácter intangible –a través de la educación, por ejemplo– cuanto tangibles y concretos.

Expandir los derechos políticos y sociales de la gente tiene sentido si los ciudadanos cuentan con los recursos materiales e intelectuales que les permitan aprovecharlos para vivir una vida digna.

Esto significa promover una sociedad de clase media, reduciendo la marginalidad y la pobreza. Se trata de una reducción que se viene operando exitosamente en la región –y en general en las economías emergentes– a lo largo de la última década. En algunos lugares ese proceso empezó antes que en otros, pero se ha verificado con gobiernos de izquierda o derecha, en países grandes y pequeños, de crecimiento rápido o lento.

Un rasgo común es que la reducción de la pobreza regional tiene un considerable grado de dependencia de las transferencias directas de dinero del Estado a la población más desfavorecida, a través de distintos programas sociales.

Este es un logro importantísimo que merece destacarse y que debe llenarnos de satisfacción. No hay que perder de vista, sin embargo, que esos programas dependen de la fortaleza de las finanzas del Estado. ¿Qué consecuencias tendría un debilitamiento de las mismas?; ¿cómo enfrentaríamos el problema de los sectores desfavorecidos?

Es importante comprender que la falta de ingresos es una consecuencia de la pobreza. Su verdadera causa es la falta de activos.

La superación sostenible de la pobreza y la marginalidad depende crucialmente de la capacidad de acumular activos en los sectores sociales más postergados. Por eso el Estado debe concentrar esfuerzos en proveer educación de calidad. Se trata de un activo intangible de un valor fundamental en la nueva economía del siglo XXI y de importancia estratégica para apuntalar el ideario político del nuevo siglo.

Y habrá que avanzar más todavía promoviendo instituciones que fomenten la formación de activos físicos en las comunidades y por parte de los individuos para organizar una verdadera sociedad de empresarios –en los términos de la Encíclica *"Centessimus Annus"*– no sólo en el mundo de los negocios, sino también en los ámbitos de la asistencia social, en la administración pública y en la política, que libere la energía creadora de la gente.

En el mundo de hoy, fortalecer la clase media no significa expandir la masa de asalariados. Ése era el esquema prevaleciente en el siglo pasado.

Las innovaciones tecnológicas que alumbran nuevos productos y mercados así como nuevos modelos de negocios, las nuevas características demográficas del planeta y las nuevas demandas sociales configuran un futuro distinto, con un nuevo protagonismo de los individuos en la economía, la sociedad y la política.

Una sociedad de clase media, que reduce o erradica la pobreza y la indigencia, no podrá cifrar sus posibilidades de progreso y expansión –en el siglo XXI– exclusiva ni principalmente en un ejército de *"esclavos de un salario"* (o peor aún, de un ingreso proveniente de un programa social).

Esquemas de propiedad participada en las empresas privadas (a cambio de reducciones impositivas) o en empresas públicas (cuando las nuevas obras se financian con aumentos de tarifas) así como el fomento de la actividad empresarial en el campo social son herramientas que deben y pueden expandirse y desarrollarse.

En tercer lugar, administrar el proceso por el cual la democracia moderna recrea la "Plaza de Atenas" requiere valorar la experiencia histórica en su justa medida. Si queremos que la expansión de los derechos políticos y civiles de la gente sirva para regenerar el sistema político con una mayor participación ciudadana, de manera más directa y frecuente, debemos tener en cuenta las restricciones y dificultades que encontraremos por delante.

El principal problema de la democracia ateniense consistía en los límites que su ejercicio encontraba en la falta de un encuadramiento institucional estable. La lección de Atenas es, precisamente, que necesitamos instituciones capaces de mediar apropiadamente la participación popular.

La emergencia del sistema representativo para intermediar esa participación ha generado, paulatina pero constantemente, a través de las décadas, una distancia creciente entre la gente y sus representantes situación que ha contribuído de manera considerable al descontento de los ciudadanos con la política.

La nuevas tecnologías provistas por las redes sociales y la red 2.0 encierran una promesa y ejemplifican la necesidad –como lo han demostrado en estos últimos años– de salvar esa distancia entre representantes y representados. Presentan al mismo tiempo el desafío de encontrar instituciones nuevas que permitan utilizar esas herramientas en la medida adecuada.

Un tema relevante será encontrar la escala ideal para que la participación ciudadana –a través de un legítimo sistema representativo– obtenga el efecto deseado, mejorando la calidad de la democracia y consiguiendo resultados concretos.

Por fin, será necesario tomar en cuenta que, si la mayor participación ciudadana tiene lugar a través de la red 2.0 y las redes sociales será necesario encontrar instituciones que mantengan esos canales libres de comunicaciones indeseadas, tal vez, con un rol similar al que cumplen los moderadores en los foros virtuales reportando abusos.

Las políticas públicas

Sería imposible pretender producir en el contexto de esta obra una lista completa de políticas públicas para una Argentina 4.0. Lo que puede intentarse, como máximo, es definir una dirección general, unos cuantos objetivos que guíen su formulación tanto como su implementación y ofrecer algunos ejemplos específicos que ilustren la propuesta.

Es en ese contexto que el plan de trabajo de Argentina 4.0 presenta algunas ideas, promoviendo una serie de acciones concretas para: 1) crear –de manera individual y colectiva– una serie de activos (tanto físicos como intangibles); 2) desarrollar "capacidades sociales" que contribuyan al desarrollo económico y la participación democrática; y 3) mejorar la participación ciudadana y aumentarla, rediseñando su relación con la política y la administración de la cosa pública, especialmente a nivel provincial y municipal.

Se trata sólo de ejemplos, que necesitan trabajo y refinamiento para convertirse en verdaderas políticas públicas. Todos ellos, sin embargo, apuntan en la dirección común de "empoderar", de darle poder al ciudadano para que pueda ejercer sus derechos y cumplir sus obligaciones controlando de manera activa el mandato otorgado a sus representantes.

Esas tres áreas de políticas públicas deben apoyarse en dos dimensiones transversales que ya han sido mencionadas: el desarrollo de una educación de calidad al alcance de todos y una implementación efectiva de los mecanismos de coparticipación federal de impuestos.

Ambas son cruciales para el éxito de la propuesta que contiene Argentina 4.0.

Sin una educación de calidad será inútil promover un mayor nivel de participación ciudadana, además de peligroso. En ausencia de una efectiva transferencia de recursos la redistribución de responsabilidades y autoridad a las provincias y municipios carece de utilidad para esta propuesta, ya que será parte de un mero ajuste fiscal, como ya ha ocurrido muchas veces en el pasado.

En todo caso, es importante comprender que, cualesquiera sean las políticas que se lleven adelante en las áreas mencionadas, o en cualesquiera otras, las mismas deberán trabajarse gradualmente, siguiendo un criterio exploratorio y de experimentación para generar consenso, promover la adaptación de los ciudadanos (y el contexto en que se aplican) y asegurar los resultados deseados.

Un proceso de ese tipo es esencial para una propuesta como la de Argentina 4.0 porque nos ofrece la oportunidad de trabajar buscando los límites del esquema elaborado, analizando incluso las condiciones mínimas para su aplicabilidad.

¿Qué fronteras deberemos cruzar, por ejemplo, para mejorar la participación ciudadana en el ámbito municipal?; ¿cuál es la escala óptima para ese nuevo nivel de participación en función del tamaño y la ubicación geográfica de los municipios? En otras palabras, una mayor participación ciudadana puede ser efectiva en ciudades del tamaño de Rafaela, Tandil o incluso Rosario pero, ¿cómo funcionaría esta propuesta en el conurbano?; ¿cómo influye el tamaño de los municipios –y su posición geográfica de proximidad con otros grandes centros urbanos– en el esquema propuesto?

Expandir y fortalecer los derechos civiles y políticos de la gente es el objetivo general que debe guiar la política pública. Aumentar los niveles de participación ciudadana, sin embargo, requerirá ineludiblemente mejorar los niveles de educación y aumentar la calidad de la educación impartida. ¿Cuáles son las formas de educación que podemos potenciar a través de la red, simultáneamente con la expansión de la participación de la gente en el control de la cosa pública?

Así como la web 2.0 nos proporciona una plataforma para rediseñar la vinculación de la gente con la política, del mismo modo, esa misma plataforma puede asistirnos en la difícil tarea de educar al soberano. ¿Qué políticas públicas pueden aplicarse para cruzar la frontera de la desinformación, el desinterés o la simple ignorancia? Sin duda este es otro límite a la organización de una Argentina 4.0 que deberemos cruzar.

Estas dos fronteras; la aplicabilidad de la propuesta en un ámbito geográfico específico y el nivel de formación y educación ciudadana, son apenas un ejemplo sencillo acerca del nivel de esfuerzo que habrá que invertir en explorarlas, para ser capaces de identificar y jerarquizar la batería de políticas públicas disponibles.

Deberemos elegir y establecer órdenes de prelación entre aquellas políticas que nos ofrecen una oportunidad de aplicación casi inmediata y otras que necesitan maduración; así como entre las políticas que reforman la estructura del cuerpo social o el funcionamiento de la economía y las que implican meros ajustes marginales.

Esa jerarquización y categorización será relevante para asegurar la correcta implementación de las mismas, de una manera que asegure la articulación de una propuesta ciudadana capaz de producir un cambio verdadero y sostenible en el modelo de participación política. En ese contexto se hace imprescindible prever que un mayor nivel de participación democrática implica una burocracia estatal de mayor calidad y mejores recursos, con funcionarios más parecidos a emprendedores sociales que a los antiguos burócratas del pasado.

Será necesario generar incentivos para estimular la creatividad y la adaptación de la administración pública y, más ampliamente, del aparato burocrático del Estado aumentando la calidad del servicio y la capacitación de sus agentes y oficiales con la finalidad de viabilizar un mayor nivel de participación ciudadana.

La burocracia estatal deberá dejar de comportarse como un cuerpo inerte, inconmovible y estático, sujeto a rígidos procedimientos, para mutar en un vehículo dinámico capaz de absorber y administrar nuevas demandas, desarrollar soluciones originales y crear un ámbito propicio para la participación ciudadana. En la práctica se trata de alumbrar un nuevo modelo de funcionario público, más dedicado a obtener resultados que a seguir rígidos protocolos administrativos.

Argentina 4.0: el desafío de construir un país moderno

El mundo transita un verdadero cambio de época, en el que la sociedad, la economía y la política elaboran nuevos paradigmas, en un contexto signado por la innovación y el cambio tecnológico. La construcción de un país moderno no sería posible sin comprender cabalmente las características y la dirección de este proceso.

Como todo cambio de época, se trata de un momento histórico donde un cierto orden de cosas explora sus contornos finales para establecerse de manera definitiva mientras que el antiguo orden se despide lenta y caóticamente.

Es normal que en esos momentos nos domine la confusión y nos aferremos a los modelos y teorías del pasado. Allí nos sentimos a resguardo de las amenazas de la nueva época. Para aprovechar las oportunidades que ella misma nos ofrece, sin embargo, y construir un país moderno, tendremos que animarnos a enfrentar esos miedos superando la pereza intelectual que a menudo nos amenaza.

¿Qué señales y tendencias podemos distinguir en el confuso y dinámico escenario que domina nuestro tiempo?

No hace falta establecer un orden de prelación entre ellas, lo que nos permite empezar con lo más obvio. Hace años que percibimos cómo el poder económico y político del mundo se desplaza lenta, pero persistentemente, hacia el Este, donde China e India lideran (y provocan) una ola de prosperidad en las economías emergentes.

Ellas conforman la más destacada y reciente camada de toda una oleada de dinámicas economías asiáticas. Singapur, la provincia china de Taiwán y Corea del Sur integraron la primera promoción en los años 1970s. Tailandia, Malasia y en menor medida Indonesia y las Filipinas hicieron lo propio en los 1980s.

De una manera menos visible, ese desplazamiento del poder parece acarrear coligadamente la emergencia de una nueva escala de valores y una nueva cultura para la sociedad internacional o, al menos, una fertilización cruzada de los valores y las culturas orientales y occidentales. ¿Qué impacto tendrá ese hecho en la integración política del mundo en general y, en particular, en la de la región dominada por la religión musulmana? Ellos siempre han querido modernizarse sin adoptar los valores occidentales. ¿Estaremos evaluando en algún tiempo el modelo puesto en marcha por Turquía?

Es interesante notar que las dos economías que más han progresado en los últimos 25 años, China e India, han organizado su sistema político de maneras muy distintas. La primera, aun con un estilo más moderno y cercano a la gente, mantiene el sistema comunista de gobierno para la República Popular –¿en el marco de una virtual meritocracia?– mientras que la segunda es la mayor democracia del mundo.

¿De qué manera podemos esperar que estas realidades afecten en el futuro la evolución de la política? El desafío político del nuevo siglo consiste en devolverle el poder a la gente y ampliar las oportunidades de participación ciudadana para mejorar la calidad de la democracia, ¿cómo enfrentaremos, en ese contexto, la amenaza planteada por un potencial resurgimiento de los populismos?

En segundo lugar podemos registrar otro hecho evidente. El altísimo nivel de conectividad generado por la globalización, la desregulación y las nuevas tecnologías informáticas y de la comunicación cambia nuestro estilo de vida y nuestra forma de expresarnos, trabajar y producir.

Esos cambios tecnológicos, han transformado la sociedad de masas típica del siglo xx en una sociedad de multitudes convocadas por ciudadanos, consumidores e individuos que utilizan las nuevas tecnologías para expresarse de manera personal y convertir sus propios intereses en objetivos comunes, movilizando al conjunto social en torno de esas prioridades. Aproximadamente 2,4 billones de personas "en línea" y 6 billones de personas (85% de la población mundial) con acceso a un teléfono móvil dan testimonio de ese proceso.

Inesperadamente, la mayor conectividad global está creando una conciencia humana de escala planetaria donde los ciudadanos quieren salvar la distancia creada entre ellos y sus representantes reclamando nuevos niveles de participación política; los consumidores exigen transparencia, honestidad y compromiso a sus proveedores, influyen más directamente en el diseño y la producción de los nuevos productos mientras contribuyen al desarrollo de nuevos modelos de negocios; y los individuos persiguen sus intereses de manera más decidida y confiada.

La fertilización cruzada de estas nuevas tecnologías con diversos campos de las ciencias promete todavía novedades más revolucionarias –como el reciente ejemplo de las impresoras de tres dimensiones que pueden "imprimir" objetos de uso diario o el futuro de la inteligencia artificial– y nuevas aplicaciones, sobre todo, como resultado de la integración de la informática, la robótica, la genética y la nanotecnología.

En tercer lugar encontramos la señal emitida por el fin de la energía barata y todo lo que eso significa para nuestro estilo de vida. Los nuevos yacimientos "no tradicionales" de petróleo (*tight oil*) y gas (*shale gas*) y el nuevo rol del gas y el carbón se dan en un contexto de fuertes presiones por el cuidado del medioambiente y la protección de los recursos naturales de nuestro planeta.

Hemos alcanzando el punto donde la depredación de la naturaleza por parte del complejo industrial-empresario compromete seriamente nuestro futuro estilo de vida. Nuestro sistema productivo consume cada año una cantidad equivalente a una vez y media los recursos naturales que nos ofrece anualmente el planeta a su ritmo normal de reproducción.

Nuevas tecnologías, nuevos materiales y nuevas prácticas manufactureras serán imprescindibles para adaptarnos a una nueva matriz energética y combatir la escasez de agua, los cambios en el clima producidos por el aumento de las emisiones de gases efecto invernadero y el deterioro de la biodiversidad. Esas realidades afectarán nuestra capacidad de participar de la economía global, nuestros hábitos de consumo y nuestra forma de vivir.

La cuarta señal es provista por los cambios demográficos que harán del mundo un lugar más complejo. Por un lado, la población de las economías maduras extienden su esperanza de vida saludable y, por el otro, muchas economías emergentes llegan al punto de aprovechar la oportunidad provista por el "*bonus*" demográfico que ofrece su población joven.

En ese contexto, el surgimiento de una nueva clase media global sustentada en el nuevo rol de las economías emergentes, protagonistas destacadas de la economía mundial del último quinquenio, nos ofrece una nueva oportunidad de dar un salto hacia adelante, un nuevo salto cualitativo en nuestra calidad de vida para construir un futuro mejor.

Estas cuatro señales o tendencias marcan el campo de juego para las sociedades del futuro, que deberán lidiar con ellas para reducir la pobreza y la desigualdad en un marco signado por las futuras contiendas por el clima y la energía, la lucha contra el terrorismo global, las crisis sanitarias (seis billones de personas acceden al teléfono celular pero sólo 4,5 billones a un toilette) y los reclamos por mayor participación y transparencia política.

Esas señales nos muestran los contornos del mundo moderno. Y es en ese mundo en el que habitará nuestro país en el futuro.

Edificar una sociedad progresista, donde prime la equidad y la libertad será una tarea exigente en este contexto, que nos obligará a tomar en cuenta las enseñanzas de la historia. Ellas nos indican que el progreso se parece más a un sendero que a una meta y que se puede transitar por él de distintas maneras –aunque siempre con dedicación y constancia–, siguiendo distintas estrategias.

Ya nos ha enseñado el siglo pasado, a un costo altísimo, que las ideas perseguidas con fanatismo sólo conducen a la violencia, al sufrimiento y al fracaso. El gradualismo, la experimentación y el ensayo, la flexibilidad y la adaptación parecen valores esenciales a la hora de promover el desarrollo económico y social de una nación. De hecho, ése ha sido el mensaje común de los países que mejoraron la calidad de vida de sus habitantes a lo largo de la historia.

Aun en las diferencias pueden encontrarse algunos rasgos comunes entre todos los países que progresan, tales como a) la movilidad social y la capacidad de adaptación de la sociedad civil; b) el rol central que juegan las instituciones; c) la apertura y la actitud positiva frente a la innovación; d) la búsqueda de la cohesión social y la promoción de una fluida circulación de bienes, personas e información; e) la educación de calidad como principal promotor del progreso intelectual y cultural; f) el desarrollo de una organización política percibida como legítima por el mayor número de personas; g) una economía que descansa en la cooperación de la mayoría y funciona con cierta autonomía del poder político, que fija las reglas generales pero no las altera intempestiva ni caprichosamente; h) el control de la violencia por un poder judicial y policial percibido como legítimo; i) la lucha contra la corrupción y j) el énfasis en la salud pública y la difusión de bienes culturales.

Con estos elementos deberemos informar nuestro intento de programar una nueva etapa de la vida nacional. Un país moderno que defienda la vida y el derecho a la felicidad de su gente. Argentina 4.0.

Esa ambición nos obligará a promover la libertad de los ciudadanos para elegir su propio destino y el camino que prefieran para desarrollar y alcanzar todo su potencial.

Garantizar esa libertad, sin embargo, necesita que una sociedad realmente progresista le asegure por todos los medios posibles, a cada individuo, unas condiciones básicas, mínimas para ejercerla de manera práctica. Nadie tiene libertad para progresar si no puede cubrir sus necesidades básicas de alimentación o salud, si no tiene abrigo y reparo, si no puede acceder a ciertos bienes culturales básicos y no puede ejercer sus derechos políticos y civiles sin acceso a una educación de calidad y a la información.

Fortalecer la clase media significa asegurar la movilidad social ascendente y acortar la brecha que separa a los sectores más desfavorecidos del acceso a una vida mejor. Esa brecha es todavía muy amplia en nuestro país.

Para eso, los más pobres necesitan recursos. La asignación universal por hijo, el programa que transfiere dinero a las familias para asegurar la educación y la salud en los sectores más débiles, es un paso extraordinario en ese sentido. Hace posible la formación –en el tiempo– de "activos intangibles" como la educación y la salud, indispensables para formar parte de la sociedad moderna.

Argentina 4.0 necesitará avanzar todavía más en ese sentido, promoviendo la formación de "capacidades sociales", donde los ciudadanos pongan en práctica los recursos obtenidos del sistema educativo y de salud de manera cotidiana para mejorar sus condiciones de vida. Deberán hacerlo generando y fortaleciendo instituciones que les permitan alcanzar sus objetivos.

Un país moderno tendrá incluso que promover la formación de "activos reales" en la sociedad y entre los trabajadores para asegurar una mejor distribución del ingreso y un mayor grado de equidad. La clase media del siglo XXI no estará formada sola ni principalmente por "esclavos de un salario" como en el siglo XX, sino que se verá integrada, de manera dinámica, por cuentapropistas, pequeños empresarios, tecnólogos y practicantes de profesiones liberales, el núcleo de los emprendedores del futuro. Esa gente necesita capital para trabajar y desarrollarse.

Un país moderno debe participar de la comunidad internacional responsable y constructivamente y de la nueva economía, que emerge en el horizonte. Integrarse al mundo, como lo señalan las experiencias de los países exitosos, no significa solamente tener relaciones diplomáticas dinámicas sino que más bien requiere contar con una estrategia clara y objetivos precisos.

Por ejemplo, la emergencia de una nueva clase media mundial disparó un ciclo de altos precios para los *commodities* agropecuarios que representan la mayor parte de nuestras exportaciones. Ese fenómeno significó ganancias para los productos exportables en el rango del 10 al 20%.

Nuestros principales clientes en el rubro son China e India, los principales motores de la economía mundial que, simultáneamente, se están convirtiendo en importantes competidores por el grano que hoy nos compran, ya que aspiran a desarrollar sus propias plantas de transformación en aceites y harinas.

Si tenemos en cuenta que hoy en día la Argentina ya tiene una capacidad de producción (*crushing*) superior a la disponibilidad de grano, ¿qué estrategia usaremos para desarrollar y fortalecer a largo plazo nuestra relación comercial externa con nuestros clientes-competidores?; ¿podríamos usar nuestra superior disponibilidad de un bien estratégico –como el agua– para extender la superficie sembrada?; ¿qué alimentos produciremos para un mundo que envejece y en el que crece la población joven al mismo tiempo?; ¿cómo enfrentaremos el proceso de extensión de áreas sembradas en otras regiones, como África, si ello ocurre en los próximos años? Responder estas preguntas nos ayudaría a elaborar una estrategia de mediano plazo. Se trata de un área donde tenemos grandes intereses.

La lucha de la comunidad internacional contra el cambio climático, el terrorismo y la corrupción necesita de actores confiables que puedan jugar un rol constructivo en la sociedad de naciones. Esa participación inteligente puede permitirnos terciar en las negociaciones internacionales de manera favorable para nuestros propios intereses y, además, redundará en múltiples beneficios en materia de flujos de inversión extranjera directa y acceso a nuevas tecnologías.

Construir un país moderno nos demanda superar los complejos de la crisis 2001-2002 para volver a vivir en plenitud nuestro rol en la comunidad de naciones, regresando sin temores a los mercados financieros para utilizarlos en nuestro propio beneficio, acelerando y facilitando el progreso de nuestra gente.

Argentina 4.0 busca construir un país moderno y para ello necesita superar la trampa en que se encuentra. En esa trampa, las transiciones de desarrollo humano, productividad, medioambiental y política están todavía a medio camino, han sido completadas sólo parcialmente.

Se trata de una trampa porque los progresos parciales, de alguna manera, calman los reclamos y nos hacen creer que no tenemos que seguir trabajando para alcanzar el desarrollo humano de manera completa y equilibrada en todo el territorio del país; los incrementos de productividad que demandan la economía y la naturaleza y el desarrollo político.

Los economistas suelen catalogar esa situación como una "trampa de ingresos medios".

Salir de esa trampa para construir un país moderno demandará consenso alrededor de ciertas políticas y metas. Desafortunadamente, nuestro sistema político parece cada vez más primitivo y ha sido poco propenso a generar este tipo de acuerdos.

Por eso, Argentina 4.0 pone en el centro de la agenda al ciudadano, para construir una "gran sociedad" que se aproveche del Estado y del mercado con el fin de regenerar el tejido social, integrándose al mundo para recuperar su clase media y reescribir su contrato social de manera de garantizarle a cada compatriota una oportunidad de vivir una vida digna por sus propios medios.

Objetivo y Agenda

Vivimos tiempos exponenciales, donde el mundo gira y cambia cada vez más rápido. Cada día nos vemos sometidos a una avalancha de nueva información que busca llamar nuestra atención sobre nuevos productos y servicios basados en modernos desarrollos tecnológicos. Ya no se trata solo de la radio, la televisión o internet. Ahora también participamos en redes sociales que parecen incubar nuevas instituciones, generar nuevos mercados y promover nuevas conductas.

El mundo está completamente interconectado por medio de las cadenas globales de noticias; y a través de tecnologías de comunicación cada vez más simples y accesibles nos enteramos en tiempo real de las catástrofes naturales o las revoluciones que ocurren en cada rincón del planeta.

Las ideas circulan cada vez más rápida y libremente y se ha vuelto muy sencillo enterarnos de lo que piensan los demás. Las nuevas tecnologías y sus aplicaciones en comunidades de usuarios están creando verdaderos medios de expresión natural y cotidiana para millones de personas alrededor del mundo que pueden compartir el debate de intereses comunes a un costo insignificante.

Es un mundo lleno de oportunidades y desafíos en el cual, para aprovechar las primeras y sortear con éxito los segundos, hay que mantener un enfoque flexible y abierto, alejado de los rígidos esquemas de pensamiento y acción del pasado.

Se trata de un mundo donde el poder está cambiando de manos, es más fluido y menos estático y precisamente por ello, los ciudadanos comunes tienen la oportunidad de ejercer sus derechos y participar de las decisiones de una manera completamente nueva y mucho más relevante y dinámica que en el pasado

Las tecnologías que reflejan estos fenómenos de manera más simple y directa son, sin duda, la informática y las telecomunicaciones. En las últimas tres décadas han liderado el proceso de cambio constante al que se ve sometida la economía y las sociedades de todo el planeta, sacudiendo los cimientos de los negocios y las conductas sociales. En sucesivas oleadas de innovación y cambio técnico han revolucionado nuestra manera de trabajar y relacionarnos.

¿Qué mejor que apelar a ellas para explicar la propuesta que contiene esta obra?

El carácter transformador de estas tecnologías, su amplia difusión a toda la sociedad y la familiaridad que han adquirido para las personas de cualquier edad y condición social las convierte en el instrumento ideal para desarrollar un ejercicio que no conviene postergar más: el de conectarnos con el mundo para pensar el país del futuro.

Bienvenidos al mundo de Argentina 4.0.

Argentina 4.0 pretende aprovechar los códigos y el lenguaje comúnmente utilizado en informática para generar un mensaje sencillo: nuestro país tiene que ponerse a trabajar en su próximo nivel de programación de inmediato, prestando atención a lo que está pasando en el mundo.

Ese mundo globalizado y desigual de nuestros días donde la integración de los mercados comerciales y financieros alcanza niveles superlativos y la explosión de la tecnología genera constantemente nuevas y controvertidas esferas de innovación económica, política y social.

Un mundo donde la pobreza y la opresión todavía prevalecen en muchos lugares aunque nuestra generación de por descontado que nacemos con el derecho a la libertad, la igualdad y en muchos lugares, incluso, a la solidaridad de nuestro prójimo.

Es un mundo donde una Nueva Economía –dominada por unos cuantos sectores emblemáticos que hacen de la innovación tecnológica el corazón de su dinamismo– está renovando las formas de producir y consumir; generando nuevas reglas de juego e instituciones; creando nuevos actores económicos y cambiando nuestra forma de hacer negocios y organizar el trabajo.

En ese mundo, varios países parecen estar aprendiendo a generar los niveles de riqueza mínimos necesarios para reducir la pobreza extrema y mejorar las oportunidades de progreso de los que menos tienen.

Es en ese contexto que las Naciones Unidas, a través de un conjunto de tratados internacionales, buscan articular la energía de la comunidad internacional para hacer que la vida de cada persona cuente y el respeto por los derechos humanos sea un mandato imprescriptible e inalienable.

Se trata de un nuevo mundo, que nos obliga a proteger el medio ambiente no ya por elección sino para asegurar nuestra propia supervivencia como especie a largo plazo. Y donde los ciudadanos, cansados de las promesas incumplidas de los políticos comienzan a organizarse –en entidades no gubernamentales y asociaciones civiles– para resolver los problemas que enfrentan en su vida diaria o para alcanzar ideales compartidos.

Por primera vez en casi un siglo, las grandes potencias históricas se ven obligadas a darles lugar a un conjunto de países emergentes. Son estos últimos los que se esfuerzan por reescribir las alianzas internacionales del pasado para mejorar sus condiciones de acceso a la Nueva Economía; al mismo tiempo que se preparan para disputar en mejores condiciones las batallas del futuro por la energía, el agua y los alimentos.

En el mundo de hoy, hacer la revolución con la que sueña cada generación de jóvenes que pisa la tierra es una tarea más cercana que en el pasado, porque en un planeta en ebullición la revolución está en todas partes y ocurre prácticamente a diario en las más diversas esferas de nuestra vida cotidiana.

Es en ese nuevo mundo que tendremos que programar la participación cívica, social, económica y política de los argentinos de todas las edades y condiciones sociales en la construcción de un país moderno, de manera tal que podamos avanzar hacia los ideales de libertad, equidad, solidaridad, justicia y progreso para convertirlos en una realidad concreta para todos.

Son ideales que –en su mayoría– nos cuesta alcanzar y que todavía están por materializarse. Ambiciones, muchas de ellas, que han quedado en la esperanza de los ciudadanos de este generoso país y que todavía no hemos podido transformar en realidades. Cuando lo logramos ha sido parcial y temporalmente.

Aunque hemos tenido buenas épocas, el derrotero histórico de la Argentina parece reflejar un país que ha sido –en el mejor de los casos, tal vez, periódicamente– incapaz de materializar de una manera consistente y perdurable las enormes promesas de progreso y bienestar que insinuaba cuando se asomó a la faz de la tierra. ¿Tenemos la oportunidad y la posibilidad de alterar este ciclo de altibajos y frustraciones? ¿Podemos poner al país en un camino sostenible y duradero que nos permita alcanzar el progreso y la modernidad?

En Argentina 4.0 los programadores somos todos y nuestro desafío es generar un programa capaz de mejorar la calidad vida que el país les ofrece a sus ciudadanos a través de una mayor calidad del sistema que los gobierna.

Se trata, ni más ni menos, de intentar replicar aquí lo que nuestros vecinos de América Latina (y otros en el resto del mundo) ya están haciendo para mejorar la calidad de vida de la gente, incorporando al circuito de producción y consumo a grandes grupos de personas que vivían en la pobreza y la marginalidad, fortaleciendo la clase media y creando las condiciones para que vivan una vida mejor y de manera más plena.

En el mundo moderno dicha tarea está más cerca de ser un mandato que una opción sobre la que podemos debatir. Y tenemos que formularla mirando al futuro y sus muchos desafíos, oportunidades y propuestas.

La idea central de Argentina 4.0 consiste en repensar el país con el ciudadano en el centro de la escena, poniendo el foco en el fortalecimiento de los sectores medios de la sociedad para eliminar o reducir a la mínima expresión posible la pobreza y la indigencia.

Poner en el centro de la escena al ciudadano nos permite además promover una agenda positiva que supere la dinámica clásica de la trayectoria histórica nacional basada en una dicotomía fuertemente polarizada y, demasiado frecuentemente, irreconciliable.

Unitarios vs. federales; conservadores vs. radicales; peronistas vs. antiperonistas y todas las otras rivalidades relacionadas con estas, tales como Estado vs. mercado; exportaciones vs. mercado interno; agro vs. industria son expresiones de un enfrentamiento ideológico, político y de intereses económicos que deben ser sintetizados si queremos tener éxito en el mundo en que vivimos.

Estudios antiguos y recientes, en distintas disciplinas de las ciencias sociales, coinciden en correlacionar de manera consistente la fortaleza de la clase media con la capacidad de crecimiento de la economía a largo plazo así como con la estabilidad del sistema político.

En la economía del siglo XXI, para materializar este objetivo probablemente necesitemos del desarrollo del agro y la industria, de las exportaciones y el mercado interno, del Estado y el mercado. Ese es el ritmo que parece marcar el surgimiento de una Nueva Economía.

Esas rivalidades –y la falta de elementos que ayuden a sintetizarlas– explican en buena medida la falta de reacción y flexibilidad política que le han impedido al país, al cabo de dos siglos, la concreción de las promesas de prosperidad y liderazgo que supieron alumbrar sus fundadores. Y, más recientemente, debilitaron los sectores medios elevando la proporción de la población más desfavorecida desde niveles del 1 % en 1974 hasta el 25-30% (de acuerdo con distintos métodos de cálculo) estimado en la actualidad.

Siguiendo esta línea de pensamiento, por ejemplo, el éxito de nuestro país no podría medirse por la magnitud del crecimiento del Producto Bruto

Interno, el incremento de nuestras exportaciones, el aumento del empleo o el crecimiento de nuestro mercado doméstico. Ni siquiera por la cantidad de gente cubierta por los programas sociales a través de subsidios o programas de asistencia.

La medida del progreso

En Argentina 4.0 el progreso debería medirse, por ejemplo, por la cantidad de gente que accede y se mantiene en la clase media, entendiendo por tal al grupo social que tiene la capacidad de acceder a la vivienda, al automóvil y a la compra de electrodomésticos básicos (como la televisión, el lavarropa, microondas, telefonía, etc.) asegurando al mismo tiempo –para todos los integrantes de la familia– los servicios de salud y educación que le permitan proteger el derecho a la vida y cimentar sus oportunidades de progreso, disfrutando de los bienes culturales y el libre ejercicio de sus derechos políticos.

Podría argumentarse que esta propuesta no revela ninguna novedad. Todos los países y sus gobiernos buscan mejorar la situación de los ciudadanos. Además, la mejora de cualquiera de los indicadores económicos tradicionales (producto, exportaciones, empleo, etc.) implica de manera directa o indirecta una mejora en el ingreso de la población del que se colige, razonablemente, una mejora en las condiciones de vida.

Sin embargo, en algunos contextos (por un número de circunstancias y debido a ciertas características de las distintas capas sociales) la necesaria condición del "crecimiento" puede no ser suficiente para disparar un proceso consistente que derrame sus beneficios en los sectores menos favorecidos.

En los años que llevo trabajando y estudiando los temas relacionados con el crecimiento y el desarrollo económico y social he comprobado que, con demasiada frecuencia, se verifica un fenómeno llamado popularmente "crecimiento empobrecedor", entendido como un proceso donde la mejora de los indicadores macroeconómicos no se traduce, necesariamente, en un aumento del nivel de vida de los sectores más postergados de la población. Incluso, a veces, las mejoras de esas variables ni siquiera llegan a la mayoría de la gente y, en muchos países, provoca o acentúa incluso desequilibrios regionales.

En otras palabras, el llamado "efecto derrame" de las capas más favorecidas por el proceso de crecimiento hacia las menos favorecidas no parece tener lugar automáticamente en la mayoría de los casos. En un gran número de ejemplos ese "derrame" necesita ser apuntalado por políticas específicas que aseguren que los beneficios efectivamente alcancen a las capas sociales más necesitadas así como a las regiones marginadas.

Esto no implica desacreditar los programas o procesos de crecimiento económico. No hay mejora posible de las condiciones de vida de la población sin crecimiento de la economía. Y para apuntalar a los sectores más desposeídos con políticas específicas se necesitan fondos que los estados no obtendrían fácilmente si la economía no crece.

Como lo atestigua claramente el proceso de crecimiento de la economía latinoamericana de la última década, el aumento de los índices de producción y empleo y la disponibilidad de recursos para programas sociales permite la inclusión de sectores marginados en el circuito de consumo.

En una sociedad verdaderamente progresista, sin embargo, esos programas de inclusión social son imprescindibles aunque también, por definición, temporales. El objetivo de los programas es que los que no participan del proceso de crecimiento puedan hacerlo con ayuda de la sociedad hasta que estén en condiciones de valerse por sus propios medios.

Tal vez, habrá un número de personas que nunca estará en condiciones de abandonar la ayuda pública pero, en una sociedad que realmente progrese, ese número tendría que mostrar una tendencia a disminuir con el tiempo.

Para alcanzar ese objetivo, entonces, será necesario sostener el ritmo de crecimiento, aunque la condición suficiente (si es que puede catalogarse de ese modo) parece ligada a la capacidad de lograr un crecimiento de alta calidad.

Se trata de un crecimiento equitativo y espacialmente equilibrado que asegure además una participación productiva y estable de las mayorías en la Nueva Economía, una economía regida por nuevas reglas, en la que participan nuevos actores y que está basada en nuevos sectores emblemáticos.

Un crecimiento de alta calidad fomentará el aumento del capital físico de la economía (a través de la inversión en maquinarias, mejoras de tierras, nuevas inversiones, etc.) pero también promoverá un incremento de su capital humano (con mejores servicios de educación y salud, eficientes y disponibles para una mayor cantidad de gente); el capital social (resultado de las relaciones e interacciones sociales) y del capital natural (a través del cuidado del medioambiente y la protección de la biodiversidad).

Lo que se propone, por lo tanto, en Argentina 4.0 es fortalecer y expandir los sectores medios a través de un crecimiento de alta calidad para devolverle protagonismo al ciudadano, reposicionándolo en el centro de la agenda pública; porque si el crecimiento de la economía es lo que nos da la posibilidad de distribuir riquezas (a través de la política fiscal o la política de ingresos) de su calidad depende, en cambio, la distribución de oportunidades para que todos podamos participar en el proceso de manera sostenible.

Esa calidad se refiere, en palabras simples, a la necesidad de asegurar que los niños (y las niñas) argentinos tengan acceso a las condiciones básicas de nutrición en todo el país, especialmente en las regiones con problemas crónicos en esta área, que duerman abrigados y protegidos para poder ir a la escuela cada día y acceder a un empleo digno cuando se gradúen, que los sectores menos favorecidos de las poblaciones rurales tengan medicinas y buenos tratamientos en las clínicas del pueblo y no tengan necesidad de viajar varios kilómetros y muchas veces mudar a sus familias para conseguirlas.

Un crecimiento de calidad tiene también el propósito de asegurar la provisión de agua y aire limpios para toda la población, protegiendo los recursos de biodiversidad disponibles para asegurar el ciclo reproductivo de nuestros campos, bosques y selvas. Tratará asimismo de proteger el capital humano combatiendo el crimen organizado, y erradicando el delito violento y los problemas de inseguridad.

Finalmente, un crecimiento de calidad incluye la participación de la gente junto a los políticos y a los oficiales del gobierno con vocación de reformar el funcionamiento del Estado y del sistema político para devolverle el poder al ciudadano, fortaleciendo su capacidad de ejercer sus derechos y cumplir con sus obligaciones.

Crecimiento económico, "clase media" y distribución de la riqueza

Para explicar la propuesta de Argentina 4.0 conviene repasar la evolución de la clase media en nuestra región durante los últimos años.

La última década se caracterizó por mostrar unas tasas de crecimiento del producto bruto que se ubican entre las más altas de la historia moderna de América Latina. Lo mismo ha ocurrido en nuestro país.

Este fenómeno ha sido el resultado de la coincidencia feliz de dos eventos significativos: por un lado, los gobiernos de América Latina aprendieron las lecciones impartidas por los años de turbulencias macroeconómicas y, por el otro, el arribo de China e India a la vanguardia de la economía internacional generó una demanda sostenida y monumental de todas las materias primas que producimos.

Un artículo de abril de 2011 (Jenkins), publicado en la revista de la CEPAL, por ejemplo, estima que el llamado "efecto China" sobre el valor medio de los 15 principales commodities latinoamericanos –considerando las exportaciones regionales entre 2002 y 2008– representa unos U$D 56 billones, algo así como el 21% del valor total de las exportaciones anuales de esos productos. Países como Ecuador, Venezuela, México, la Argentina y Brasil habrían recibido ganancias estimadas en un rango del 7 al 20%.

Esa poderosa combinación de políticas domésticas y efectos externos generó unas condiciones singulares para el desempeño de la economía, que registra pocos precedentes. Y en ese contexto la clase media latinoamericana experimentó un ciclo de expansión y crecimiento, reduciendo niveles de pobreza y exclusión.

La Comisión Económica de las Naciones Unidas para América Latina y el Caribe publicó un informe (abril 2011) sobre la evolución de este sector de la población –para el período 1990-2007– en la región (Franco, Hopenhayn y Leon).

Allí se define la integración de la "clase media" en función del tipo de ocupación que una persona tiene –clasificando el trabajo que realiza en manual o no manual– y la magnitud del ingreso familiar.

De acuerdo con esa clasificación los hogares de "clase media" en América Latina alcanzaban los 72 millones en 1990 en diez países latinoamericanos que concentran el 80% de su población. Para el año 2007 su número era de 128 millones. El aumento registrado es de 56 millones, equivalente a un crecimiento del 77% sobre los niveles de 1990.

En valores absolutos, Brasil aportó 12 millones de hogares –(que representan unos 38 millones de habitantes– a ese proceso (casi el 22% del total), Chile 1,1 millones de hogares y la Argentina medio millón. Estas son, sin duda, buenas noticias para la región en su conjunto. Y por eso mismo merecen analizarse con dedicación y esmero para comprender mejor como podemos sostener en el tiempo y mejorar un proceso tan importante y necesario.

¿Cómo explicamos esta dinámica?

Normalmente, en procesos de esta naturaleza, las ciencias sociales tratan de distinguir las razones fundamentales y sustantivas que facilitan los cambios de aquellas causas más próximas e inmediatas en la explicación del fenómeno bajo análisis.

Entre las primeras ubicamos el fenómeno ya mencionado de crecimiento del PBI, así como los menores niveles de pobreza y una cierta disminución de la desigualdad en el ingreso de los habitantes.

Las segundas han sido examinadas en distintos foros como, por ejemplo, el que tuvo lugar en un seminario en julio de 2011 sobre Desigualdad, Pobreza y Políticas Públicas, organizado por la Organización para la Cooperación Económica y el Desarrollo (OECD), donde se presentaron trabajos profundizando el análisis sobre las causas más próximas que explican esta mejora de las clases medias latinoamericanas así como la sustentabilidad de la misma.

Los trabajos identifican cuatro factores que permiten comprender la disminución de la desigualdad y el eventual crecimiento de la clase media latinoamericana de manera más próxima y específica para cuatro países de la región: la Argentina, Brasil, México y Perú.

El primero de los factores es de carácter demográfico y está ligados al aumento del número de trabajadores adultos por hogar –factor que se explica por la mayor participación de la mujer en la generación del ingreso familiar, en porcentajes que llegan a los 18 puntos en México, 14 en la Argentina y 12 en Brasil– y el segundo se explica por el aumento de los años de escolaridad promedio en los hogares más pobres.

Los otros dos tienen que ver con: a) la disminución de la brecha salarial por mayor especialización laboral (es decir, la diferencia salarial que favorece a los trabajadores más calificados), debido a que el sistema productivo se orienta ahora hacia actividades intensivas en el uso de mano de obra, que requieren menos especialización y dispone (gracias a la mayor cantidad de años de escolaridad promedio en los hogares más pobres) en mayor abundancia de trabajadores, en general, mejor educados y; b) las transferencias de dinero a través de programas gubernamentales de apoyo a los sectores más débiles de la población (en México y Brasil esas transferencias representan entre el 10 y el 20% del total de reducción de la desigualdad aunque solo cuestan alrededor de un 0,5% del PBI).

En los reportes se destaca que la reducción de la desigualdad comenzó en momentos históricos distintos a través de la región. En Brasil, México y Chile, empezó a declinar a mediados de los 1990s (una tendencia que continúa hasta nuestros días) mientras que en otros países como la Argentina, Bolivia, Paraguay y Perú ese proceso se inició a partir de 2002-2003.

Asimismo se resalta que esa reducción ha sido estadísticamente consistente y significativa en la última década, extendiéndose a lo largo y a lo ancho de la región en países con gobiernos de centro derecha y países con tendencias de centro izquierda, verificándose en países que crecen más rápido y también en los que crecen más despacio, en países pequeños y países más grandes. Son progresos de los que podemos sentirnos orgullosos.

Sin embargo, y aun cuando el efecto combinado del crecimiento de la economía y la aplicación de programas sociales específicos ha contribuido a promover una expansión de la clase media en todo el continente es mucho, todavía, lo que queda por hacer.

En la mayoría de los países mencionados el sector medio bajo concentra entre dos tercios y más de tres cuartos de los hogares clasificados en el sector medio. Frecuentemente, los asalariados en este sector tienen una condición laboral precaria, no disponen de cobertura social ni planes de salud, muchas veces trabajan en la informalidad y sus ingresos son bajos.

La mayor cantidad de años en promedio de escolaridad de los sectores medios bajos ha disminuido el premio –en términos de ingreso– que se pagaba a los que poseían mayores estudios y restringido el acceso laboral de los sectores sin instrucción (ya que se dispone en abundancia de trabajadores con secundaria completa).

¿Cómo mantenemos los progresos materializados hasta ahora –reconociendo que la "nueva" clase media de la región es todavía vulnerable– y expandimos el proceso para incorporar en él nuevos segmentos de la población en el futuro próximo? ¿será suficiente mantener las mismas políticas?

Los expertos consideran que el nivel de desigualdad en América Latina es aún demasiado alto y la mayoría del gasto público es regresivo, en el sentido de profundizar los problemas existentes. Los marcos impositivos y, en general, la política fiscal de la región no contribuyen a paliar esta situación. Resolver este acertijo probablemente requerirá superar crecientes niveles de resistencia política de distintos grupos de presión y de interés.

Adicionalmente, en algún momento futuro, las mejoras de los niveles educativos chocarán con la barrera de la educación terciaria que es mucho más difícil de superar que la de la enseñanza media. Y aquí no solo evaluamos la cantidad de educación terciaria disponible (en términos de "carpetas" o asientos para los alumnos) sino también la calidad de la misma, esencial para competir en el mundo del conocimiento, la economía global y la era de la información. Superar la desigualdad en términos de calidad y ecualizar los costos de oportunidad será un trabajo arduo y costoso.

Es importante formularse estas preguntas y hallar soluciones satisfactorias porque uno de los vectores más relevantes de la economía mundial se vislumbra en el auge de la clase media global.

Se calcula que este segmento (definido como el de personas con ingresos promedio anuales de entre U$D 3700 y U$D 37.000) podría aumentar en unos mil doscientos millones de personas para el año 2020 con una capacidad de compra estimada en U$D 5,6 billones. En 2022, por primera vez la clase media superaría la población pobre del planeta y para el 2030 el tamaño de la clase media podría alcanzar alrededor de cinco mil millones de personas (Brookings Institutions).

Las tres cuartas partes de ese crecimiento global tendrán lugar en India y China; y en poco más de una década esta última podría convertirse en un país de clase media, según la definición que exige que al menos la mitad de la población del país integre ese sector social. Esto implica que el proceso de urbanización de las últimas dos décadas, que ha movilizado más de 200 millones de chinos del campo a las ciudades, continuará con el mismo –o incluso mayor– dinamismo, con el efecto consecuente sobre el consumo de proteínas, metales y energía.

Este proceso generará las condiciones para sostener un fuerte y positivo efecto externo sobre nuestras economías que debería aprovecharse para nutrir y consolidar nuestra propia clase media regional y nacional.

¿Cómo ubicamos a las clases medias latinoamericanas en ese contexto?

Un reciente estudio de la OECD trata de responder este planteo en base al estudio de las encuestas nacionales de hogares (ajustadas por tamaño de hogar, con 2006 como año base) para un conjunto de 10 países latinoamericanos que representan más del 80% de la población de la región.

Ese trabajo identifica los sectores medios a partir de la mediana de los ingresos per cápita, lo cual significa que la mitad de la población queda de un lado y la otra mitad del otro, evitando las distorsiones que puede registrar el ingreso medio a partir de un pequeño número de hogares de altos ingresos que lo empujen artificialmente hacia arriba.

Los sectores medios estarán compuestos entonces por la franja de ingresos que está 50% por debajo de la media absoluta de los ingresos nacionales y 50% por encima de ella. Se llama la regla 50-150, porque los límites superiores e inferiores quedan establecidos por el 50% y el 150% de la mediana de ingresos.

Según esta definición, por ejemplo, más del 60% de la población italiana integra los sectores medios de la pirámide social, superando de esta manera holgadamente la marca del 50% normalmente utilizada para considerar al país bajo análisis como una nación de clase media.

Solo tres países latinoamericanos (Uruguay, México y Chile) ubican alrededor del 50% de su población en los sectores medios, definidos en los términos del trabajo que revisamos. Uruguay supera el 50% y se ubica a solo 10 puntos porcentuales por debajo de la marca italiana.

Brasil, Perú y Costa Rica integran el segundo lote con porcentajes alrededor del 45%. Ecuador y la Argentina, en ese orden, son sus inmediatos seguidores, con mediciones que muestran sus sectores medios ligeramente por encima del 40% de la población. Colombia y Bolivia cierran la muestra con mediciones inferiores al 40%.

El estudio elabora además dos indicadores interesantes llamados "índice de resistencia de los estratos medios" e "índice de potencial de movilidad de la población desfavorecida". Uno es el reverso del otro. El primero calcula la magnitud del revés económico (una enfermedad, fallecimiento, desempleo) necesario para arrastrar los sectores medios a la situación de la población desfavorecida. El segundo, en cambio, mide cuán cerca están los sectores desfavorecidos de pasar a los sectores medios.

En el índice de resistencia, Uruguay y Bolivia encabezan la puntuación con estratos medios en buenas condiciones para resistir un revés que los expulse de la categoría. Costa Rica, la Argentina y Brasil los siguen en ese orden con una capacidad de resistencia similar. Luego aparece México y el último lote queda integrado por Ecuador, Colombia y Perú. Chile cierra la tabla con la menor capacidad de resistencia de sus sectores medios.

En el índice de potencial de movilidad de la población desfavorecida Uruguay, México, Ecuador y Chile encabezan las mediciones con Brasil y Perú siguiéndolos de cerca. Luego aparece Costa Rica y en el último lote se ubican Bolivia, Colombia y la Argentina.

Nuestro país cierra la lista aun teniendo más del 40% de su población en los sectores medios, lo que significa que la población desfavorecida tiene escasas posibilidades de acceder a los sectores medios.

Estos resultados muestran la magnitud del esfuerzo que deberán realizar los programadores de Argentina 4.0 para cumplir con la agenda propuesta.

Según la clasificación de la OECD, entre 1996 y 2006 los estratos medios de nuestro país disminuyeron 20%. La crisis de fin de siglo afectó de manera desproporcionada a los sectores de menores ingresos y desmoronó el índice de movilidad social potencial.

Aun las mejoras experimentadas desde 2003 parecen haber sido insuficientes para devolverle movilidad a los sectores medios, tanto en términos históricos cuanto en materia de comparación internacional.

El trabajo más reciente sobre movilidad económica y crecimiento de la clase media en América Latina ha sido publicado por el Banco Mundial (2013), que parece arribar a conclusiones similares.

El mismo define clase media como aquellas personas que disponen de ingresos situados entre 10 y 50 dólares por día, calculados a paridad de poder de compra (PPP, *Purchasing Power Parity* por sus siglas en inglés) y se basa en una muestra de las encuestas permanentes de hogares armonizadas para 15 países, que representan 500 millones de personas (86% de la población latinoamericana).

En el informe se reporta que, bajo esos parámetros, la población de ingresos medios pasó de 103 millones de personas en 2003 a 152 millones en 2009, lo cual significa que un 30% de la población regional está ahora en ese estrato social, como resultado de ingresos más altos y menor desigualdad en los ingresos. Solo el 2% de la población vive con más de 50 dólares diarios.

Se trata de resultados estimulantes, considerando que ese proceso ha reducido la cantidad de gente viviendo en condiciones de pobreza 14 puntos porcentuales (del 44% al 30%) equiparando, por primera vez, el tamaño de población viviendo en la pobreza (menos de 4 dólares diarios)con la que lo hace en el sector de medios.

El sector más numeroso, sin embargo, con un 38% de la población regional ha quedado entre los "pobres" y la "clase media" con ingresos entre 4 y 10 dólares por día. Este grupo, clasificado por el reporte como "vulnerable", tendría 10% de probabilidades de caer nuevamente en la pobreza.

Al estudiar la movilidad económica, el Banco Mundial divide el análisis en dos tipos: la movilidad dentro de una misma generación de personas y aquella que tiene lugar de una generación a otra.

En el primer caso, llamada movilidad intrageneracional, muestra resultados extraordinarios: aproximadamente la mitad de la población latinoamericana progresó socialmente entre 1995 y 2010, utilizando datos de 18 países.

En ese período la población "pobre" (con ingreso menor a 4 dólares diarios) descendió del 45,7 al 22,5 de habitantes latinoamericanos y casi todos los que salieron de esa situación migraron al sector "vulnerable" de ingresos entre 4 y 10 dólares diarios. A su vez, un poco más de la mitad de los vulnerables en 1995 pasaron a la clase media en 2010. En la Argentina, el progreso mayor se dio en el sector vulnerable, aunque las cifras entre los años extremos de la serie (1995 y 2010) comprenden, nada menos, que la gran crisis de 2001-2002.

En términos estadísticos se observó en todo el continente una correlación entre la movilidad social y los gastos en educación y salud así como en la participación de las mujeres en la fuerza laboral y las transferencias de dinero en efectivo a través de programas sociales.

El segundo tipo de movilidad tiene lugar de una generación a otra y refleja el nivel de equidad en la distribución de oportunidades para el progreso en América Latina. El informe del Banco Mundial se anima a explorar la cuestión aun con las limitaciones en materia de datos históricos disponibles de ingresos y situación socioeconómica en la región. La conclusión es desalentadora.

La movilidad intergeneracional parece limitada en América Latina por los antecedentes familiares de las personas, una cuestión que parece jugar un papel más relevante en los ingresos futuros de la gente que vive en la región si lo comparamos con la situación de quienes lo hacen en otras regiones del mundo.

El reporte concluye, por lo tanto, recomendando incorporar el objetivo de igualdad de oportunidades de manera explícita en las políticas públicas, disparar una segunda generación de reformas del sistema de protección social (incluyendo ayuda y seguridad social) y romper el círculo vicioso "impuestos bajos-malos servicios públicos" debido a su efecto nocivo en la equidad impositiva para las clases medias- altas y su nivel de tributación.

La "calidad" del crecimiento como distribución de oportunidades

Es aquí donde necesitamos introducir el concepto de "calidad" del crecimiento para precisarlo y profundizarlo.

Es evidente que en los próximos años necesitaremos un crecimiento de mayor calidad para mantener los logros alcanzados y continuar expandiendo la clase media de forma permanente.

El concepto de "calidad" asociado con el proceso de crecimiento ha sido discutido por los economistas de todo el mundo por más de una década. Un trabajo seminal en ese sentido fue publicado por el Banco Mundial, en su reporte del año 2000, recogiendo y refinando las discusiones de la comunidad internacional en relación con el efecto de las reformas económicas en el progreso social de los países que las aplicaron.

Básicamente, un crecimiento de buena o alta calidad implica un aumento significativo de la productividad del capital humano y natural (o medioambiental) de una nación.

Al abordar el tratamiento de estos temas es necesario reconocer que el principal activo de los sectores menos favorecidos es el capital humano; y por lo tanto, las inversiones en salud (incluyendo el componente nutricional) y educación resultan fundamentales.

Esto significa que será necesario aumentar las inversiones en esos rubros para proveer más servicios y oportunidades a los más necesitados y, al mismo tiempo, aumentar la productividad de esas inversiones, asegurando un apropiado entramado de interacciones entre los esfuerzos sociales por disminuir la pobreza y el dinamismo productivo del complejo industrial-empresario.

En otras palabras, será necesario asegurar que las inversiones sociales realizadas para aumentar el valor de los activos de los estratos menos favorecidos de la pirámide poblacional ayudan a esos sectores de manera efectiva para aprovechar las oportunidades que ofrece el mercado.

De alguna manera, entonces, la calidad del crecimiento depende de la capacidad del sistema social y productivo de operar una adecuada distribución de las oportunidades. En el caso de las inversiones en educación, nutrición y salud, para una agenda centrada en el ciudadano, ese objetivo solo será alcanzado si el gasto se concentra en satisfacer las necesidades de los más desfavorecidos.

No se trata solo de tener más asientos en la escuela pública (o más escuelas) sino de impartir la enseñanza requerida por los sectores menos favorecidos para insertarse en la sociedad por sus propios medios.

En algunos países, la escuela pública imparte menos horas de clase y tiene una cobertura curricular menor que la de una escuela privada. Por eso es necesario que al menos una porción del gasto del Estado se oriente prioritariamente a subsanar esos problemas (relacionados con la calidad de la educación más que con su cantidad) para lograr una distribución de oportunidades que no discrimine en contra de los usuarios de la escuela pública.

Para explicar de una manera práctica el significado que tiene este concepto daremos un ejemplo sencillo relacionado con el empleo.

Probablemente, en una situación de alto desempleo la estrategia más efectiva para aumentar rápidamente el nivel de ocupación sea la de promover actividades productivas que requieren capacidades muy generales, como por ejemplo, algunas de las tareas relacionadas con el sector textil o la construcción.

Esos empleos pueden resultar muy valiosos incluso para ocupar gente con bajo nivel de formación educativa, digamos, por ejemplo, personas que solo tienen estudios primaros. Por supuesto son empleos que tienen un costo relativo moderado para el sector empresario.

A medida que el nivel general de empleo aumenta, sin embargo, las oportunidades de mejorar el ingreso individual dependerán crecientemente de las capacidades "diferenciales" que un trabajador esté en condiciones de ofrecer en el mercado laboral.

Es probable que para adquirir esas capacidades ese trabajador dependa de su nivel de educación y necesite, por caso, tener estudios secundarios completos. Ese nivel de capacitación podría ser un requisito para cursar alguna tecnicatura o especialización adicional, tales como soldadura, electricidad u otra de ese tipo.

Si tiene la oportunidad de adquirir esas habilidades el trabajador de nuestro ejemplo encontrará dificultades para colocarlas en el sector textil o de la construcción. Deberá moverse a otros sectores industriales, como son el automotriz o el de la electrónica, que pagan salarios relativos más altos ya que sus productos se colocan en un mercado más complejo y sofisticado.

Es decir, que los sectores productivos que cumplen un papel protagónico en la ampliación de la oferta de trabajo pueden ser diferentes de aquellos que permiten incrementar los niveles de ingresos (aunque varios sectores pueden cumplir ambos roles).

Estos últimos son los que eventualmente ofrecerían a los niveles menos favorecidos de la población la oportunidad de valorizar el incremento de capital humano que una mayor y mejor inversión en educación trae aparejada. De alguna manera este proceso está relacionado a su vez con la capacidad del complejo industrial-empresario de operar un salto de calidad.

Esto significa que, para que un crecimiento de calidad distribuya efectivamente oportunidades, será necesario que la sociedad en su conjunto adquiera nuevas capacidades. Así como los sectores menos favorecidos incrementan sus conocimientos para mejorar su oferta en el mercado de trabajo, del mismo modo, el complejo industrial-empresario deberá incorporar nuevas tecnologías y actividades productivas más sofisticadas para generar puestos de trabajo mejor remunerados realimentando continuamente el proceso.

Esta secuencia es, ni más ni menos, la que viene teniendo lugar en Asia en general (y en China e India en particular) durante las últimas décadas. Y lo que ha generado una disminución espectacular de la pobreza y la desigualdad en esa región. Hace dos décadas Latinoamérica recibía enormes cantidades de exportaciones textiles chinas pero hoy en día ese país nos exporta bienes de capital, automóviles y maquinas herramientas.

Este análisis nos permite postular, entonces, que si bien la calidad del crecimiento responde a múltiples factores, no es menor entre ellos el hecho de que para participar de cualquier período de bonanza las distintas clases sociales y segmentos de la población –así como su complejo industrial-empresario– dependen de sus "capacidades".

Lo mismo ocurre a nivel mundial entre los países: aun en períodos de gran crecimiento económico y prosperidad global muchas naciones son marginadas de la distribución internacional de riqueza debido a que no están en condiciones de asumir un rol en ese proceso: de alguna manera carecen de las "capacidades sociales" necesarias para participar del mismo.

Así como una persona necesita ciertas capacidades para progresar en la vida (aprender a leer y escribir; cada vez más, aprender a usar una computadora o comprender otros idiomas) de la misma manera una sociedad necesita adquirir ciertas "capacidades sociales" para progresar en la distribución internacional del trabajo y tener la oportunidad de mejorar las condiciones de vida de su gente a través de un aumento del ahorro y la inversión (atrayendo incluso el de otros países hacia el propio).

No es otra la estrategia seguida por los países asiáticos, los nuevos motores de la economía mundial, que progresan económica y socialmente a pesar de su escasez relativa de recursos naturales y energéticos y no gracias a ellos. Es precisamente la demanda generada por sus crecientes clases medias la que nos ha permitido sostener y promover a las nuestras.

Es decir que la abundancia de recursos naturales puede contribuir a financiar una mejora en la calidad del crecimiento, pero no la garantiza a largo plazo. Ese proceso requiere un aumento del valor de los activos en los sectores menos favorecidos combinado con una apropiada distribución de oportunidades que permitan materializar ese valor, así como la incorporación constante de nuevas "capacidades" por parte de la sociedad y el sistema productivo en su conjunto.

Las "capacidades sociales". De la educación al conocimiento, la tecnología y las instituciones

La idea de que las capacidades sociales son esenciales para el progreso de una sociedad no es nueva.

El trabajo pionero en este campo de Ida Adelman y Cynthia Morris durante los 1960s, continuado más tarde por Jonathan Temple y Paul Johnson (1998) identifica y mide –usando análisis factorial para un grupo numeroso de economías emergentes– una amplia variedad de indicadores económicos, sociales y políticos que tiene el potencial de influir en el crecimiento.

Estos autores muestran que la variación en los datos podría reducirse a cuatro factores comunes, uno de los cuales resalta como particularmente importante.

Ese factor, resultante de una amalgama de características socioeconómicas (como el rol de la clase media, la movilidad social, la alfabetización, etc.); variables estructurales (como la participación de la agricultura o la industria en el PBI, el grado de urbanización, etc.) y el desarrollo de comunicación masiva (medido a través de la distribución de diarios, revistas y radios en la población) es lo que Temple y Johnson describen como las "capacidades sociales".

En la economía del siglo XXI, liderada por unos sectores industriales que hacen de la innovación y el cambio técnico su elemento esencial, el conocimiento y las "capacidades sociales" son claves para mejorar los ingresos nacionales y desarrollar una dinámica y nutrida clase media.

Podemos ahora retomar el ejemplo de la sección anterior, donde un trabajador textil debe pasar al sector automotriz para mejorar su ingreso. Necesita para ello adquirir nuevas habilidades o capacidades. Se trataba de un caso sencillo basado en los sectores industriales emblemáticos del siglo XX.

La economía del siglo XXI le demanda a países como los nuestros no solo que mantengan esa secuencia para los eslabones más débiles de la cadena social sino que, simultáneamente, sean capaces de crear las condiciones para que los trabajadores de los sectores más sofisticados sigan adquiriendo capacidades, aprendiendo o desarrollando nueva tecnologías que les permitan participar de los nuevos sectores emblemáticos de la economía internacional, que ofrecen las mejores perspectivas de crecimiento y ganancias.

La revolución en la producción de alimentos (en el sector agrícola y en la industria que los procesa), el surgimiento de la bioeconomía (y sus aplicaciones en la alimentación y la industria farmacéutica), las nuevas formas de energía (tanto entre los combustibles fósiles –como el "shale" o el "tight" gas– cuanto entre los renovables), los negocios asociados al cuidado del medio ambiente (como los mercados de carbono y la producción de energía a partir de los residuos) y la constante transformación de la informática y las telecomunicaciones ofrecen ya –y lo harán más frecuentemente en el futuro– unas oportunidades extraordinarias para quienes se atrevan a explorarlos e insertarse en los flujos de inversión, comercio e investigación y desarrollo tecnológico que estos sectores promueven.

La relación entre adquisición de conocimientos y mejora en los niveles de ingreso no limita sus efectos a los sectores menos favorecidos. En realidad, su dinámica aplica para todos los sectores sociales y para la sociedad en su conjunto.

El acceso y la generación de conocimiento han jugado un rol importante en el progreso de la humanidad a través de toda su historia y desempeña un papel clave en el crecimiento de la economía, según algunos autores, al menos desde el siglo XVIII.

Según ellos, dos son los factores que explicarían la centralidad del conocimiento. Por un lado, la idea de que la naturaleza es controlable y que puede usarse para mejorar las condiciones de vida. Por el otro, la idea de que la diseminación de conocimiento ayuda a progresar y a generar más conocimiento (promovida inicialmente por el movimiento iluminista de los siglos XVII y XVIII así como por una naciente –en esos años– comunidad científica).

Ese rol central se fue acrecentando a través de los siglos y recibió un gran empuje con el surgimiento de la revolución industrial.

Las lecciones de la historia nos permiten discernir que la velocidad y dirección de las actividades de innovación en el complejo industrial-empresario de una sociedad en general reflejan percepciones sobre: a) la demanda de nuevos productos; b) las oportunidades de mejora que surgen del cuerpo de conocimientos disponibles para una disciplina (electrónica, biología, ingeniería) y c) la posibilidad de las empresas de obtener ganancias a partir de esas situaciones.

Nótese que, tal como hemos resaltado en la sección anterior, estas observaciones ratifican que para operar una efectiva distribución de oportunidades será necesario no solo que las personas y los trabajadores adquieran nuevas habilidades y conocimientos sino también que el complejo industrial-empresario lo haga.

Ese proceso implica la incorporación de nuevos negocios y sectores al entramado productivo que permiten a su vez mejorar la calidad de la oferta de trabajo. Solo así, los progresos en la formación de capital humano de la sociedad podrán incorporarse de manera dinámica en un ciclo virtuoso, utilizando ese capital de forma cada vez más productiva.

A través de la historia moderna el crecimiento económico sostenido y el progreso han sido apuntalados por la habilidad de un país de producir y diseminar conocimiento tecnológico y científico. La mayoría de la gente acepta incluso de manera intuitiva esta idea. Sin embargo, los economistas no le han prestado suficiente atención cuando tienen que explicar las diferencias en los niveles de ingreso de los países.

Tecnología y cambio técnico

Desde la emergencia de la economía política como disciplina, hace ya un par de siglos, las diferencias en el crecimiento económicos de los países tienden a explicarse a través del ritmo de acumulación de capital. Del mismo modo, las diferencias de ingreso o productividad son explicadas en términos de la relación de capital acumulado por trabajador.

Hay autores que asignan esta costumbre al hecho de que la mayor parte del razonamiento económico se desarrolló durante la primera revolución industrial, una época en la que la incorporación de formas más eficientes y novedosas de mecanización jugaba un rol fundamental para el crecimiento de la productividad.

Desde mediados del siglo pasado, sin embargo, varios premios Nobel de economía (Solow, 1987 y Lucas, 1995) han explicado que la acumulación de capital por trabajador explica solo una parte del crecimiento de la economía, atribuyendo al acceso y la generación de conocimiento un rol central en el progreso de los países en términos de la mejora de los ingresos.

Los avances en las tecnologías de la información y de las comunicaciones de los últimos tiempos han tenido un profundo impacto en la forma en la que el conocimiento es accedido y diseminado, y ha permitido un crecimiento geométrico de la información codificada simultáneamente con una reducción fenomenal de los costos de acceso.

Estas tendencias alcanzan también los ámbitos de la ciencia y la tecnología, con implicancias enormes en términos de oportunidades para las economías emergentes de acceder a nuevos conocimientos, así como de su habilidad para participar de manera creciente en el proceso global de creación y diseminación de tecnología, información y habilidades.

Para comprender mejor el alcance de estas cuestiones es oportuno revisar un trabajo publicado por la Organización de la Naciones Unidas para el desarrollo Industrial (ONUDI) en el año 2005, en su reporte anual.

En el mismo se trató de determinar cuáles eran los factores que explicaban, de la manera más directa posible, las diferencias de los ingresos per cápita para un grupo de países tomando en cuenta sus "capacidades sociales". Esa muestra se integró con 135 países y se calculó un valor de ingreso medio per cápita para todo el conjunto, como si se tratara de un solo país.

Luego se establecieron las diferencias entre el ingreso real en cada país con ese valor medio calculado para el conjunto de 135 países. Finalmente, se eligieron 29 indicadores de distintas capacidades sociales y se trató de determinar cuáles tenían más influencia en la determinación de las diferencias.

Usando análisis factorial (una técnica estadística para identificar tendencias en grandes cantidades de información) se identificó un grupo de componentes principales o "factores" que explican casi el 77% de la variación en el ingreso per cápita de los distintos países en relación con el ingreso medio para la muestra seleccionada.

Esos factores son: a) la creación, uso y transmisión de conocimiento; b) el grado de apertura de la sociedad y la economía a los productos, ideas, tecnologías e inversión del exterior (ya que el comercio y las inversiones son vehículos para transferir tecnología); c) el funcionamiento del sistema financiero y; d) el funcionamiento del gobierno y del sistema político.

Los resultados de las regresiones y las correlaciones estadísticas apoyan de manera sustantiva la idea de que las "capacidades sociales" (incluyendo el conocimiento, la gobernabilidad y el sistema financiero) están positiva y significativamente asociados al nivel de desarrollo.

El estudio refuerza la idea de que la educación de los individuos; la creación, uso y transmisión de conocimiento en la sociedad y la innovación tecnológica en el complejo industrial-empresario (factores señalados en a) y b)) son distintos aspectos de un mismo esfuerzo mancomunado, a múltiples niveles, por apuntalar el crecimiento de la economía que se refuerza y realimenta recíprocamente.

Aparecen asimismo otros factores como el desarrollo del sistema financiero y la organización política y el funcionamiento del gobierno. El primero permite un tratamiento más breve y lo mencionaremos a continuación.

Es para todos evidente que la disponibilidad de crédito facilita el desarrollo personal y empresario. Este es un campo en que, salvo algunas excepciones como Chile, América Latina tiene pobres resultados para mostrar, al igual que ocurre en el caso particular de nuestro país.

La falta de un mercado hipotecario bien desarrollado así como un escaso nivel de crédito a las empresas y a los empresarios innovadores ha sido siempre un factor de desventaja en la estructura productiva de nuestros países en comparación con los de otras regiones del mundo.

En particular, el estudio muestra que el bajo desarrollo del sistema financiero en América Latina es uno de los factores que impide el aprovechamiento de un stock de conocimientos que es superior en nuestra región en comparación con otras regiones. Algo así como decir que la falta de crédito limita la productividad del capital humano, ya sea porque no puede materializar aspiraciones personales cuanto por la incapacidad de llevar al mercado nuevas ideas o productos y desarrollar nuevos negocios.

El factor relacionado con el sistema político y la organización del gobierno nos obliga a detenernos un poco más para explicarlo. Su presentación puede resultar menos evidente ya que la influencia que ejerce en el nivel de ingresos de una persona puede parecer más indirecta aunque, como veremos, no lo es.

Instituciones

¿Cuáles son los mecanismos que traducen el buen funcionamiento del sistema político y del gobierno en mayores ingresos per cápita de la población?

Intuitivamente, la primera y más evidente respuesta puede ser que lo hace a través de los impuestos y, de manera más amplia, de la política fiscal. Una segunda opción, ya más sofisticada, es que también puede hacerlo al crear o no un "correcto clima de negocios". Esta última estará más cerca de la verdad si la desarrollamos un poco más.

Una corriente de estudio llamada "economía de las instituciones" trata de responder a esta pregunta. Sus principales postulados fueron formulados por Ronald Coase y Douglas North, premios Nobel de economía en 1991 y 1993.

La idea básica de esta disciplina es que las instituciones, entendidas como reglas y normas que regulan el funcionamiento de una sociedad, determinan los "costos de transacción" de la economía y, por lo tanto, la propensión de los individuos y del complejo industrial-empresario a producir, consumir, emplear, invertir e innovar.

Esos "costos de transacción" se refieren a las obligaciones que hay que cumplir (y, por lo tanto, los costos que hay que pagar) para instalar una empresa, emplear o despedir gente, colocar un producto en el mercado (seguros, transporte, etc.) y otras interacciones propias del sistema económico.

Por lo tanto, las normas, reglas y leyes que regulan el funcionamiento de la sociedad establecen al mismo tiempo unos costos, los costos de hacer negocios, que pueden resultar más o menos convenientes para el proceso de crecimiento de la economía.

La forma en que se establecen las normas y las reglas, la razonabilidad y la estabilidad de las mismas, las características de los procesos de reforma de las leyes y su administración por parte de los jueces son, generalmente, el resultado de la fortaleza y dinamismo del sistema político y la interacción de los poderes del Estado.

Si ese sistema de interacciones funciona correctamente y las señales que envían a los ciudadanos y a los empresarios son las que ellos esperan o necesitan (en términos de los costos en los que deben incurrir para alcanzar unas ganancias estimadas) es probable que el ingreso per cápita aumente debido a que "el clima de negocios" permitirá crear empleos mejor remunerados.

En los términos de nuestro ejemplo del trabajador, presentado en las secciones anteriores, diremos que esas señales, emitidas a través de las leyes y otras regulaciones, permitirán a los individuos evaluar si les conviene aumentar sus conocimientos para tratar de colocar sus nuevas habilidades en el mercado (invirtiendo su tiempo en estudiar para conseguir un mejor empleo) y, a su vez, a las empresas si les conviene –por caso– hacer nuevas inversiones y adquirir nueva tecnología en lugar de seguir explotando al máximo su antigua capacidad instalada.

En el estudio de la ONUDI, al que nos referimos anteriormente, se destaca que América Latina explica parte de su menor ingreso relativo en relación con el promedio de la muestra de 135 países debido al pobre funcionamiento de su sistema político y la primitiva organización de sus gobiernos. En lenguaje simple, significa que los costos de transacción de la economía son tales que desalientan todavía la radicación de inversiones y la generación de nuevos negocios y empleos, al menos en la proporción en que sería posible hacerlo a partir de un mejor funcionamiento institucional y político.

La Agenda de Argentina 4.0 y la "medida del éxito"

Cualquier ejercicio de programación requiere objetivos claros para ser exitoso. El de Argentina 4.0 busca fortalecer y desarrollar la clase media con el ciudadano como protagonista.

¿Qué significa esto? ¿Cómo podemos asegurarnos de alcanzar el objetivo? ¿Cuál es la agenda que debemos seguir para lograrlo?

Hemos discutido cómo formular una agenda. Vimos cómo el crecimiento de la economía, acompañado de un conjunto de programas sociales ha tenido un rol central en el aumento del número de hogares de clase media en la región, disminuyendo la pobreza y la marginalidad.

A pesar de esos progresos evaluamos que queda mucho para hacer, debido a que los sectores medios bajos siguen siendo numerosos y, en general, muy vulnerables.

Discutimos entonces la importancia de entender que para progresar en la lucha contra la pobreza y fortalecer los sectores medios no alcanza con crecer de cualquier modo. Es necesario lograr un crecimiento de alta calidad que promueva una distribución apropiada de oportunidades.

Para ello, tenemos que invertir en la educación y en la formación de habilidades de las personas como forma de incrementar el capital humano de un país, así como estimular la incorporación de conocimiento y tecnología en el complejo industrial-empresario.

Finalmente, ampliamos e integramos estos conceptos y los generalizamos para la sociedad en su conjunto, examinando el concepto de "capacidades sociales", incluyendo entre ellas cuestiones tales como el funcionamiento del gobierno, el del sistema político y el sector financiero.

Resumiendo, entonces, ahora podemos formular con fundamento nuestra agenda, sosteniendo que para fortalecer los sectores medios necesitamos afianzar un proceso de crecimiento de la economía con alta calidad, lo cual significa invertir en la formación de "capacidades sociales" que permitan una efectiva distribución de oportunidades.

Esas "capacidades sociales" son el motor que permite crear las condiciones para que el complejo industrial-empresario sea capaz de generar nuevas oportunidades de progreso (innovando e incorporando tecnología y conocimiento a partir de las señales correctas del sistema político, el gobierno y el sistema financiero) y en los ciudadanos (a través de las inversiones en educación, entrenamiento y salud) para que sean capaces de aprovecharlas.

Tenemos ahora un objetivo claro (fortalecer la clase media) y una agenda concreta para lograrlo (crecimiento económico y desarrollo de las capacidades sociales). Nos falta solamente discutir cómo podemos evaluar el progreso de esa agenda.

Cuidar este aspecto implica medir los resultados que obtenemos de las inversiones en capital humano y, en general, de todas las inversiones en la formación de capacidades sociales de una manera apropiada, registrándolas de alguna forma (transparente) en nuestro sistema estadístico.

¿Quién no ha tenido la sensación de que, aun cuando las variables económicas y sociales muestran buen desempeño, las cosas a nuestro alrededor no parecen marchar tan bien como debieran de acuerdo con esas mediciones?

Una buena parte de esas sensaciones devienen de la forma en la que medimos el desempeño económico y social de la nación. Para acercar las sensaciones a la realidad deberíamos medir algunas cosas que no estamos evaluando y asegurarnos de captar su impacto en el bienestar individual y general de la sociedad.

Para explicarnos recurriremos otra vez a un ejemplo.

Si consideramos el desempeño de las exportaciones argentinas en las últimas décadas podemos comprobar un aumento considerable de las mismas. Tanto el volumen exportado cuanto los precios de los productos exportables han mejorado de manera significativa.

Mirando los registros estadísticos de la nación verificamos que esta mejora en el nivel de las exportaciones ha sido responsable de múltiples beneficios asociados con el proceso de crecimiento de la economía, el bienestar de la población rural, y el equilibrio de las cuentas públicas.

Más allá de las estadísticas, cuando se recorren las zonas dedicadas a la producción y exportación agropecuaria se comprueba la bonanza derivada de las inversiones y el aumento consecuente de la actividad del sector. No hay duda que este proceso promueve una mejora en las condiciones de vida de mucha gente.

Sin embargo, cuando miramos la composición de las exportaciones argentinas (al igual que las de la mayoría de los países latinoamericanos) notamos muy pocos cambios en la estructura de las mismas durante las últimas décadas. Con excepción de la minería (un sector ausente de la oferta exportable nacional hasta mediados de los años 1990,s –cuando el país adoptó un marco normativo para el sector– y muy dinámico a partir de entonces) y, probablemente, del sector automotriz (que debe su auge al proceso de especialización con Brasil), la estructura de las exportaciones argentinas se ha mantenido igual a través de las últimas décadas.

Desde el punto de vista de nuestra Agenda 4.0, este desempeño no puede ser muy alentador y tal vez por eso vemos que, aunque las estadísticas reflejan una mejora impresionante del sector exportador, los ciudadanos comunes percibimos solo parcialmente (o regionalmente, en las zonas más ligadas a las producciones exportables) los resultados de ese proceso. En todo caso los efectos que percibe la población en general de manera más clara son de tipo indirecto, a través de las contribuciones del sector exportador al equilibrio general de la economía.

La creación de capacidades sociales implica, como dijimos, la adquisición de nuevas habilidades entre los individuos y la incorporación de conocimiento y tecnología en el complejo industrial-empresario. Tal proceso debería alumbrar una mayor complejidad mayor en el portafolio de nuestros productos de exportación incorporando mayor complejidad y sofisticación, que en la práctica representan mayor valor agregado y mayor calidad de trabajo argentino incorporado.

El "Reporte sobre Desarrollo Industrial" de la Organización de las Naciones Unidas para el Desarrollo Industrial (ONUDI) de los años 2002-2003, 2004 y 2009 publica un "Índice de Competitividad Industrial" –ideado por el profesor Sanjaya Lall de la Universidad de Oxford– que se sumerge en el análisis de este tema.

A través de un conjunto de indicadores, la ONUDI trata de determinar en qué medida la incorporación de capacidades sociales contribuye a mejorar el desempeño de la industria y las condiciones de vida del país.

Aunque el índice ha sido refinado a través del tiempo, básicamente, registra cuatro dimensiones de la actividad del complejo industrial-empresario de un país comparando: a) el valor agregado manufacturero por cápita; b) exportaciones de productos manufacturados per cápita; c) la complejidad tecnológica de la producción manufacturera del país (medido en términos de la tecnología media y alta incluida en los productos) y d) la complejidad tecnológica de las exportaciones.

Adicionalmente se ponderan estos valores considerando la participación de las manufacturas en el total del producto bruto y la participación de las exportaciones manufactureras en el total de exportaciones.

En otras palabras, este índice mide si nuestro proceso productivo tiene o no algún grado de sofisticación en función del valor agregado de los bienes producidos y exportados, el tipo de tecnología que incorporan y en qué medida ello influye en el nivel de bienestar general de una nación. Elabora así un ranking que permite comparar el desempeño de 122 países desde 1980 hasta 2005.

Durante la década de los 1980s la Argentina ronda el lugar número 30 de la lista (puesto 32, en promedio para la década) mientras que en 2005 aparece en el lugar 52.

Aunque menos pronunciada, otros países latinoamericanos también registran caídas en su posición relativa en el índice. Brasil, por ejemplo, pasa de niveles cercanos al puesto 24 en los 1980s al lugar 38 en 2005 (aunque en su caso el peso de la población en los índices es más importante que en nuestro país). México, en cambio, se mantiene a través del tiempo. Pasa del lugar 31 de la tabla en los 1980s al lugar 32 en 2005 (aunque llegó a estar mejor en las décadas de los 1990s y los 2000, rondando los puestos 28 del ranking).

Hay que tener en cuenta que el índice considera variables per cápita, por lo que el mejor desempeño de países más populosos y de mayor dinámica demográfica empeora nuestra posición relativa.

Los grandes ganadores de la muestra son los países asiáticos, pero no solo ellos; Singapur e Irlanda lideran el ranking en 2005. Se trata de países que siguieron estrategias similares, entrando en cadenas globales de valor de alto valor agregado desarrollando de manera rápida considerable capital humano e infraestructura.

Los puestos 2 a 8 del ranking están ocupados por economías desarrolladas de Europa y Asia (Japón).

Luego aparecen la República de Corea (del sur) y la provincia china de Taiwan que usaron estrategias enfocadas en la construcción de capacidades domésticas, apalancándose en las cadenas globales de valor a través de la relación con las empresas líderes de esas cadenas en lugar de confiar exageradamente en la inversión extranjera.

Los lugares 11 al 15 están ocupados por países industrializados (USA, Austria, Holanda, Francia y el Reino Unido) y luego aparece Malasia, en el puesto 16 en 2005, que viene ascendiendo consistentemente desde lugares en torno del puesto 40 en los 1980s (de alguna manera una especie de reverso de la Argentina).

Hungría pasa del puesto 30 en los años 1980s al 24 en 2005 (luego de haber llegado al puesto 20 en los 2000s) y Tailandia del puesto 47 en los 1980s al 25, en el mismo período.

China pasa del puesto 39 en los 1980s al 26 en 2005 a pesar del enorme peso de su población en los indicadores medidos per cápita, confirmando una vez más la estrategia del gigante asiático en relación con la promoción de exportaciones de creciente valor agregado.

El índice refleja también el progreso más reciente de algunos países exportadores de petróleo (como Qatar) y de varios países africanos.

Una de las desventajas del índice podría radicar en el escaso espacio que le asigna a la dotación de recursos naturales. No es su propósito recoger estos factores debido al objetivo que se plantea. Pero en todo caso, si así fuera, eso operaría en favor de países como el nuestro y probablemente mejoraría nuestra posición relativa.

Lo que parece importante destacar, en todo caso, es que las estrategias seguidas por los países que mejoran su posición en este índice difieren. Algunos se apalancan en su mercado interno y otros se dedican a explotar el mercado global, hay quienes confían más en la inversión extranjera directa y los que trabajan con recursos domésticos.

Todos ellos, sin embargo, persiguen el objetivo común de formar capacidades sociales que les permitan escalar en la economía global para crear más riqueza y mejorar la vida de sus habitantes (alcanzando mejores posiciones en el índice).

La preocupación por comprender mejor estos fenómenos es universal y ha generado un movimiento intelectual dedicado a producir contribuciones para las mediciones de riqueza y bienestar generando recientemente una serie de nuevos trabajos.

Entre ellos se destaca el informe presentado por la Comisión para la Medición del Desempeño Económico y el Progreso Social, liderada por Amartya Sen, Joseph Stiglitz (premios Nobel de economía 1998 y 2001 respectivamente) y Jean Paul Fitoussi a pedido del presidente de Francia, Nicolas Sarkozy.

El mismo propone una serie de 12 recomendaciones para mejorar la evaluación del desempeño económico en una economía compleja. Conceptualmente, sugiere un desplazamiento de las mediciones sobre producción hacia las mediciones sobre el bienestar de la población.

Concretamente recomienda mirar los ingresos y el consumo (en lugar de la producción), considerándolos incluso juntamente con la riqueza y enfatizando la perspectiva de los hogares.

Para medir correctamente el bienestar de las personas y las familias, el informe propone también ampliar las medidas de ingreso per cápita y de los hogares, incluyendo las actividades que están fuera del mercado.

Además de medir el bienestar material (representado por el ingreso, el consumo y la riqueza) deberían considerarse indicadores que reflejen la incidencia de factores tales como la salud, la educación, las actividades personales –incluido el trabajo– conexiones sociales y relaciones, las condiciones presentes y futuras del medioambiente y la inseguridad económica y física.

En todos los casos se propone tomar muy en cuenta los indicadores de desigualdad.

Es muy posible que la gente tome en cuenta estas variables e indicadores –de manera intuitiva– cuando contrapone sus "sensaciones" a los resultados de las mediciones oficiales sobre bienestar. Y es por eso, y no por otra cosa, que siente que su situación ha empeorado aun cuando los indicadores económicos tradicionales muestran mejoras.

En julio de 2011, la Asamblea General de las Naciones Unidas adoptó una resolución instando a la comunidad internacional a examinar cómo y de qué manera pueden promover la felicidad a través de políticas públicas.

Varios medios de prensa reportan una reunión que tuvo lugar poco después en el reino de Bután, en el Himalaya, destinado a examinar la experiencia de ese país en la medición de la Felicidad Nacional Bruta (en lugar del PBI), tarea que se ha impuesto hace 40 años.

Las conclusiones de las decenas de expertos allí reunidos no difieren mucho de las propuestas del informe reportado más arriba. Básicamente, el encuentro promovió la idea de que por sobre el bienestar material (que no debe subestimarse) es necesario considerar otros factores como las desigualdades, el medioambiente, y la búsqueda de valores comunes en la cultura y la compasión de la comunidad.

Los nuevos líderes de la economía global –como China y la India, pero también países como Brasil, México y otros– han trabajado durante décadas sobre esquemas consistentes –que modelaron su política exterior tanto como la doméstica– para definir una cierta estrategia, particular y propia, alejada de las recetas clásicas, de inserción en la nueva economía global.

Se dedicaron a acumular capital físico simultáneamente con el desarrollo de capacidades sociales; estas últimas, a su vez, convertidas en un elemento indispensable para reforzar ese proceso (véase teorías del crecimiento, en el capítulo sobre la economía del siglo XXI).

Cuando se escuchan referencias a la ortodoxia y la heterodoxia de las prescripciones económicas sería razonable pensar en las dos visiones presentadas más arriba; una que le da protagonismo exclusivo a la acumulación de capital para explicar diferencias en los ingresos y la otra que incluye en ese análisis el acceso y la generación de conocimiento.

Parece extraño escuchar referencias al pensamiento heterodoxo en materia económica asociado a un sistema cambiario o al grado de laxitud de la política monetaria. Heterodoxia, en todo caso, es atreverse a pensar que hay formas nuevas de atraer el capital físico y de formar capital humano, basadas en el conocimiento y la difusión de tecnología.

Otra vez, eso es exactamente lo que distingue el modelo de inserción internacional de las economías asiáticas y, en particular, describe muy bien el esfuerzo tecnológico y el desarrollo de "capacidades sociales" en China e India.

Parece claro que los países que manejan exitosamente su inserción en la nueva economía no siguen recetas preempacadas. Por eso generan etiquetas tales como "modelo chino" o "modelo indio".

Estos países combinaron un modelo de crecimiento de alta calidad, que fortalece sus clases medias, con una estrategia de inserción internacional pensada para apuntalar ese proceso movilizando recursos naturales, financieros y tecnológicos en una escala sin precedentes, permitiendo de ese modo una efectiva distribución de oportunidades.

¿Cuándo estaremos en condiciones de desarrollar un modelo argentino?

El propósito de este capítulo ha sido el de proponer el objetivo y la agenda de Argentina 4.0 para desarrollar ese modelo.

El objetivo consiste en el fortalecimiento de los sectores medios de la sociedad para erradicar la pobreza y la indigencia. Se propone hacerlo poniendo al ciudadano en el centro de la escena para generar una agenda positiva que supere la dinámica clásica de la trayectoria histórica nacional basada en una serie de dicotomías fuertemente polarizadas (tales como unitarios y federales, agro vs. industria, Estado vs. mercado, etc.) y, demasiado frecuentemente, irreconciliables.

La agenda busca afianzar un proceso de crecimiento de la economía con alta calidad, procurando la formación de "capacidades sociales" que posibiliten una efectiva distribución de oportunidades.

Para medir el progreso de nuestra agenda y su capacidad de alcanzar nuestro objetivo tendremos que complementar las mediciones sobre producción con mediciones sobre el bienestar de la población, mirando los ingresos reales y el consumo desde la perspectiva de los hogares (considerando los indicadores de desigualdad) e incluir indicadores que reflejen la incidencia de factores tales como la salud, la educación, las actividades personales —incluido el trabajo—, conexiones sociales y relaciones, las condiciones presentes y futuras del medioambiente, y la inseguridad económica y física.

El plan de trabajo de Argentina 4.0

En un mundo en cambio constante, las ideas hacen la diferencia.

Así como las personas y las empresas se "reinventan" periódicamente, los países y las sociedades se ven obligados a renovarse y repensarse para enfrentar los desafíos que regularmente salen a su encuentro.

Argentina 4.0 no puede ni debe repetir las experiencias del pasado. Tampoco organizarse sobre la base de viejas antinomias. No puede ponerse al servicio de proyectos mesiánicos. Una sociedad moderna y abierta tiene que asumir la responsabilidad de conducir su propio destino y animarse a liderar sus proyectos, actuando directamente, sin tantos intermediarios.

Para ello habrá que reciclar los mecanismos de participación democrática, utilizando las nuevas tecnologías, potenciando la participación social que busca solucionar problemas concretos y aplicando una nueva mentalidad y liderazgo para mejorar la calidad de vida de la gente.

Las nuevas herramientas informáticas, el desarrollo y los bajos precios de las comunicaciones inalámbricas y el crecimiento de las redes sociales, nos permiten apelar a la sabiduría de la gente y consultar con frecuencia y directamente, la opinión de la comunidad, liberando todo su potencial de trabajo y creatividad.

Por primera vez en la historia de la humanidad podemos contactarnos con miles de personas que no conocemos para convocarnos de manera directa e instantánea a través de una red gratuita –internet– que no requiere de intermediarios (en la radio o en la TV se nos obligaba a recurrir a presentadores, periodistas y programas de audiencia masiva) para trabajar sobre temas de interés común y relevancia social.

Ninguna generación de ciudadanos dispuso de un instrumento tan poderoso y democrático en ninguna época pasada para canalizar sus aspiraciones sociales.

¿Seremos capaces de usarlo con inteligencia para abordar los desafíos que nos plantea la Argentina del futuro? Intentarlo es el plan de trabajo que nos permitirá desarrollar y fortalecer "capacidades sociales", el plan de trabajo de Argentina 4.0.

El entusiasmo en torno de las nuevas herramientas informáticas y tecnológicas –que constituyen un vehículo formidable para aumentar y mejorar la calidad de la participación social en los asuntos comunitarios–, sin embargo, no debe distraernos del componente esencial de este proceso: la clave es un cambio de mentalidad.

Ese cambio de mentalidad consiste en asumir que superar los desafíos que nos impone la nueva economía y el ideario político de fin de siglo, no será obra exclusiva de un gobierno o un grupo de líderes políticos. Será necesario que la comunidad se organice para participar activa y decisivamente en el proceso.

No se trata de forzar un comportamiento. Todos los días miles de voluntarios realizan tareas sociales valiosas, creando oportunidades y mejorando las condiciones de vida para miles de argentinos. Fundaciones, empresas y organizaciones no gubernamentales llevan adelante actividades esenciales para un gran número de comunidades.

El cambio de mentalidad tiene que ver con la necesidad de aumentar la escala de participación ciudadana, tanto en cantidad de gente cuanto en calidad de temas.

Resumiendo: además de organizar comedores populares donde se necesiten, reuniendo recursos para las compras, cocinando y sirviendo, la comunidad podría plantearse participar en la administración de los recursos públicos –controlando el mandato otorgado a sus representantes– para asegurarse que, pasado un tiempo, las necesidades de este tipo disminuyen hasta desaparecer como problema.

Un ejemplo similar puede aplicarse a los trabajadores sociales en el área de la educación, que recorren los barrios marginales para ayudar a los jóvenes de familias infiltradas por problemas de drogas, a tratar la deserción escolar, el embarazo adolescente y las viviendas precarias.

¿Por qué no participar también de la formulación del presupuesto y la administración de fondos que hace el municipio, la provincia o la nación para tratar estos temas?

Por supuesto, no se puede pretender que la gente deje de trabajar u ocuparse de sus asuntos para hacer el trabajo de los políticos o los agentes de la administración pública. Se puede, sin embargo, invertir algunas energías en ofrecer opiniones y supervisar los asuntos comunitarios, más o menos como hacemos con los temas del consorcio de nuestro edificio.

El cambio de mentalidad que necesita Argentina 4.0, es un movimiento vinculado con el clamor popular de diciembre 2001, cuando la gente exigía en las calles "que se vayan todos", refiriéndose a la clase dirigente en general y a los políticos en particular.

El eslogan parece no haber funcionado.

Aquel reclamo de "que se vayan todos" no fracasó del todo, ya que obligó a los dirigentes políticos y sociales a prestar más atención a los reclamos populares. Las prioridades político/sociales, parecen hoy más alineadas con los intereses de la comunidad de lo que la gente percibía entonces. Y el crecimiento de la economía –gracias a las exportaciones de productos agropecuarios con un ciclo de precios favorables sin precedentes que permiten generosas políticas sociales– mejoró el humor de la gente y moderó las ansiedades políticas de las mayorías.

Las prácticas políticas, la clase dirigente y los líderes políticos, sin embargo, son prácticamente los mismos y los problemas que enfrentamos como sociedad – si bien muy distintos a los de comienzos de siglo – son aún muy exigentes.

¿Por qué no probar con el "participemos todos"? ¿Qué mejor manera de canalizar las energías de los que estamos descontentos con el entorno en que vivimos y queremos construir algo mejor?

Una agenda como la de Argentina 4.0, centrada en el ciudadano, que busca fortalecer la clase media, necesita de esa participación.

Participando todos podríamos además liberarnos de las dicotomías y antinomias del siglo pasado, que tanto necesitan los dirigentes para sobrevivir. ¿Por qué vamos a reducir nuestras opciones a elegir entre un Estado gigantesco que se ocupa de todo o un mercado sin Estado que resuelve todo por sí mismo?

En Argentina 4.0 queremos aprovechar lo mejor del Estado y lo mejor del mercado para construir una sociedad más progresista que libere todo su potencial.

La solución para los problemas que nos plantea el desarrollo de nuestra sociedad en el futuro no se esconde en el pasado. No queremos tener que elegir entre un "gran mercado" o un "gran Estado".

Argentina 4.0 propone organizar la "gran sociedad" donde ciudadanos informados y comprometidos vigilen de manera militante el cumplimiento del mandato político que otorgan a sus representantes, utilizando al mismo tiempo el poder del Estado y la dinámica del mercado para alcanzar sus objetivos.

Sería una manera de asegurarnos que los recursos públicos se invirtieran de la forma más productiva posible en los temas que verdaderamente le importan a la gente y que una articulación de intereses público/privados generara incentivos para el progreso y el bienestar. ¿No sería esta la "revolución" del siglo XXI?

Todo resulta más sencillo de entender a través de algunos ejemplos. Un plan de trabajo detallado desbordaría el propósito de estas líneas. Por eso recurrimos a una serie de casos y ejemplos que ayudarían a explorar los contornos de un esquema de ese tipo para Argentina 4.0.

Antes de explorarlo más en detalle es necesario formular una última advertencia y un llamado a la cautela.

Las nuevas tecnologías de la comunicación, la web 2.0, los teléfonos inteligentes, las tabletas, etc., son apenas eso, instrumentos. No hay que confundir las herramientas con la substancia. Pueden ser incluso instrumentos inofensivos si no se los utiliza con un propósito y una clara finalidad política.

En Argentina 4.0 pretenden ser utilizados para mejorar nuestras chances de alcanzar un objetivo y cumplir una agenda. Los queremos para fortalecer los derechos civiles y políticos de los ciudadanos, expandir la clase media, formar y desarrollar capacidades sociales para crecer con calidad y formular una estrategia que nos permita participar de manera inteligente en la economía global.

En ese sentido se presentan una serie de ejemplos que buscan activar la participación ciudadana y rediseñar los modelos de participación política. El propósito final es romper el circuito cerrado de la corporación política y promover la interacción informada con los ciudadanos para impedir que la democracia quede secuestrada por las burocracias partidarias, sindicales o los intereses sectoriales.

Políticas sociales 4.0

¿Cómo podríamos aplicar estas nuevas ideas a la administración de los programas de asistencia social?

No ensayaré aquí la presentación de un compendio exhaustivo de políticas sociales. El foco de la sección estará puesto exclusivamente en mejorar la participación ciudadana en la administración de las políticas sociales.

Supongamos que queremos mejorar la eficiencia de cada peso que gastamos en apoyar a los más necesitados para que mejoren su condición y superen la barrera que los separa de la clase media. ¿Podemos asegurarnos de que los fondos se asignan de la mejor manera posible y que los resultados de los programas alcanzan los objetivos planteados?

En Argentina 4.0 ese problema no es solo del Estado. Es un problema de toda la sociedad civil que puede organizarse para participar de su tratamiento y solución.

¿Se imaginan el poder de cientos de personas proponiendo iniciativas sociales o colaborando en su evaluación o implementación? Miles de personas más podrían participar en la movilización de fondos y en la supervisión de las iniciativas. Y serian personas comprometidas ideológica y políticamente, aunque no "militen" en el sentido tradicional del término, en las filas de un partido político.

Los programas sociales en la actualidad se manejan de manera centralizada en un ministerio nacional que concentra los recursos económicos y la facultad de dictar las políticas públicas en la materia.

Un solo ministerio público se ve obligado a trabajar para atender y eventualmente resolver problemáticas sociales muy distintas, con intereses a menudo divergentes. Tiene que administrar los problemas de indigencia, las dificultades habitacionales, de nutrición, de escolaridad, de vejez, de adicciones, etc., en distintos puntos del país y en contextos sociales distintos.

Aun con una gran cantidad de recursos humanos y cuadros técnicos puede resultar complicado atender las necesidades de los ciudadanos de cada rincón del país. Este modelo de organización para administrar los programas sociales (estructurado de arriba hacia abajo, en el sentido que todo el poder se concentra en la cúspide del sistema y luego se distribuye hacia las bases) no es privativo de la Argentina, que no ha hecho otra cosa que reproducir el esquema utilizado en muchos otros países para tratar estos mismos temas. Es el modelo de organización típico del siglo XX.

En el siglo XXI sin embargo, tenemos la oportunidad de invertir esa dinámica para permitirle a las bases diseñar sus propias soluciones y a la comunidad en general opinar si los recursos (siempre escasos para atender necesidades) se están usándo correctamente.

Mañana mismo, por ejemplo, la comunidad organizada a través de cualquier red social presenta una iniciativa popular, tal y como está regulada en la Constitución nacional, para pedirle a las autoridades la creación de un Banco Social.

Imaginemos entonces que organizamos un "Banco Social" en el ciberespacio –que otorgaría tanto préstamos como fondos no reembolsables– con una plataforma informática que permite la interacción de los que buscan desarrollar programas de asistencia social con los ciudadanos interesados en participar de la administración de los fondos y volcar sus preferencias.

En ese contexto, un conjunto de emprendedores sociales (representantes barriales, líderes de organizaciones intermedias o, incluso, simplemente ciudadanos interesados) podrían organizarse para presentar una "Iniciativa Social" –por ejemplo, habitantes de un asentamiento marginal que buscan asfaltar calles de tierra o un comedor popular que quiere incorporar servicios de educación técnica–, presentando un formulario disponible por vía telefónica y también en internet. Digamos que se aceptan un cierto número de iniciativas por mes, hasta agotar un cupo de dinero predeterminado o un número absoluto de casos que pueden evaluarse en un período dado de tiempo (bimestre, por ejemplo).

Las características del formulario serian tales que permitieran reflejar de manera simple el objetivo, la duración y el impacto social de la "Iniciativa", evaluando a su vez al propio emprendedor que la propone, las características de su implementación, la participación de los vecinos y el costo de la misma.

La "Iniciativa Social" sería evaluada por cualquiera que quisiera seguir el protocolo establecido en una plataforma informática que permitiría "calificar" las siete dimensiones precedentes y asignar una cierta prioridad entre las iniciativas presentadas.

El dinero asignado sería transferido directamente desde el "Banco Social" a los contratistas –para evitar potenciales desvíos– que podrían ser seleccionados y supervisados por el municipio más cercano al proyecto postulado en la "iniciativa social" adjudicada.

De esa manera los municipios tendrían el incentivo de estimular el desarrollo de emprendedores sociales que promovieran "iniciativas" ganadoras –ya que de esa manera podrían responsabilizarse para administrar otras contrataciones– con el objetivo de generar más trabajo en las empresas situadas en su área de influencia, creando a su vez más trabajo local (podrían reclutar contratistas que contratasen más trabajadores de sus barrios, en lugar de traerlos extrazona).

Un sistema de este tipo crearía canales de participación social sin intermediarios ni burocracias, ya que cualquiera podría subir el formulario de su "iniciativa social" a la plataforma de evaluación, por vía telefónica o a través de internet.

Al depender de una instancia de evaluación basada en las opiniones que cientos o incluso miles de evaluadores independientes ofrecen voluntariamente en la plataforma de internet –incluso la cantidad de evaluadores que califican la iniciativa podrían sumar puntos *bonus* a la misma– sería difícil manipular los fondos.

Un mecanismo como este estimularía el desarrollo de líderes sociales genuinos, que surgirían por su capacidad de articular esfuerzos para resolver problemas concretos y relevantes, en lugar de alcanzar el liderazgo como resultado de su habilidad para vincularse con el poder político de turno.

Sería un gran paso para formar "capacidades sociales" allí donde hacen falta, en la base de la pirámide. La participación de miles de personas evaluando las iniciativas fomentaría también la formación de "capacidades" a través de toda la sociedad.

Los ciudadanos que decidan participar libre y voluntariamente de la evaluación constituirían el ejército de "oficiales de cuenta" del "Banco Social" que crearía así una instancia genuina de participación ciudadana. Su trabajo, eventual y discrecional, podría ser remunerado con un sistema de puntaje parecido a los *bonus* de las tarjetas de crédito o a las millas de viajero frecuente de las aerolíneas. Completar un cierto número de evaluaciones podría dar derecho a descuentos en los supermercados o en los impuestos locales o nacionales.

El capital del "Banco Social" podría integrarse de distintas maneras. Los gobiernos de nivel nacional, provincial y municipal podrían hacer aportes creando cuentas específicas y apalancando los recursos recíprocamente. Por ejemplo, el gobierno nacional podría poner un peso por cada peso que invierta la provincia o el municipio de origen de la "Iniciativa Social", o aplicar un multiplicador cuando quisiera estimular proyectos en un área determinada.

Los emprendedores sociales podrían movilizar fondos para sus "Iniciativas" a través de campañas de distinto tipo y recibir incluso algún tipo de retribución por su espíritu emprendedor claramente establecido de antemano.

Las Organizaciones No Gubernamentales (ONGs), las fundaciones y las asociaciones vecinales podrían participar con sus propias "Iniciativas Sociales" que podrían recibir algún nivel de fondeo de acuerdo a cómo las evalúe el público y en la medida en que se autofinancien.

Los individuos podrían contribuir al capital del "Banco" con aportes de cualquier nivel en una cuenta específica abierta a tal efecto o incluso directamente a una "Iniciativa Social" que les interese.

Adicionalmente podrían movilizarse fondos de ciudadanos extranjeros que estuvieran interesados en alguna problemática particular –tales como el medioambiente o la educación– así como fondos de organismos internacionales.

¿Parece una idea descabellada? ¿Impracticable?

Si creen que esta idea es impracticable pueden visitar varios sitios de internet donde una serie de emprendedores están revolucionando la forma de liberar el potencial de la sociedad reformulando el sistema de incentivos, tales como theworldwewantfoundation. org ó thenetworkforsocialchange.org

Las plataformas informáticas de préstamos personales de persona a persona (*Prosper*, *Zopa*, *Lending Club*, etc.) o los cuerpos de evaluadores de inversiones en capital de riesgo ("venture capital", tales como *vencorps*).

El "Banco Social" trascendería las fronteras de la típica burocracia gubernamental ya que tendría en la práctica muy pocos empleados. Sus clientes serían los emprendedores sociales y sus oficiales de cuenta estarían representados por cientos de voluntarios que recibirían la paga propuesta en los párrafos precedentes. La administración de sus activos financieros podría encargarse a las gerencias de entidades existentes, como el Banco Nación o incluso a bancos privados que se disputen los fondos, ofreciendo los mejores rendimientos.

El "Banco Social" deberá dedicarse a verificar la ejecución de los proyectos –que constituye en la práctica la forma de repago de los fondos otorgados a una "Iniciativa Social" cuando se han otorgado fondos no reembolsables– y a supervisar la correcta actuación de los municipios en el proceso de adjudicación de los contratistas. En las instancias de supervisión y auditoria podría sumarse otra vez voluntarios a través de una plataforma de internet.

La idea básica es siempre la misma: apelar a la sabiduría colectiva del cuerpo social y estimular la participación masiva de la gente, con la finalidad de movilizar recursos humanos, técnicos y financieros que sería imposible reclutar de otro modo; promoviendo asimismo el desarrollo de los "emprendedores sociales".

El "Banco Social" tendría varias características que permitirían superar la tradición clientelista en la implementación de los programas sociales:

- Estructura pequeña y descentralizada.
- Fortalecimiento de los emprendedores sociales cercanos a las bases.
- Desintermediación burocrática entre el emprendedor social y los fondos.
- Amplia participación social en la asignación de los fondos y supervisión de la ejecución.
- Cercanía de las "Iniciativas Sociales" con el medio en el que se aplican.
- Potencial de fondeo mayor a la tradicional asignación de fondos.

Una iniciativa como esta liberaría una enorme cantidad de energía social que hoy se encuentra contenida por estructuras burocráticas e intereses políticos, permitiéndole a la sociedad movilizarse de manera concreta para alcanzar objetivos prácticos, luchando de manera genuina contra la pobreza y aumentando la productividad de los fondos involucrados.

Además liberaría una enorme cantidad de recursos financieros al eliminar las prácticas corruptas en relación con la implementación de programas sociales.

Los emprendedores sociales se convertirían en líderes sociales temporarios. Su liderazgo se extendería mientras se mantuvieran vigentes sus iniciativas. No se diferencia mucho, en ese sentido, de la construcción de liderazgos en las sociedades preestatales, del tipo de los "*Mumis*" (Grandes Hombres) de las tribus "*Siuai*" de las Islas Salomón y otros casos similares en África y Nueva Guinea.

Por supuesto que el lanzamiento de un "Banco Social" demandaría un trabajo más exhaustivo que el presentado aquí.

La administración del sistema propuesto implica enormes desafíos. ¿Quién sería responsable si algo sale mal? ¿Cómo administrar el proceso de supervisión y control? La formulación, selección e implementación de iniciativas podría resultar caótica si no se proponen algunas líneas generales que ordenen las prioridades de trabajo. Pero tal vez valga la pena arriesgarse de una manera calculada.

Por estas razones trataremos de organizar una discusión informada, para intentarlo desde www.argentina40.com.

Administración Pública 4.0

Las nuevas tecnologías e ideas también podrían aplicarse para mejorar la forma en que se administra el sector público, aumentando la transparencia, incrementando la eficiencia y atrayendo la participación de todos en la administración de los recursos comunes.

Los mismos principios que están modelando comportamientos en el mundo empresario, a partir de la cooperación voluntaria de los empleados en las grandes corporaciones en lugar del orden jerárquico, (la utilización de talentos dentro y fuera de las compañías a través de la web y la necesidad de trabajar con objetivos múltiples en contextos de gran interdependencia); se harán sentir en la capacidad del sector público para lidiar con niveles de demanda cada vez más exigentes.

¿Qué efecto podría tener la redistribución de poder en los organismos públicos si se aumenta su independencia y se incrementa su autonomía? ¿Se imaginan una legislación que premie con dinero en efectivo a los funcionarios públicos que identifiquen ahorros de cualquier tipo en su unidad de trabajo? El premio consistiría para él en un ingreso igual a un porcentaje –fijado de antemano– del ahorro obtenido.

¿Por qué no estimular la creatividad y la cooperación de los empleados o funcionarios públicos para aumentar los recursos disponibles para sus propias dependencias?

Sin ninguna duda se trata de una propuesta que levantaría polémica y suspicacias, pero lo cierto es que los métodos de administración del siglo pasado no servirán para enfrentar los desafíos y las demandas sociales del siglo XXI.

En el futuro los recursos comunes serán objeto de mayor escrutinio y la gente –además de interesada– se verá obligada a discutir cómo enfrentar las crecientes demandas sociales de su entorno, su barrio y su ciudad.

La Administración Pública de Argentina 4.0 necesita que los rígidos burócratas, apegados estrictamente a la letra de las normas, se vuelvan emprendedores dinámicos capaces de resolver problemas, conseguir ahorros y promover soluciones creativas.

Ese cambio será mucho más sencillo y se producirá naturalmente si la administración de la cosa pública, encargada hoy exclusivamente a las burocracias, se transformara en una tarea colaborativa, entre los funcionarios y los ciudadanos.

En muchos lugares esto ya está ocurriendo.

Por ejemplo, la ciudad alemana de Hamburgo viene desarrollando (en 2006 y 2009) ejercicios de "formulación participativa del presupuesto" con aplicaciones informáticas que le permiten a los ciudadanos, aumentar o disminuir las asignaciones de de fondeo para veintidós items del presupuesto.

La plataforma de internet atrajo unas 50.000 visitas que formularon 2100 borradores de "presupuestos ciudadanos". Una selección de esos borradores es publicada por los medios de comunicación locales y se utiliza como base de discusión en el Parlamento local.

Por supuesto, este tipo de procesos requieren cierto grado de formación comunitaria, interés e información. Alguien podría alegar que es difícil trasplantar experiencias desde Europa hacia América Latina.

¿Qué podría decir esa persona si supiera que Belo Horizonte, en Brasil, practica ejercicios de formulación de presupuesto participativo desde 1993? La ciudad asigna hoy en día unos U$D 43 millones en proyectos de obra pública, seleccionados por sus propios ciudadanos en nueve distritos individuales.

Incluso en China, muestras aleatorias de ciudadanos son convocados a establecer prioridades de gasto en pavimentación y proyectos de construcción. De alguna manera, este concepto del "ciudadano colaborador" puede equipararse con el rol del *prosumidor* de la nueva economía (véase sección homónima).

Por supuesto, vincular y organizar la participación social en la administración de prioridades y gastos del sector público no es simple. Convocar a los ciudadanos y motivar la selección de prioridades requiere un trabajo previo que asegure que los esfuerzos de la gente arrojarán resultados útiles para la comunidad.

Será necesario introducir reglas básicas de participación y vinculación, seleccionar intermediarios (organizaciones o personas) dignos de confianza asegurándose de que los participantes tengan los conocimientos necesarios para contribuir al objetivo buscado y construir procesos que resuelvan los problemas de representación y transparencia.

Por ejemplo, la Municipalidad de San Isidro en Lima, Perú, ha firmado un acta en 2010 por la que establece que el 3,8% de su Presupuesto Institucional de Apertura 2011 (unos 4.600.000 nuevos soles que equivalen aproximadamente a U$D 1,7 millones) será asignado a través de un proceso de selección de prioridades y proyectos presentados por los ciudadanos.

Durante el desarrollo de los talleres de trabajo organizados por la Municipalidad para capacitar a los ciudadanos, se eligieron miembros del comité de vigilancia y control para cada uno de los cinco sectores que participarían del proceso.

En realidad, el tema de la formulación de presupuestos participativos y su eventual ejecución es un tema que ha sido impulsado por la Organización de las Naciones Unidas (UN-Habitat) y es generalmente aceptada como una "buena práctica" de gobierno. Sus comienzos se remontan a finales de la década de los 1980s y su práctica se ha intensificado en los últimos años.

Existe consenso en señalar a la ciudad de Porto Alegre como experiencia emblemática en la materia, sobre todo en América Latina, pero también a nivel global. Las experiencias en este campo difieren enormemente en función de los volúmenes de recursos puestos a disposición de la comunidad para su administración. Su éxito depende crucialmente del compromiso de las autoridades políticas que lo promueven, así como del nivel de descentralización del sistema político administrativo y del grado de autonomía financiera del municipio.

Es importante comprender que el aspecto clave de estos procesos es el de articular una verdadera participación ciudadana, generando prioridades desde abajo hacia arriba. No se trata simplemente de legitimar prioridades establecidas de arriba hacia abajo por el poder ejecutivo municipal.

¿Por qué no exponer esta iniciativa a las nuevas tecnologías de manera más intensa mediante plataformas informáticas especializadas que impulsen mayores niveles de participación social?

El caso de la ciudad de Hamburgo, así como el de Belo Horizonte, tiene la particularidad de reunir un instrumento novedoso —como el presupuesto participativo— con la utilización intensa de plataformas informáticas.

De todas formas, la manera en que se materializa la participación ciudadana y las características de las herramientas que pueden ponerse a disposición de la población, así como su administración, también podría ser parte de una discusión social informada, que puede llevarse a cabo de manera abierta y participativa, utilizando todas las posibilidades de las nuevas tecnologías.

Por razones de espacio se presentan aquí solo dos iniciativas; a) la motivación a los empleados y funcionarios públicos para buscar ahorros y crear valor y; b) la formulación e implementación de presupuestos participativos como ejemplos de la necesidad de generar una nueva dinámica en la administración de la cosa pública basada en la participación de la gente en una suerte de *"gestión asociada"*, orientada a la formación de capacidades sociales en la comunidad y en la burocracia estatal. Con la misma lógica se han desarrollado muchas más.

Seguramente, la implementación de iniciativas como estas, con el mismo propósito, generará resistencia en la clase política y en muchos grupos y *"lobbies"* que se benefician de las prácticas tradicionales de administración de los recursos públicos. Como contraparte, es posible suponer un mayor grado de participación y cumplimiento fiscal por parte de aquellos sectores de la comunidad que se involucren activamente en el desarrollo de las nuevas iniciativas y una ganancia adicional en la formación de "capacidades sociales" en toda la sociedad.

Se trata, sin duda, de un marco de trabajo nuevo para la administración pública que requerirá un nuevo modelo de funcionario –que además de entrenamiento necesitarán capacitación permanente y una actitud emprendedora– así como una modernización conceptual de la burocracia tradicional.

Es posible que un mayor nivel de participación ciudadana en estas iniciativas fortalezca también una mayor autonomía financiera en los municipios en el sentido de limitar la capacidad del gobierno central para manipular las transferencias de fondos en función de sus intereses políticos. Con un alto grado de participación ciudadana en la elaboración e implementación de los presupuestos, el costo político de limitar las transferencias afectaría las relaciones con la ciudadanía y no solo, como sucede hoy, con un determinado jefe comunal.

Las campañas a favor de uno u otro candidato, aludiendo a su proximidad con el color político del gobierno a cargo de las transferencias, dejarían de ser un recurso atractivo frente a una participación más directa de los ciudadanos. Limitar las transferencias sería visto como un castigo a la ciudadanía y dejaría de ser utilizable en la disputa política.

¿Cómo aplicar estas ideas en Argentina 4.0?

El primer aspecto será considerar la composición del gasto público por nivel de gobierno. La participación de los municipios en el mismo ha rondado generalmente el 10% de los recursos totales. La organización institucional de estos últimos puede variar considerablemente de una provincia a la otra. Cinco provincias argentinas incluso (Buenos Aires, Mendoza, Santa Fe, Entre Ríos y Tucumán) no reconocen la autonomía municipal.

Esto revela que el problema de la coparticipación federal de impuestos entre la nación y las provincias repercute también en clave municipal, entablando una disputa similar entre la provincia y los gobiernos locales.

El segundo aspecto será ciertamente no perder de vista los problemas de escala. No es lo mismo aplicar iniciativas como la del presupuesto participativo en ciudades como Tandil que hacerlo en áreas metropolitanas o en los municipios del conurbano, aunque los desafíos de implementación tengan rasgos comunes.

La Argentina tiene más de 2100 gobiernos locales que incluyen municipios y otras formas similares de gobierno. Unos 1400 de ellos concentran el 38% de la población nacional. Las ciudades de más de 100.000 habitantes conforman un grupo que reúne el 62% restante, donde destacan las áreas metropolitanas de Rosario, Córdoba y Buenos Aires. La región metropolitana conformada por esta última es la más importante y, tomando como límites de la misma la ciudad de La Plata al sur, Zárate al norte y General Las Heras al oeste, representaría un área de 2800 km^2 habitados por casi 14 millones de personas (aproximadamente un tercio de la población nacional) que generan casi el 50% de PBI nacional.

Estimular la participación ciudadana en los términos propuestos por Argentina 4.0 en este contexto significa promover una solución relativamente alcanzable para la mitad de los habitantes del país. ¿Cómo lo hacemos entonces posible para la otra mitad de la población que vive en ciudades que no son instancias de gobierno directas que puedan dar solución y respuestas concretas a sus problemas?

Tal vez la respuesta se encuentre encerrada en la misma pregunta. Las áreas metropolitanas son complejos que involucran una gran diversidad sociocultural, que generan problemáticas de distinto tipo y envergadura. Pero muchos de sus habitantes también se sienten frustrados por la falta de respuestas concretas a sus problemas y buscan mayor participación e influencia en las decisiones.

Para superar los desafíos planteados por esos reclamos en los últimos años, y en particular a partir de la crisis de 2001-2002, grandes centros urbanos como Rosario y Buenos Aires implementaron una serie de políticas específicas para mejorar la relación con la comunidad en el contexto de fuertes turbulencias políticas y económicas instalando un cierto debate académico y práctico sobre nuevos estilos de gobierno en las ciudades argentinas.

Las tres políticas básicas utilizadas por estas grandes áreas metropolitanas abarcaron a) la formulación de un Plan Estratégico, involucrando directamente a la comunidad en su elaboración; b) la descentralización hacia los distritos o comunas; y c) la implementación del modelo de Presupuesto Participativo.

Aunque incipiente, la práctica del presupuesto participativo está presente en la Argentina. De acuerdo con la Red Argentina de Presupuesto Participativo están involucrados 51 gobiernos locales (diecisiete en provincia de Buenos Aires, uno en Chaco, cuatro en Córdoba, dos en Corrientes, siete en Entre Ríos, 5 en Mendoza, dos en Neuquén, uno en Rio Negro, otro en San Juan y uno en San Luis 1, ocho en Santa Fe, uno en Santa Cruz y dos en Tierra del Fuego).

La práctica comenzó a explorarse tras la decisión de la ciudad de Rosario de introducir esa práctica, en el año 2002. También se ha puesto en práctica en la Ciudad de Buenos Aires. Los recursos puestos a disposición de la comunidad todavía son bajos (entre 2 y 10 % del total de los presupuestos) y la participación ciudadana es limitada (del 2 al 7%).

En todos los casos ha quedado en evidencia que –en los grandes espacios urbanos– la utilidad de los ejercicios de presupuesto participativo como el desempeño de las otras dos políticas mencionadas depende crucialmente de la existencia de un marco institucional apropiado (leyes que regulen su implementación, disponibilidad de recursos, mecanismos para asegurar la ejecución de las propuestas ciudadanas, etc.) que apuntalen los mecanismos políticos para asegurar la continuidad de las mismas.

El limitado impacto que han tenido muchas de estas experiencias tiene que ver con la concepción del poder de la "vieja política", es decir, con la costumbre y las prácticas políticas del siglo XX donde los funcionarios imponen sus prioridades a los ciudadanos de "arriba hacia abajo", de manera jerárquica.

Las políticas enunciadas tales como el Plan Estratégico, la Descentralización o el Presupuesto Participativo no pueden reducirse a meros instrumentos de legitimación de las prioridades tomadas en los centros de poder. Tienen sentido y éxito como expresión de una nueva forma de hacer política cuando se las utiliza para salvar la distancia de los ciudadanos con sus gobiernos de manera genuina, no para explicar prioridades fijadas en alguna oficina sino para escuchar y "empoderar" (*empowering*) a la gente.

Sin duda es un ejercicio con riesgos que solo un liderazgo moderno, profundamente transformador e inclusivo, estará dispuesto a asumir.

Por eso Argentina 4.0 promueve soluciones que puedan convertirse, a través del tiempo, en instituciones. En los municipios relativamente más pequeños la institucionalización de las modernas prácticas de administración pública es muy importante. A medida que el tamaño del área urbana crece y se pierde la conexión directa con sus habitantes los mecanismos de participación ciudadana seran necesarias instituciones más fuertes para progresar, debido a la distancia que se abre entre los gobiernos locales y la gente.

Tal vez, las nuevas tecnologías puedan ayudarnos a superar esas distancias y a forjar las instituciones necesarias. Esa es precisamente la propuesta para los municipios de Argentina 4.0 en el sentido de multiplicar y ampliar el uso de plataformas informáticas para organizar esquemas de participación ciudadana. En la escala apropiada.

Esa es la verdadera clave de la llamada "nueva política": desarrollar una nueva forma de ejercicio del poder más inclusiva, abierta y participativa que se traduzca en instituciones.

En Argentina 4.0 los ciudadanos están en el centro de la agenda y deben hacerse cargo de participar en la administración de los recursos comunes en una *"gestión asociada"*, con la finalidad de fortalecer y ampliar la base social que representa la clase media.

Por su relevancia y el potencial impacto de estas cuestiones hemos pensado en proponer un debate informado de ideas en www.Argentina40.com.

Democracia 4.0

En enero de 2011 se desató de manera sorpresiva y fulminante una serie de protestas en los países árabes del norte de África.

Se iniciaron en Túnez, con el suicidio público de Mohammed Bouazizi –que se quemó al estilo bonzo el día 4 de ese mes– un joven desesperado por su condición económica y el trato recibido por la policía. Las manifestaciones que se sucedieron contaron con el apoyo del ejército y –solo diez días más tarde– provocaron la huida de Zine El Abidine Ben Ali, que gobernaba el país desde 1987. Unas semanas después, el 25 de enero, comenzaron las protestas en Egipto, que se extendieron hasta que su presidente, Hosni Mubarak, renunció al gobierno el día 11 de febrero.

En ambas ocasiones los movimientos sociales se organizaron espontáneamente y los ciudadanos se autoconvocaron de manera masiva, utilizando internet y las redes sociales para planificar sus protestas, manifestaciones y demandas.

En unas semanas más, las manifestaciones se extendieron por la mayoría de los países árabes (derrocando al primer ministro en Jordania, desestabilizando el régimen sirio, disparando un proceso revolucionario en Libia, sacudiendo el sistema político yemení, y generando protestas en Marruecos, Kuwait, Omán, Bahréin y Argelia, además de muchas más protestas de menor intensidad en otros países), expresando el descontento de vastos sectores de la población con el desempeño de su liderazgo político.

Aun cuando las expresiones sociales de las protestas revisten muchas diferencias de contexto y se han disparado y desenvuelto en circunstancias diferentes, algunos elementos comunes pueden identificarse –el aumento del precio de los alimentos– y relacionarse con las posibilidades de expresión provistas por las nuevas tecnologías de comunicación y manejo de la información.

El mundo árabe, que se debatía entre los extremos políticos representados por un lado por sus gobiernos –nacidos mayoritariamente de los movimientos nacionalistas de los años 1950s y 1960s– y por el otro por la oposición islámica radical inspirada en formas de expresión política religiosa, asistía con asombro a la emergencia de una nueva opción política, liderada por jóvenes (instruidos y deseosos de un mejor futuro) que expresaban una alternativa laica y democrática para mejorar las condiciones de vida de las mayorías.

Lo verdaderamente extraordinario de estos procesos es la característica colectiva que manifiesta. Es difícil encontrar el nombre de una persona que por sí sola exprese ese liderazgo que amalgama diversos sectores de la sociedad. Por su naturaleza misma, podría hablarse de un verdadero liderazgo colectivo donde la gente se organiza espontáneamente en torno de objetivos comunes.

Lejos de representar un hecho singular, este modo de participación política parece extenderse y ampliar su alcance a todo el mundo, sin importar el tipo de régimen político en el que viven o el nivel de ingreso de los manifestantes.

A mediados de 2011 se inició en Madrid el movimiento 15 de Mayo, conocido como la "revolución española" (*#spanishrevolution* por su *hastag* en inglés utilizado en la rede social twitter), que consistió en una serie de manifestaciones espontáneas y multitudinarias en las que los ciudadanos españoles –conocidos como los "indignados"– demandaban "¡Democracia Real ya!" en uno de los sitios emblemáticos de la capital del reino: la Puerta del Sol.

Notablemente, los manifestantes españoles encontraron, no sin algo de sorpresa, que las manifestaciones que organizaban en las redes sociales sumaban adherentes fuera de España y se materializaban en ciudades de varios países. Reportes periodísticos hablan de hasta 15 ciudades extranjeras adhiriendo.

Rápidamente las protestas se extendieron a otros países europeos, como Francia e Inglaterra y, por supuesto, ya habían tenido un papel destacado en Grecia, donde los movimientos sociales protestaban contra los planes de ajuste económico.

La metodología se extendió a través del Atlántico y fue adoptada por los indignados norteamericanos que amenazan con tomar "Wall Street" (se movilizan bajo el lema *Occupy Wall Street*), el símbolo emblemático del poderío financiero de ese país, en demanda de un orden económico más justo y rechazando la codicia de las entidades financieras. Las protestas alcanzaron unas 60 ciudades norteamericanas, de acuerdo con reportes de la prensa.

Lo notable de estos movimientos es que se originan en clases medias informadas, dispuestas a rebelarse contra un estado de cosas que amenaza sus condiciones de vida y afecta la forma en que planifican su desarrollo personal y familiar.

Se trata de expresiones lideradas por jóvenes que buscan modificar la dinámica política predominante, movilizar energías y recursos para rediseñar el sistema político, mejorando la participación ciudadana.

Las protestas espontáneas organizadas por las redes sociales continúan extendiéndose y es posible encontrar expresiones relacionadas con estos fenómenos en Asia, en América Latina (como ocurrió recientemente en Chile (educación) o Brasil (por aumento de tarifas) y en muchas otras regiones del planeta.

Es interesante repasar la naturaleza de las propuestas vertidas por los manifestantes españoles para ser discutidas por los movimientos populares. Entre ellas se destaca la creación de un *"wiki-parlamento"*, asamblea que tendría lugar en internet, inspirada en la metodología wiki (sitio web cuyas páginas pueden ser editadas por múltiples voluntarios). Se analizaron también los siguientes objetivos:

- *Democracia 4.0*: Consiste en la creación de un sistema de votación a través de la red, que permita a los ciudadanos participar activamente en la democracia, expresando su opinión cuando lo crean conveniente y no sólo durante las elecciones.
- *Reestructuración del movimiento*: Extensión y replanteo de su estructura organizativa, descentralización hacia los pueblos y barrios, creando una malla unida.
- *Iniciativas educacionales*: Creación de planes que generen conciencia social a través de universidades y asociaciones.
- *Iniciativas Populares Online*: Creación de una plataforma abierta a la participación ciudadana, para canalizar y difundir propuestas concretas, buscando el máximo de apoyos para presentarlos ante las administraciones responsables.

Es posible asignar el descontento y las propuestas de reformas de los manifestantes españoles al enojo de los ciudadanos derivado del deterioro de la situación económica de su país en particular y de los países industrializados en general, a partir de los efectos que ha tenido en ellos la evolución de la crisis financiera internacional disparada en 2007/2008.

Sería erróneo suponer, sin embargo, que la insatisfacción con la forma en que se desempeñan los sistemas políticos de esos países, comenzó con la explosión de esa crisis.

En realidad, el desencanto con la política, el desempeño de los partidos y las instituciones democráticas, registra antecedentes más antiguos, que pueden rastrearse fácilmente en las últimas décadas del siglo XX.

En 1964, las tres cuartas partes de la población norteamericana expresaba confianza en el gobierno federal, pero para fines de los 1990s ese porcentaje se había reducido hasta llegar a un cuarto. En Canadá los ciudadanos que participan de las elecciones generales han caído del 75% en 1988 al 61% en 2000 y en Europa la participación ciudadana en elecciones generales, ha declinado desde el 88% promedio en 1980 hasta 75% en 2002. Patrones similares de descontento con la política pueden reportarse también para las democracias de países emergentes en África, Asia y Latinoamérica.

En un trabajo muy interesante, el profesor Gerry Stoker, (*Why politics Matters, Making democracy work*, "Porque importa la política. Haciendo funcionar la democracia" seleccionado como libro del año 2006 por la Asociación de Estudios Políticos del Reino Unido) se pregunta si la democracia está diseñada para decepcionar a las mayorías en las sociedades modernas debido a su necesidad de elaborar soluciones de compromiso para articular intereses contrapuestos.

El trabajo examina las patologías de las prácticas políticas contemporáneas, incluidos el compromiso ciudadano, la profesionalización del activismo, los peligros del cinismo y los riesgos del populismo, para concluir con una serie de propuestas que promueven la renovación de la relación de los sistemas políticos y de gobierno, con los ciudadanos.

Entre ellas incluyen la necesidad de implementar:

• *Innovaciones en el sistema de consultas ciudadanas*; para involucrar una mayor cantidad de actores y refinar el proceso de consulta (destaca un enfoque de trabajo a múltiples niveles –para debatir la adopción de tecnología sobre organismos genéticamente modificados– incluyendo talleres de discusión organizados por fundaciones regionales; numerosas reuniones abiertas a las comunidades locales; una serie de "focus-groups" y material informativo y cuestionarios disponibles por correo e internet).

• *Innovaciones deliberativas* (que permitan a los ciudadanos evaluar distintos temas y expresar recomendaciones sobre asuntos concretos como los sistemas de votación o la ayuda a los sectores marginales –cualquier parecido con el wiki-parlamento no es coincidencia–).

• *Innovaciones de Co-Gobierno* (formulación de presupuesto participativo o la iniciativa de Kerala, India, para someter los planes de desarrollo social al voto de las asambleas de las villas que se beneficiarían de ellos).

• *Innovaciones de Democracia Directa* (a través de iniciativas populares o iniciativas ciudadanas, tal como están reguladas en la Constitución Nacional de muchos países, incluida la Argentina y tal como parecen proponer los manifestantes españoles bajo el concepto de Democracia 4.0).

• *Innovaciones de E-Democracia* (que permitan debatir iniciativas y promoverlas frente a las autoridades –otra vez, Democracia 4.0–).

• *Promover iniciativas de relacionamiento de los ciudadanos entre sí*, con independencia de la vinculación de esas iniciativas con la política (por ejemplo, entre Organizaciones No Gubernamentales, fundaciones, grupos comunitarios, agencias comerciales y el gobierno local).

• *Revisar el rol de las universidades y de la educación cívica y el rol de los medios en la diseminación de información y el tratamiento de los temas públicos* (aclarando que este último aspecto no es un tema en el que pueda o deba intervenir el gobierno).

Como puede verse fácilmente, las propuestas de este autor coinciden mayormente con el contenido y la dirección de las propuestas de los indignados españoles u otros movimientos similares, aunque fueran formuladas un quinquenio antes y en un contexto totalmente diferente. Las iniciativas de Stoker no surgieron de los peligros de la crisis, sino que fueron elaboradas en un cierto clima de prosperidad y ausencia de grandes conflictos. Eso es lo que las hace más interesantes, al coincidir con las urgentes demandas de los tiempos de crisis.

En esencia ambos, el autor citado y los manifestantes, cuestionan la intermediación de los políticos profesionales y de los expertos y los culpan de reducir la participación ciudadana, restringiéndola al ejercicio del voto en las elecciones previstas periódicamente para elegir líderes, sin convocarla a participar "*entre*" elecciones.

Al proponer reformas en la manera de vincular al ciudadano y la política, sin embargo, es necesario recordar que, aun cuando mucha gente está interesada en política y la mayoría desea involucrarse cuando percibe que un problema los afecta directamente, una gran cantidad de ciudadanos aceptan gustosamente la intermediación de los expertos y políticos en la mayoría de los temas. Son quienes están poco dispuestos a invertir su tiempo libre en estas cosas.

¿En qué medida es realmente necesario reformar la manera en que nos vinculamos con la política? Además de protestar, ¿puede construirse algo concreto a partir de la participación ciudadana usando las nuevas tecnologías?

No tengo dudas que la democracia del siglo XXI necesita innovaciones institucionales que salven la brecha abierta en el sistema representativo entre los políticos y los ciudadanos. Las nuevas tecnologías pueden parecer un mito o una moda para algunos pero encierran el potencial y la promesa de construir nuevos canales de participación política. En buena medida, ya lo están haciendo.

La insatisfacción ciudadana con la democracia tiene más que ver con el desempeño de algunas de sus instituciones que con el concepto mismo de participación ciudadana en el gobierno. Y aunque hoy la democracia como sistema político no compita con el comunismo como ocurrió el siglo pasado sería insensato desestimar por completo el riesgo de que resurjan de los populismos.

Al escuchar lo que proponen los manifestantes alrededor del mundo y leer lo que recomiendan académicos y especialistas, se comprueba que es necesario generar una vinculación más directa y contactos más frecuentes entre los ciudadanos y la "cosa pública".

Las propuestas formuladas en Políticas Sociales, Administración Pública y Democracia 4.0 confluyen para reconfigurar la relación entre el ciudadano y la política sobre bases modernas y dinámicas, fortaleciendo las "capacidades sociales" y promoviendo la clase media.

Los gobiernos locales parecen ser un buen lugar para comenzar. Ellos son los que se enfrentan constantemente a nuevos desafíos, derivados de la necesidad de atender demandas crecientes con menores recursos y un aumento de los reclamos por el ejercicio de la democracia directa de parte de los ciudadanos.

Las predicciones de la Red de Nuevos Gobiernos Locales (un *"Think Tank"* dedicado a promover la descentralización, la reforma del servicio público, el mejoramiento del gobierno local y el fortalecimiento comunitario en el Reino Unido) van incluso más allá y prevén, por ejemplo, que para el 2020 las municipalidades (en Europa, debido a los recortes de presupuesto) tendrán que transformar la forma en que trabajan y se convertirán en centros de supervisión de tareas concesionadas al sector privado y al voluntariado.

De acuerdo con varios trabajos de investigación, la democracia directa y los prosumidores comenzarán a desbordar los mecanismos tradicionales de participación democrática. Los gobiernos locales que pretendan permanecer al frente de las demandas sociales en ese contexto –más allá de proveer buenos servicios– tendrán que encontrar la manera de liderar un proceso de crecimiento y bienestar social para su comunidad de manera inclusiva, abierta y participativa.

Una necesidad intrínseca del proceso es aumentar la transparencia de los procesos electorales recurriendo al menos al sistema de Boleta Única e idealmente al voto electrónico para mejorar la fiscalización electoral.

La clave para la consolidación de una "nueva política" radica en la necesidad de comprender que, más allá de los discursos, un nuevo nivel de participación ciudadana es posible, puede ayudar a resolver problemas haciendo más eficiente el sistema democrático y debe institucionalizarse adecuadamente para no depender de la voluntad de los políticos de turno.

Vamos a discutirlo en www.Argentina40.com

Ciudadanía global 4.0

Desarrollar nuevos modelos de gobierno local será imprescindible para acompañar las tendencias más modernas en la materia y mejorar la calidad de vida de la gente. Crecientemente, los nuevos gobiernos locales serán la puerta de entrada para ciudadanos y empresas a la sociedad global.

Según numerosos expertos y analistas es posible que, en el futuro, ciudadanos de diversas partes del mundo opinen, de manera cada vez más vinculante, en asuntos que tienen lugar en otras latitudes, respecto de problemas que conciernen a otros países, dando lugar a una suerte de democracia global.

De cierta forma, algunos países europeos –que rigen su concepto de ciudadanía por el derecho de sangre, *ius sanguinis*– han actuado como precursores de este tipo de conceptos al promover el voto de sus ciudadanos residentes en el exterior (por ejemplo, Italia).

Muchos de esos ciudadanos, nietos de nativos originales, que tal vez nunca han vivido en ese país, no conocen su himno nacional, ni hablan siquiera el idioma –aun cuando por diversas circunstancias obtuvieron la nacionalidad– se vieron convocados a participar de elecciones que decidirían el gobierno del país de sus abuelos, sin conocer los actores políticos o los problemas más acuciantes que planteaba la realidad política nacional de ese país.

La génesis de esos procesos puede rastrearse casi siempre en el cálculo político de partidos que, amparados por la prosperidad de la economía, buscaban incorporar una masa de votantes que evaluaban favorable a sus aspiraciones, sobre todo, si era su partido en el gobierno, el que otorgaba los derechos.

Los países que adoptaron políticas de este tipo las justificaron en una tasa de crecimiento poblacional baja, en la intención de reparar hechos que expulsaron parte de la población nativa –tales como guerras, depresión económica y persecución política– y se apoyaron además en el hilo conductor provisto por la relación hereditaria, que permitía suponer un vínculo latente o dormido que despertaba nuevamente con la concesión de los derechos.

En algunos casos, la familia expatriada había abandonado activos locales –o habían sido despojados de ellos– y restituir el derecho al voto para sus nietos significaba darles una voz sobre decisiones políticas o económicas que podían afectar su patrimonio.

En la nueva economía global, muchas decisiones que afectan nuestras vidas y nuestras economías (aun cuando lo hacen de una manera indirecta y generalmente diferida en el tiempo) son tomadas fuera del territorio de las naciones que nos han convertido en ciudadanos, por políticos a los que no hemos votado, que evalúan prioridades que no incluyen para nada nuestros intereses.

Ese es el contexto que favorece –en un ambiente fecundado por la hiperconectividad provista por las nuevas tecnologías– la paulatina emergencia de una red global de intereses ciudadanos y económicos que podría traducirse en el futuro en alguna forma de ejercicio de una *Democracia Global*.

Las demostraciones que tienen lugar en todo el mundo de manera constante y desde hace más de una década contra la globalización, las instituciones que la promueven (Banco Mundial, Fondo Monetario Internacional, Organización Mundial de Comercio, etc.), contra las políticas de ajuste, contra la codicia de los mercados financieros y contra las violaciones a los derechos humanos en América, Asia, Europa y África muestran que la emergencia de un ciudadano con conciencia global, es una tendencia consolidada y creciente.

¿No reportamos acaso que las manifestaciones españolas fueron "acompañadas" por unas 15 ciudades extranjeras que les expresaban solidaridad? Las marchas que comenzaron con el movimiento *Occupy Wall Street* se repitieron en 950 ciudades a mediados de octubre de 2011, involucrando 80 países.

¿Por qué sería descabellado suponer que en algún momento, espontáneamente o de manera estructurada, esos ciudadanos opinen a través de una suerte de *referéndums globales* sobre ciertos temas de interés común, promoviendo unas buenas prácticas apoyadas por una mayoría? ¿Por qué no podrían elegir inclusive representantes globales o influir en la elección de un político?

Por esas razones propondremos que en su próximo nivel de programación –4.0– la Argentina anticipe estas tendencias y le permita participar a cualquier ciudadano interesado en hacerlo, sea o no argentino.

Apelar a la sabiduría de las masas a través de las redes sociales y las nuevas tecnologías no debería circunscribirse a las ciudadanas locales. ¿Cómo no incluir a personas bien intencionados de cualquier lugar del mundo que quieran hacer su aporte para que nos vaya mejor? ¿Cómo no recoger las opiniones de quienes sin ser nativos adoptan sentimentalmente este país?

Argentina debe fortalecer su posición como un miembro responsable de la comunidad de naciones, adoptando y promoviendo una agenda que cumpla los compromisos internacionales en materia de estándares laborales, planes internacionales de lucha contra la pobreza y la marginalidad, normas sobre derechos humanos, regulaciones contra el terrorismo, el lavado de dinero y la protección de los activos naturales –incluidos los ecosistemas y la biodiversidad– provistos por el medio ambiente.

La comunidad internacional reconoce los esfuerzos nacionales y acompaña las políticas de los países con el aporte de fondos de cooperación que constituyen una fuente de recursos para fortalecer las Organizaciones No Gubernamentales y la sociedad civil. Ellas pueden adoptar una actitud vigilante que asegure el cumplimiento de los estándares adoptados tanto dentro como fuera del país.

Una ciudadanía global responsable por parte del país representa un gran activo para sus ciudadanos, que se sentirán respetados en la comunidad internacional por sus compromisos para promover el bienestar y el progreso en el mundo.

Es relevante en este ámbito la formulación de una política migratoria inteligente que nos permita retener y repatriar el talento argentino –no necesariamente de manera física– para fortalecer nuestro complejo industrial-empresario, al mismo tiempo que captar el talento y la inteligencia de muchos trabajadores migrantes que puedan contribuir a mejorar nuestra capacidad de competir.

El renovado papel de las economías emergentes atrae a muchos ciudadanos muy capaces, formados en distintos países, que podrían contribuir de manera productiva para aumentar la competitividad nacional.

La primera obligación en materia de ciudadanía global se expresa con nuestros vecinos, con quienes debemos trabajar en conjunto para fomentar el desarrollo, atraer inversiones y mejorar la calidad de vida de la gente, asegurando además nuestra capacidad de cumplir las expectativas de progreso de quienes abandonan sus países de origen para instalarse dentro de nuestras fronteras.

Veremos cómo promover estas ideas en www.Argentina40.com

Educación, Desarrollo Tecnológico e Innovación 4.0

En ese contexto será preciso renovar nuestro foco en la educación y concentrarnos en mejorar su calidad, integrando los distintos niveles educativos con las exigencias del mundo moderno, el surgimiento de una nueva economía y las nuevas tecnologías.

La abundante y calificada bibliografía disponible en la materia nos exime de repasos detallados, por lo que acometeremos esta tarea con prudencia, síntesis y foco. No se trata aquí de revivir un debate que puede leerse mejor en trabajos especializados de gran calidad. Pero sería imposible evitar el tratamiento de estos temas, en el marco de un plan de trabajo para Argentina 4.0.

Nuestro país ha dado pasos relevantes en el área educativa en los últimos años, particularmente al elevar el presupuesto nacional destinado al área hasta el 6% en 2010. Adoptó además iniciativas tales como la elevación del rango de la Secretaría de Ciencia y Técnica al nivel ministerial, la organización de un polo tecnológico y la distribución de computadoras en las escuelas (programa conocido como Conectar Igualdad que al momento de escribir estas líneas supera los dos millones de unidades entregadas).

Desde esa plataforma es necesario proyectar las próximas iniciativas. La primera de ellas deberá estar enfocada a elevar la calidad educativa, un tema que reviste gran importancia para la comunidad internacional desde hace ya dos décadas.

De acuerdo con la Organización de las Naciones Unidas para la Educación, la Ciencia y la Cultura (UNESCO), si consideramos la educación como un proceso de transformación que genera cambios entre factores y productos, entonces, debemos dotarla de "sistemas de control" que nos permitan evaluar al menos si está operando correctamente; en qué medida los resultados del proceso se adecuan a los estándares preestablecidos y qué tan eficiente es la operación del proceso (Laboratorio Latinoamericano de Evaluación de Calidad de la Educación – UNESCO).

Las autoridades responsables del Ministerio de Educación han aceptado públicamente, en los últimos tiempos, que la calidad de la educación ha disminuido en la Argentina atribuyendo a "la pobreza" los obstáculos que impiden mejorarla. En realidad no podrían haber hecho otra cosa, ya que los "sistemas de control" más prestigiosos del mundo reportan algo así como una debacle educativa en nuestro país.

Tanto la UNESCO a través de su *Laboratorio Latinoamericano de Evaluación de la Calidad de la Educación* cuanto la OECD muestran un retroceso significativo de la calidad de la educación argentina, tanto en relación con sus pares latinoamericanos, como con el resto de los países del mundo.

De acuerdo con las mediciones de UNESCO, nuestro país fue superado por cuatro países (Costa Rica, Chile, Uruguay y México) en materia de rendimiento en las evaluaciones de calidad educativa –para estudiantes de nivel primario– efectuados entre 1997 y 2006, descendiendo del segundo al sexto lugar del ranking regional.

La OECD, por su parte, en sus tests mundialmente reconocidos, PISA (*Programme for International Student Assessment* – Programa para la evaluación Internacional de Estudiantes) muestra que la Argentina tuvo el peor desempeño del mundo en materia de variación del rendimiento (-11%) en comprensión lectora entre los años 2000 y 2006, en una muestra para estudiantes secundarios de 15 años, de 60 países. La contracara de nuestro desempeño la tuvo un vecino: Chile muestra el mejor desempeño del mundo (con un crecimiento del 8%).

Los resultados del test PISA 2009 reportan que la Argentina ocupó el lugar 58 en comprensión de textos detrás de otros países de la región como Chile (44), Uruguay (47), México (48), Colombia (52) y Brasil (53).

En general, los resultados de las evaluaciones internacionales y regionales son consistentes y robustos: la Argentina muestra una baja calidad educativa, con malos resultados en los tests de evaluación y una amplia disparidad de los mismos, lo cual trasunta una enorme desigualdad a través del sistema educativo.

El presupuesto educativo nacional consolidado muestra una relación aproximada integrada por el gasto nacional en un 30% y por el gasto provincial en un 70%. Como las provincias gastan prácticamente el 95% de su presupuesto educativo en salario gran parte del aumento presupuestario de los últimos años ha sido consecuencia de los ajustes salariales y la recomposición del salario docente (un tema de gran importancia), más que un incremento de recursos disponibles para equiparar desigualdades y mejorar la calidad educativa a través de mayores inversiones específicas en infraestructura, formación de los docentes y similares.

Sería muy importante trabajar sobre el presupuesto educativo nacional y provincial para apoyar los distritos más pobres del país a través de mayores transferencias que aseguren una mejora en el desempeño de la enseñanza pública. En muchas zonas rurales la oferta de educación secundaria es pobre y el equipamiento y condición de los edificios exhibe las deudas que sufren estos sectores en materia de inversión educativa.

Aparentemente, solo el 31% de los alumnos que comienzan la primaria completan la enseñanza obligatoria, con una gran cantidad de estudiantes que repiten el grado al comenzar la escuela primaria y en los primeros años de la secundaria (Radiografía de la Educación Argentina, CIPPEC).

En general, los académicos y expertos en la materia reconocen que los métodos de enseñanza, los contenidos y la calidad de los docentes son similares en la escuela pública y en la privada. Las diferencias entre ambas, si se considera únicamente el efecto de la escuela y la enseñanza, son mínimas en la mayoría de los países (una excepción a la regla es Brasil). Sin embargo, al considerar las diferencias de nivel socioeconómico la desigualdad en el desempeño se amplía hasta alcanzar niveles superiores al 20%.

El efecto igualador de la escuela pública es tan esencial como clave para promover la igualdad de oportunidades y la mejora de la calidad de vida a mediano plazo. Los sectores más desfavorecidos tiene en ella prácticamente el único tipo de oferta de bienes culturales y educativos que en otros segmentos sociales se encuentran más diversificados.

¿Cómo mejorar la gestión de la enseñanza pública de manera que pueda cerrar esa brecha del 20% que resulta de las diferencias socioeconómicas? Se trata de una pregunta clave que tenemos que contestar poniendo al ciudadano en el centro de nuestras preocupaciones, por encima de cualquier consideración ideológica.

Analicemos, por ejemplo, el caso provisto por las escuelas "charter" en los Estados Unidos y en particular el caso provisto por el Estado de Florida. En ese esquema la escuela es pública pero la gestión de la educación se concesiona a una fundación u organización social, con prominentes representantes del área en la que opera. Esa fundación puede a su vez gestionar la escuela pública a través de un operador privado. Aunque no hay muchos ejemplos, en la práctica, también podría hacerlo a través de otro gestor público, por ejemplo de un municipio vecino, que fuera más efectivo en materia de calidad educativa.

Quienes se escandalicen por la propuesta deberían considerar que, de acuerdo con diversos trabajos, la evolución de la matrícula educativa se inclina hacia la educación privada desde 2003. Esto significa que, quienes pueden hacerlo, abandonan la escuela estatal.

Cualquiera sea el modelo de gestión lo importante será movilizar la enseñanza estatal para reducir la tasa de deserción escolar, mejorar su rendimiento y mejorar el desempeño del país en los tests regionales e internacionales en materia de calidad educativa.

¿Podríamos establecer un sistema de incentivos para las escuelas públicas que mejoren su desempeño, por ejemplo?

En América Latina ya existen esquemas de este tipo en México y Chile. El primero ha organizado una Alianza por la Calidad de la Educación entre las autoridades y los gremios docentes y cuenta con un Programa de Estímulos a la Calidad Docente desde 2008; mientras que el segundo ha organizado un Sistema Nacional de Evaluación del Desempeño que otorga un incentivo grupal a las escuelas con mejor desempeño escolar, medido a través de los resultados obtenidos por los alumnos, asignado al 25 % de la matrícula docente. El 90 % del bono se distribuye entre los maestros de las escuelas que calificaron para recibirlo y el restante 10 % se destina a incentivos especiales para los docentes destacados.

En Estados Unidos tenemos los casos del Estado de Florida –que entrega un premio al mérito con base en la distribución anual de incentivos al 25 % de los maestros donde el 60 % de la distribución de los recursos se basa en el desempeño estudiantil que se mide a través de exámenes estandarizados– y el de Texas –donde el sistema de incentivos incluye la distribución de estímulos por distrito–.

India implementa un programa piloto de Evaluación Aleatoria para otorgar incentivos enfocados en el desempeño docente. Los maestros reciben primas anuales basadas en el nivel de aprendizaje de sus estudiantes. A partir de su implementación disminuyó la tasa de ausentismo en un 50 % y se incrementaron significativamente los indicadores de aprendizaje de los alumnos.

En Europa tenemos los casos de Alemania (donde los criterios para la asignación de estímulos están condicionados al desempeño docente); Francia (que tiene un sistema de asignación de estímulos condicionado a la formación y el desempeño de los docentes) e Inglaterra.

En este último país la asignación de estímulos cuenta con un mecanismo bastante sofisticado y está sujeta a los resultados de desempeño de la escuela. Se emplea un modelo de evaluación que recaba información de los alumnos para realizar un análisis estadístico que dé a conocer su puntaje con información socioeconómica de la escuela y de la comunidad, se aplican exámenes de desempeño escolar en Matemáticas, Ciencias y Lenguaje, y se contrastan los resultados del modelo estadístico con los obtenidos en los exámenes para calcular el valor agregado de cada escuela.

Con estos, u otros esquemas, que involucren de manera más directa a la ciudadanía, tenemos que mejorar la calidad de la enseñanza básica y podemos intentarlo en www.Argentina40.com.

Será imprescindible hacerlo para enfrentar el siguiente desafío y articular los resultados del sistema educativo con las necesidades del complejo industrial-empresario promoviendo el aumento de la productividad, el cambio técnico y la innovación; generando nuevas y mejores oportunidades laborales para los trabajadores y mejorando las condiciones de vida de la gente.

Para que un crecimiento de calidad distribuya oportunidades de manera efectiva, será necesario que la sociedad en su conjunto adquiera nuevas capacidades.

Los sectores menos favorecidos deberán incrementar sus conocimientos para mejorar su oferta en el mercado de trabajo y las empresas deberán incorporar nuevas tecnologías y actividades productivas más sofisticadas para generar puestos de trabajo mejor remunerados realimentando continuamente el proceso.

Lograr este objetivo demandará integrar la educación primaria y secundaria con la enseñanza técnica, los estudios de nivel universitario y los trabajos académicos vinculándolos con la demanda de las empresas y las actividades de ciencia y técnica de los laboratorios e institutos de investigación públicos y privados.

Los especialistas en estos temas definen este entramado de relaciones con distintos nombres, aunque en las últimas décadas la literatura ha coincidido en denominarlo Sistema Nacional de Innovación.

La Argentina creó el suyo en 2001 (ley 25.467 de Ciencia Tecnología e Innovación que reconoce como antecedentes la Agencia de Nacional de Promoción Científica y Tecnológica de 1998 y Plan de Nacional de Ciencia y Tecnología 1998-2000).

Nuestro Sistema Nacional de Innovación está constituido por órganos políticos, de asesoramiento, planificación, articulación, ejecución y evaluación especificados. En el año 2005 se presentaron las Bases del Plan Estratégico de Mediano Plazo en Ciencia y Tecnología e Innovación Productiva 2005-2015, antecedente directo del Plan Estratégico Nacional de Ciencia, Tecnología e Innovación 2006-2010 "Bicentenario".

Todos estos documentos con títulos rimbombantes no han sido suficientes para articular el intrincado sistema de relaciones público-privadas que permitan desarrollar nuevos productos y mercados.

En el mismísimo Plan Estratégico se identifican serias deficiencias de coordinación dentro del sistema nacional de innovación –incluyendo universidades, laboratorios públicos y privados, etc.–, un reducido nivel de inversión en Investigación y Desarrollo (I+D), una baja participación del sector privado y una reducida articulación entre las empresas privadas y el sistema nacional de innovación.

El nivel de gasto en investigación y desarrollo en la Argentina creció un 25% entre 1996 y 2006, aunque alcanza sólo un 0,5% del Producto Bruto Interno. Está al mismo nivel de México (aunque este último creció a un ritmo del 67% en el mismo período y sigue aumentando más rápidamente que el nuestro) y por debajo nivel de gasto de Brasil (1%) o Chile (0,7%). Estados Unidos, por ejemplo, tiene un nivel de gasto de 2,62% para 2006 y Japón alcanza el 3,2% de su PBI.

Una gran cantidad de nuestros recursos se destinan a la investigación básica y aplicada mientras que una porción relativamente menor está dirigida a trabajos de tipo experimental. Es el reverso de la situación de los Estados Unidos donde las aplicaciones tecnológicas buscan su inmediata traducción en productos que puedan llegar al mercado.

Esta tendencia a trabajar alejados del mercado se confirma al revisar el gasto en innovación como porcentaje de la facturación de las empresas que en la Argentina se ubica por debajo de países como México y Brasil y, sustancialmente, por debajo de países como Alemania o Francia.

En efecto, sólo un 10,8% de nuestros investigadores se desempeñan en empresas, un porcentaje que nos ubica por debajo de varios socios regionales (Brasil, México y Chile) y muy alejados de los países asiáticos, como China y Japón (Aportes para el desarrollo humano en la Argentina, Programa de las Naciones Unidas para el Desarrollo, PNUD, 2009).

La agenda de Argentina 4.0 tiene que incluir este tema a partir de un diagnóstico desapasionado.

Nuestro país tiene instituciones fuertes –algunas de ellas muy prestigiosas y de larga data– en el campo del control y apoyo a la ciencia y la tecnología. Disfrutamos además de cierto prestigio en el campo de la ciencia, acreditado por la obtención de tres premios Nobel (*Bernardo A. Houssay* –Fisiología y Medicina, 1947–, *Luis Federico Leloir* –Química, 1970– y *César Milstein* –Fisiología y Medicina, 1984), amén de otros dos premios Nobel de la Paz (*Carlos Saavedra Lamas*– 1936 –e *Ignacio Pérez Esquivel*– 1980) y contamos con una gran cantidad de programas y mecanismos, aun cuando los mismos se hayan ido acumulando a lo largo de décadas en una legislación desarticulada, debido a distintos criterios de política económica.

Esta situación podría reflejar la existencia de una capacidad subutilizada para relacionar los esfuerzos público-privados de acuerdo con estudios realizados por diversos especialistas (Banco Mundial, 2005, Thorn).

La baja participación del sector privado en el gasto en investigación y desarrollo podría atribuirse parcialmente al predominio de productos con escasos requerimientos de ese tipo en la estructura productiva. Recuérdese que los sectores productivos que lideran la creación de empleo pueden ser diferentes de aquellos que permiten incrementar los niveles de ingresos.

Necesitamos, entonces, que nuestro sistema productivo se diversifique para incorporar productos más sofisticados, no ya como un rasgo glamoroso de consumidores con mayor capacidad de compra, sino para estimular a las empresas a invertir en investigación y desarrollo, creando nuevas oportunidades laborales.

Tenemos que edificar un Sistema Nacional de Innovación competitivo a escala global. Para ello habrá que fortalecer los vínculos –hoy muy débiles– entre los laboratorios y demás institutos de investigación, las universidades y las empresas. En general la relación entre el sector público y el privado en la materia se limita al campo del financiamiento de la innovación.

Los investigadores argentinos se desempeñan mayormente en el sector público, publican menos de lo esperable y sus publicaciones no impactan de manera decisiva en la industria. Los niveles de patentamiento son bajos y en general las empresas no logran comercializar los resultados de la investigación y desarrollo. Tenemos además que eliminar nuestro déficit de investigadores en ciencias duras.

Son demasiadas ventajas que otorgamos a otros en esta era del conocimiento. Hay que enfrentar estos problemas para participar con posibilidades de éxito en la economía global. Y tenemos la oportunidad para hacerlo, caracterizada en el nuevo rol de las economías emergentes, los nuevos patrones de localización empresaria, la emergencia de nuevas multinacionales originarias de países emergentes que trabajan con una nueva lógica y la emergencia de una nueva clase media global.

El tratamiento de nuestras debilidades requiere políticas, recursos y decisiones de alto nivel. En términos del modelo de participación ciudadana propuesta en Argentina 4.0, tal vez, la complejidad de los temas haga difícil – si no imposible– la participación directa de personas individuales. Pero con el mismo concepto y dirección podemos aumentar la participación de la comunidad empresarial y de las organizaciones civiles interesadas.

Por ejemplo, sería interesante ver un programa de trabajo común entre los Ministerios de Ciencia y Técnica, de Producción y de Agricultura adecuadamente articulado con grupos empresarios para incrementar la investigación y los niveles de patentamiento.

Una propuesta que valdría la pena explorar para involucrar a los gobiernos locales podría relacionarse con la organización de *Ciudades de la Ciencia* o *Ciudades Científicas*, basadas en un sistema de incentivos para empresas e investigadores. Podrían ser similares a las ciudades y pueblos del interior organizados hoy alrededor de alguna empresa o sector de actividad.

¿Qué iniciativas pueden tomar las asociaciones de consumidores y las empresarias para acercar el Sistema Nacional de Innovación a sus necesidades e intereses?

Otra propuesta podría consistir en desarrollar una plataforma de internet para evaluación de iniciativas dedicadas a explorar nuevos productos, similar a *Vencorps*, la primera plataforma basada en la capacidad de la comunidad que funciona como un acelerador virtual y un consorcio de riesgo para financiar soluciones innovadoras. Ellos apoyan ideas de alto impacto en sus fases iniciales proporcionando acceso a los recursos financieros y al conocimiento que necesitan para tener éxito.

¿Cómo sería una plataforma de internet que promoviera la calificación de empresas y productos en función de la investigación y desarrollo que tuvieran incorporados, comentando su calidad, durabilidad, prestaciones, etc.?

Vamos a tratar de averiguarlo en www.Argentina40.com.

Energía y Medioambiente 4.0

Todavía recuerdo cuánto me impresionó cuando leí por primera vez acerca del experimento denominado *Biosphere 2* (Biosfera 2), en un memorable libro titulado *Natural Capitalism* (Capitalismo natural), publicado en el año 2000 por Amory y Hunter Lovins con Paul Hawken,

El mismo fue llevado a cabo en Oracle, Arizona, por parte de *Space Biosphere Ventures*, una compañía que construyó entre 1987 y 1991 un complejo cerrado en las montañas Santa Catalina. El mismo puede visitarse –a media hora de viaje de la ciudad de Tucson.

Un grupo de científicos trató de recrear allí las condiciones de vida que disfrutamos en el planeta creando un sistema cerrado con 1900 metros cuadrados de selva, 850 metros cuadrados de océano (con arrecifes de coral), 450 metros cuadrados de manglares, 1300 metros cuadrados de praderas de sabana, 1400 metros de desierto, 2500 metros de sistema agrícola, un hábitat humano y una infraestructura subterránea.

El experimento fracasó en su pretensión de generar –en un sistema cerrado– niveles de oxígeno que permitieran la vida humana para un grupo de ocho personas a un costo de U$D 200 millones de dólares.

La biosfera 1, el Planeta Tierra, lo hace todos los días, para un grupo de más de 7000 millones de personas sin costo alguno. Al menos aparentemente.

De acuerdo con el *Living Planet Report* (Reporte del Planeta Viviente) 2010 del World Wildlife Forum (Foro Mundial para la Naturaleza) la demanda de recursos naturales que requiere nuestro estilo de vida se ha duplicado desde 1966 y equivale a una vez y media nuestro planeta.

Dicho de otro modo, la tierra necesita –al ritmo natural de reproducción– un año y medio para regenerar los recursos que utilizamos para vivir en ella a lo largo de un año. Si piensan que ese es un problema serio esperen al año 2030. A este ritmo de consumo, ese año necesitaremos dos planetas tierra para sostener nuestra forma de vida actual.

El mismo reporte informa sobre un incremento del 29% en la temperatura promedio del planeta en el período 1970-2007 y un descenso de temperatura en los trópicos de alrededor del 60% para el mismo período.

Las mayores temperaturas, el cambio en el régimen de lluvias y la mayor frecuencia e intensidad de los fenómenos climáticos extremos (huracanes, tifones, etc.) están afectando la riqueza de biodiversidad de nuestros ecosistemas, cambiando la capacidad de los mismos para mantener el ciclo reproductivo de las cosechas, la cría de ganado y demás actividades del rubro. El Índice Global de Vida en el Planeta (que monitorea 7953 poblaciones de 2544 especies) muestra una caída del 30% entre 1970 y 2007.

Estos fenómenos climáticos afectan, además, de manera cada vez más frecuente y dramática, la vida en nuestras ciudades.

La comunidad internacional ha tomado conciencia de este problema desde hace mucho tiempo y comenzó a negociar una serie de acciones coordinadas para proteger los recursos naturales en la Cumbre de la Tierra, celebrada en Río de Janeiro en 1992.

Desde entonces, se han firmado una serie de tratados internacionales (como el ya célebre Protocolo de Kyoto) y organizado numerosas reuniones (entre las que destaca la cumbre de Johannesburgo, Sudáfrica, conocida como Río+10, en el año 2002 y la de Río+20 el año pasado en la ciudad homónima) para monitorear los progresos realizados en el área.

Como resultado de este proceso, directa o indirectamente, a través de un sistema de precios o mediante la aplicación potencial de impuestos, la comunidad internacional se debate sobre como imponer un "precio" al "capital natural" que disponemos.

La función de producción que los economistas estudian en la facultad constaba de tres factores de producción: el capital físico (tierra/maquinarias), el capital financiero y el trabajo. ¿Podría este proceso de negociaciones internacionales promover el surgimiento de un cuarto factor de producción denominado "capital natural"?

Todavía más, ¿Será necesario en algún momento incluir en las cuentas nacionales el efecto (¿la depreciación?) que nuestro sistema productivo provoca sobre nuestros suelos, reservas hidrológicas, bosques y aire?

Ya en 1993, la División de Estadísticas de las Naciones Unidas propuso una versión interina del Sistema de las Naciones Unidas de Contabilidad Ambiental y Económica Integrada (IEESA o SEEA). En 2003 se publicó una versión revisada del mismo en función de experiencias realizadas en algunos países (incluido un Manual de Operaciones y un conjunto de directrices) enfocada mayormente en la contabilidad de activos físicos. Desde entonces más de 10 países han realizado estimaciones preliminares utilizando este sistema, aunque ninguno de ellos lo introdujo de manera regular.

El SEEA busca identificar cambios de valor y volumen de los recursos naturales ya contabilizados en las cuentas convencionales. De esta manera revelan el agotamiento de los mismos analizando los niveles de degradación por contaminación y otras actividades, además de medir los impactos ambientales subyacentes en los valores de mercado de los activos económicos convencionales.

En otras palabras, el SEEA cambia el valor del agotamiento y degradación de los activos naturales por la forma de costos ambientales asignados al uso y cambio de otros activos dentro de las cuentas de producción.

Uno de los intentos más notables de aplicar este concepto se llevó a cabo en la República Popular de China. En el 2006, el gobierno chino dio a conocer su "PBI Verde" con información recabada por sus cuentas económicas y ambientales integradas (SEEA) durante el período 2004. Aunque se registraron obstáculos metodológicos y muchos asuntos relevantes desde el punto de vista ecológico fueron excluidos del ejercicio, se concluyó que la economía china presentó ese año pérdidas económicas por daños ambientales equivalentes al 3% del PBI.

Desde 1994, Holanda utiliza un sistema de contabilidad nacional denominado *National Accounting Matrix including Environmental Accounts* (NAMEA – Matriz de contabilidad nacional incluidas las cuentas medioambientales) que registra las cuentas ambientales en la contabilidad nacional sin realizar una valuación monetaria, es decir, utilizando supuestos no económicos que cumplen solo una función descriptiva. Este procedimiento mantiene un estricto límite entre los aspectos económicos (representado en unidades monetarias) y los ambientales (contabilizados en unidades físicas).

Como se ve, la noción de "PBI Verde" o "PBI Ecológico" viene ganando impulso en la academia y la política pública desde principios de 1990. Es razonable esperar que, en los próximos años, la contabilidad ecológica continúe haciendo progresos al igual que la inclusión de consideraciones medioambientales en la administración de las reglas de comercio.

En la actualidad, la Unión Europea, cercada por la crisis económica más importante de su existencia, considera la aplicación de "derechos de importación" (impuestos) a los productos procedentes de países que no protejan el medio ambiente.

Las empresas de la eurozona reclaman –razonablemente– compensaciones si las autoridades de sus países preocupadas por el impacto del cambio climático les imponen un costo económico por sus emisiones contaminantes. Esperan que sus gobiernos no los dejen fuera de competencia frente a países que no incorporan un efecto equivalente en la ecuación económica de sus compañías.

En efecto, la Unión Europea identificó 11.500 establecimientos industriales para los que estableció un máximo de emisiones de dióxido de carbono equivalente permitidas para el período 2008-2012.

Lo hizo en virtud de las obligaciones contraídas por el bloque en el marco del Protocolo de Kyoto que fijaba un máximo de emisiones permitidas para los países industriales más avanzados. La finalidad del Protocolo es retrotraer los niveles de emisiones de gases efecto invernadero (dióxido de carbono, metano, óxido nitroso y gases industriales florados) a niveles que resultaran 5% inferiores a los de 1990.

Para facilitar el cumplimiento de estas obligaciones la Unión Europea otorgó una serie de permisos y autorizó el comercio secundario de los mismos. Así, quienes emitieran por debajo de los niveles autorizados podrían intercambiar sus permisos excedentes con los que lo hicieran por encima de ellos.

De este modo, las empresas reducirían las emisiones de gases efecto invernadero al menor costo posible. Las empresas, cuyo costo marginal de reducir las emisiones fuera menor al costo de los permisos en el mercado cambiarían de tecnología para hacerlo, se quedarían con permisos excedentes y los venderían en el mercado a un precio que les permitiría recuperar la inversión hecha. Por el contrario, las compañías que debieran introducir cambios tecnológicos para ahorrar emisiones, cuyo costo estuviera por encima del precio de mercado de los bonos, tendrían la alternativa de no hacer inversiones y comprar permisos excedentes de otras empresas en el mercado para cumplir sus obligaciones.

De esta manera, se administraban los activos ambientales existentes, representados por los permisos de emisión otorgados por las autoridades europeas, de la manera más eficiente posible.

Asimismo, la Unión Europea autorizó la generación de nuevos activos ambientales permitiendo que las empresas compraran certificados de reducción de emisiones en el mundo en desarrollo, donde el costo de dichas reducciones era significativamente menor (14 euros por tonelada promedio en Europa contra 5 euros, por ejemplo, en los países emergentes).

Decimos que son nuevos activos ambientales porque este mecanismo permite incorporar al sistema a un conjunto de países que no están obligados por el tratado a reducir sus emisiones. Les crea un incentivo para contribuir voluntariamente a la reducción de emisiones de gases efecto invernadero.

El comercio de permisos y certificados de emisión creció rápidamente desde niveles de 400 millones de dólares en 2004 (cuando la Unión Europea comenzó el llamado "período de prueba") hasta 137.000 millones de dólares en 2010 pasando por un pico de 150.000 millones de dólares en 2009 (un monto equivalente al PBI peruano, por ejemplo).

Aunque existe una gran incertidumbre acerca de cómo funcionará el sistema en el llamado "segundo período de Kyoto" (2012-2016) el comercio de emisiones parece asentarse, más allá de la incertidumbre que rodea normalmente la implementación de un sistema nuevo y complejo que se ha debido implementar bajo el estrés adicional que genera la volatilidad de los mercados derivada del impacto de la crisis financiera internacional en el nivel de actividad de la economía.

En 2011, por ejemplo, Australia adoptó una legislación que establece un impuesto sobre las emisiones de gases efecto invernadero. Ese impuesto se transformará en un mecanismo similar al descripto más arriba para el comercio de emisiones (conocido como *cap&trade*) hacia 2015.

Muchos operadores del mercado de carbono esperaban novedades –similares a las de Australia– desde el imperio del Sol Naciente. En verdad las autoridades de Japón evaluaron la posibilidad de introducir un esquema similar pero los trágicos sucesos de comienzos de 2011 (derivados del devastador terremoto y subsiguiente tsunami) más los avatares económicos ligados a la marcha de la economía internacional seguramente obligaron a posponer una decisión en la materia. A pesar de todo la ciudad de Tokio ha adoptado un régimen de *cap&trade* en 2011.

¿Qué intereses están en juego para países como el nuestro en un proceso como este?

Cuando el circuito de producción y consumo del mundo actual demanda; a) tanto capital natural como para estimular estudios sobre la incorporación de los costos ambientales en las cuentas nacionales de un país; b) genera un mercado de emisiones como el descripto; y c) dispara evaluación sobre la eventual introducción de impuestos para productos procedentes de países que no cuiden sus activos ambientales, no cabe duda, estamos frente a un cambio de paradigma.

Producir utilizando gratuitamente los activos ambientales no será posible en el futuro. Y el problema no aparece lejos de nuestras costas, en sociedades opulentas. Lo tenemos frente a nuestras propias narices desde hace ya algún tiempo, por ejemplo, en torno de la implementación de las decisiones judiciales relativas al saneamiento de la cuenca Matanza-Riachuelo.

Un país como la Argentina tiene mucho en juego en un proceso como el que describimos más arriba. Por su riqueza en materia de biodiversidad y en recursos naturales. Pero también porque el cambio de paradigma productivo, para disminuir el impacto medioambiental de las actividades industriales, está generando profundas consecuencias tecnológicas.

Tenemos que participar activamente del debate sobre el cuidado de los activos ambientales en el mundo, y con gran compromiso por nuestro propio beneficio y para defender nuestros intereses. Adicionalmente, hacerlo será una prueba importante de que ejercemos una ciudadanía global responsable y de que somos un socio confiable para el resto del mundo.

Estratégicamente, sería además inteligente anticipar todo lo posible la participación argentina en un proceso que no tiene retorno. Las negociaciones internacionales en esta materia ya llevan dos décadas y generan compromisos cada vez más vinculantes.

¿Por qué no anticipar, por ejemplo, en nuestro propio beneficio, políticas que traten la mitigación del impacto del cambio climático en la agricultura, por ejemplo?

¿No ha comenzado a experimentar acaso el sur de la provincia de Buenos Aires lo que se conoce como un "proceso de desertificación", que convirtió campos fértiles de años pasados en verdaderos arenales?

Ciertamente, el impacto es todavía limitado pero no sería ocioso destinar algunos recursos a estudiar el tema y ver en qué medida afectará la productividad agrícola en distintas zonas del país o como podría modificar el precio de los campos. De hecho, países como India y muchos otros integran sus trabajos de investigación para evaluar el impacto potencial del cambio sobre un tema mucho más importante todavía: el precio futuro de los alimentos.

Nuevas tecnologías, nuevos materiales, nuevas formas de producir energía basadas en la protección del medioambiente son ya un negocio suficientemente estimulante como para impulsar políticas y estrategias ambiciosas que permitirían generar nuevos empleos, ganar mercados y atraer inversiones.

¿Sería descabellado pensar que una o algunas ciudades de nuestro país adoptaran un esquema de *cap&trade*?

Unas líneas más arriba reportamos el caso de Tokio. El esquema de comercio de emisiones allí implementado entró en vigencia en abril de 2011 y es el primer programa obligatorio de reducciones de emisiones de gases de efecto invernadero en Asia.

Plantea la reducción de los niveles de dióxido de carbono y otros gases de efecto invernadero en un 25% para 2020, tomando como año base los niveles de gases al año 2000.

A diferencia de otros esquemas vigentes en el mundo, este toma las emisiones provenientes de 1330 oficinas y fábricas en Tokio y permite que las mismas puedan ser comerciadas como créditos de carbono. Se calcula que aquellos comercios que consumen anualmente 1500 kilolitros de energía (su equivalencia en petróleo crudo) deberán cortar sus emisiones de dióxido de carbono entre un 6 por ciento y un 8 por ciento entre los años 2010-2014, con respecto al año base.

En una segunda fase (2015-2019) las emisiones deberán reducirse en un 17 por ciento con respecto al año base.

Cumplir con los porcentajes de reducción de emisiones estipuladas requiere que los comercios apliquen métodos eficientes de reducciones en el consumo de energía. Alternativamente se permite comprar créditos de emisiones de otras entidades que han podido reducir sus emisiones. Puede también comprarse certificados fuera de Tokio pero los mismos no deben sobrepasar un tercio de los volúmenes requeridos de disminución de las emisiones. Se han fijado multas de hasta U$D 6.600 (medio millón de yenes) para las infracciones.

El Protocolo de Kyoto fue negociado globalmente, tiene su mejor ejemplo de implementación en una región (la Unión Europea), ha sido recientemente aplicado a nivel nacional (Australia) y desde abril de 2011 se ha materializado a nivel municipal (Tokio), ¿por qué no habría de avanzar un escalón más y llegar hasta el nivel de los hogares?

Ya hay programas piloto en Europa (Manchester, Birmingham, Bristol —en Inglaterra— Rose —en Bulgaria— y Chuj —en Rumania—) para medir las emisiones domésticas de gases efecto invernadero y la huella de carbono de las familias. El esquema incluye la asignación de permisos de carbono personal que permitan a los hogares participar de un sistema de *cap&trade* familiar.

Esta podría ser una fuente de ingreso adicional para las familias de menores ingresos. El Departamento de Energía y Cambio Climático del Reino Unido ha realizado algunos trabajos exploratorios de investigación que indican que alrededor del 71% de las familias de bajos ingresos podrían vender sus permisos de emisiones excedentes.

Sin embargo, para que mecanismos de este tipo vean la luz, será necesario operar una transformación en las actuales redes de distribución de energía. Deberán dejar de ser redes *bobas* que solo trasportan energía desde el punto de producción al de consumo para pasar a ser redes inteligentes de transporte de datos en ambos sentidos, del productor al consumidor y viceversa.

No estoy desarrollando ideas para un nuevo film de ciencia ficción. Esto ya está ocurriendo, mucho más cerca de nosotros de lo que imaginamos.

La compañía brasileña —de servicios públicos— *Cemig* anuncia en su página de internet que su estrategia para los próximos años incluye la adopción de un modelo tecnológico (*Smart Grid* — red inteligente de energía) aplicable a sistemas de computación corporativos, telecomunicaciones, instalaciones y equipos relacionados con procesos que requieran automatización (operación, mantenimiento, comercialización y el planeamiento energético y operativo).

Entre los beneficios del Smart Grid se cuentan la reducción de las interrupciones de servicio, reducción de costos, reducción de pérdidas técnicas de potencia y del flujo de energía así como mejoras en las decisiones de inversión del sistema eléctrico.

Cemig anuncia incluso su decisión de implementar un proyecto piloto en la ciudad de Sete Lagoas (*Proyecto Ciudades del Futuro*) para establecer la viabilidad técnico-económica de ese tipo de red inteligente (Smart Grid) validando servicios y soluciones técnicas e instalando sistemas inteligentes para medir el consumo de los hogares, las subestaciones, las redes de distribución, sistemas de telecomunicaciones, sistemas computarizados de soporte a la gestión del sistema eléctrico, etcétera.

En los Estados Unidos, aproximadamente el 6% de la población ya está equipada con medidores inteligentes y se estima que el número de hogares con este tipo de equipamiento se multiplicará por cuatro el próximo año. De acuerdo con Tapscott y Williams, autores de *Wikinomics*, el total de hogares con medidores inteligentes podría llegar incluso a 155 millones a fines de 2011.

A medida que evolucionen, los mecanismos de comercio de emisiones de gases efecto invernadero para los hogares y las redes inteligentes se servirán cada vez más de aplicaciones informáticas que permitan a los usuarios individuales controlar su consumo personal de energía. Ya existen aplicaciones desarrolladas con esa lógica como Google *PowerMeter* y hay quienes predicen que en el futuro podremos comparar nuestros consumos energéticos en plataformas como Facebook.

¿Cómo no vamos a estudiar la manera de participar en estos desarrollos desde www.Argentina40.com?

Hay mucho para ganar en materia de creación de capacidades sociales, generación de empleo, incorporación de tecnología y atracción de inversiones. Y, como vimos a lo largo de esta subsección, hasta ahora es mucho lo que puede hacerse a nivel de los ciudadanos y las municipalidades.

¿Podríamos proponer el desarrollo de una serie de "ciudades verdes"? Habría que discutir sobre qué base organizarlas para captar una enorme masa de recursos materiales, tecnológicos y financieros disponibles alrededor del mundo para este tipo de emprendimientos.

Este debate deberá realizarse tomando en cuenta que la organización de nuestro sistema productivo se encuentra frente a un cambio de época.

Cada civilización ha organizado su estilo de vida sobre una forma de energía determinada. En el siglo XX esa forma fue representada por los hidrocarburos, que nos ofrecían las ventajas de una sociedad con energía barata. Esos bajos precios, por supuesto, dependían de ignorar los pasivos medioambientales.

En los últimos años, sin embargo, ha comenzado a hablarse con más frecuencia del pico en la producción de petróleo, la obtención de petróleo y gas a partir del carbón y, por supuesto, de los yacimientos de hidrocarburos no tradicionales (como el shale gas y el tight oil).

Estos últimos disponen de tecnologías basadas en "fractura hidráulica" y "perforación horizontal" y tienen el potencial para reducir la factura de la electricidad en los Estados Unidos, donde su adopción está más difundida, así como reducir la emisión de gases efecto invernadero (ya que gran parte de la producción eléctrica norteamericana depende del carbón, con un factor de emisión mayor al gas natural); contribuir a la seguridad energética y atraer inversiones (se calculan unos 40 billones desde 2008).

También implican riesgos, asociados a una mayor polución del aire, un aumento de las emisiones de metano (asociado a la mayor utilización del gas natural), cambios en el uso de la tierra en zonas remotas donde se hacen las perforaciones, presiones sobre la disponibilidad de agua, su tratamiento y disposición para evitar la contaminación de acuíferos.

Todas estas formas de energía, con excepción del gas natural, significan aumentos considerables de precios al consumo, al menos con las capacidades tecnológicas disponibles a este momento.

En este contexto, los expertos vaticinan el fin de la energía barata. Momento inoportuno para que la Argentina pase de su posición de exportador de hidrocarburos (2003) a su actual condición de importador neto de energía.

Probablemente, el arbitraje entre los costos para el desarrollo de nuevas tecnologías de energías renovables y aquel demandado para desarrollar nuevas tecnologías para hidrocarburos resulte intermediado por las consideraciones medioambientales expuestas precedentemente.

Jeremy Rifkin, por ejemplo, autor de *La Tercera Revolución Industrial*, vaticina que muy pronto la humanidad habrá reorganizado su matriz energética en torno de cinco pilares: 1) transición hacia energías renovables; 2) edificios que recogen y reutilizan *in situ* energía renovables y funcionan como micro-centrales eléctricas; 3) baterías de hidrógeno para acumular energías renovables; 4) tecnología de internet para transformar la red eléctrica en una *interred* para comprar y vender excedentes y 5) transición a vehículos de motor eléctrico.

Este autor predice que, de mantenerse el vigor del crecimiento económico asiático, los precios del barril de petróleo podrían regresar a los niveles exhibidos hace unos años, en torno de los 150 dólares por barril.

Por supuesto, los representantes más conspicuos de la industria petrolera no esperan grandes cambios en la matriz energética mundial y vaticinan que los yacimientos no convencionales (cuya explotación con las actuales tecnologías es 40% más cara que los campos tradicionales) darán un nuevo impulso a la industria.

Esos mismos industriales descreen de los vaticinios medioambientalistas y pronostican que pronto quedará en evidencia que la humanidad no enfrenta catástrofes climáticas como consecuencia de las emisiones de gases efecto invernadero.

Lo cierto es que poco más de una década atrás el precio del barril de petróleo rondaba los 24 dólares. Nadie pensaba que vería precios de U$D 147 por barril en toda su vida empresaria. Pero este es un mundo donde todo es posible. Y puede ocurrir en cualquier momento.

En Argentina 4.0 debemos estar preparados.

Economía y sociedad 4.0

Vivimos el fin de una era. El proceso es tan intenso y evidente que no hace falta *expertise* en economía o sociología para percibir que el mundo que conocimos hasta ahora está cambiando para siempre.

Los fundamentos en los que se apoyaba la economía mundial de las últimas décadas se están desplazando —cual placas tectónicas buscando reacomodarse—, y produciendo un terremoto financiero que altera de manera sustantiva la forma de crear valor y las jerarquías del sistema de poder internacional.

Confluyen para ello, como hemos visto, un sinnúmero de eventos —tecnológicos, económicos, sociales, etc.— de los cuales necesitamos ahora rescatar dos para desarrollar esta sección: el fin de un ciclo de estabilidad y crecimiento para las economías más avanzadas y el surgimiento de un nuevo circulo de poder global liderado por los países emergentes.

Ambos hechos podrían haber ocurrido pacíficamente pero el destino ha querido que se vean disparados por una crisis que los expone cada vez más rápidamente, de manera casi violenta.

En efecto, analistas de distintas tendencias reconocen las últimas dos décadas como una etapa de "gran moderación" con baja volatilidad en los indicadores sociales y económicos (inflación, producto bruto) de los países más afluentes, y reportan sus orígenes en el éxito de la revolución económica —liderada por Reagan-Thatcher— en favor de las reformas de mercado impulsadas a principios de los años 1980s.

Se trata de un período dominado por la dinámica integración de los mercados financieros y comerciales que tuvo sus vectores principales en la apertura de China a partir de los años 1980s, la caída de la Unión Soviética y la subsecuente apertura de India en los años 1990s, el ingreso de unos tres mil millones de personas al circuito de producción y consumo de la economía internacional durante ese lapso y un período intenso de innovación financiera a escala global.

Esa estabilidad no significó la ausencia absoluta de peligros, explosiones de burbujas en el precio de activos o eventos desafortunados. Las crisis de las monedas mexicana (1995), tailandesa (1997) o brasileña (1998), el default ruso (1998) o el rescate del Long Term Capital Management (LTCM, 1998) son ejemplos de los problemas que enfrentó la economía internacional en la segunda mitad de los 1990s.

Todos estos eventos tuvieron repercusiones, causando episodios financieros y caídas del nivel de actividad pero, frente a cada una de ellas, la economía lograba recuperarse rápidamente, apalancándose en un nuevo nivel de deuda. De esa manera lograba mantener la estabilidad de su tasa de crecimiento a mediano plazo.

Ese superciclo de deuda ha llegado a su fin y con él la estabilidad en el crecimiento de las economías más avanzadas. La escalada de las tasas de interés de agosto de 2007 y la caída del banco de inversión americano Lehman Brothers al año siguiente desencadenaron un proceso que cambiaría la forma en que la economía global había operado hasta entonces, así como las bases sobre las que apoya su crecimiento, como bien explica John Mauldin en su obra más reciente.

Algunos llaman a ese proceso "crisis financiera internacional", otros (como Kenneth Roggof y Carmen Reinhart en su libro *This Time is Diferent: Eight Centuries of Financial Folly*. Esta vez es diferente: ocho siglos de locura financiera) la denominan "Gran Contracción", aludiendo al desapalancamiento (desendeudamiento) que deberá operarse a través de toda la economía.

Efectivamente, la integración de los mercados financieros y comerciales fue protagonizada por un grupo de países gastando mucho y otros ahorrando mucho lo cual ha ido acumulando una serie de desequilibrios macroeconómicos globales –frecuentemente identificados como los responsables fundamentales de la rápida propagación de los problemas– que ahora deberán ser enfrentados y resueltos mientras el crecimiento de la economía internacional traslada su epicentro desde los países industrializados hacia los emergentes.

Los desbalances globales se disparan a partir del éxito exportador chino y la inmensa acumulación de reservas asociadas con ese proceso que el país colocó en bonos del tesoro norteamericano. Apoyados en esa fuente de financiamiento barato el gobierno y el sistema financiero de los Estados Unidos aprovecharon para recortar impuestos y fomentar el consumo (en buena parte de los propios productos chinos de exportación) expandiendo además el mercado de hipotecas.

Este mismo proceso, con algunas variantes, se vio reproducido en Europa, donde Alemania jugaba el papel de China mientras que España, Francia, Italia, el Reino Unido y buena parte del centro y sur de Europa replicaban el rol norteamericano.

Mientras estos desequilibrios se moderan, los motores del crecimiento internacional se trasladarán a los países emergentes, donde los mercados y las empresas muestran que la gran creación de valor generada en los últimos años aun ofrece muchas oportunidades de realización.

En realidad, eso ya está ocurriendo. El primer paso fue dado, como ocurre con frecuencia, por las inversiones de corto plazo. El dinero, siempre sensible a las fuentes de crecimiento, fluyó hacia los países emergentes con una intensidad tal que generó fuertes presiones sobre sus monedas. En términos generales, esos procesos se han visto administrados por alguna combinación de políticas monetarias contractivas y restricciones a los movimientos especulativos de capital, en el marco de aplicación de sólidas políticas macroeconómicas

Pero hay una razón más fundamental para prestar atención a los países emergentes. Sus economías representan hoy cerca del 46% del PBI mundial (PPP) aunque el valor de capitalización de mercado de sus empresas solo se acerca al 14% del total. Por eso decimos que todavía hay mucho valor por realizar.

Este es el análisis que ha puesto al crecimiento de la clase media de los países emergentes en el centro de la atención de los inversores internacionales. De su dinamismo dependerá en buena medida cuánto de ese potencial podrá materializarse y cuáles serán los sectores industriales que ofrecerán la mejor oportunidad.

Es posible que Asia sea la primera región en hacer efectiva esa creación de valor, ya que cuenta con algunos mercados financieros profundos y bien desarrollados (Hong Kong, Singapur, más recientemente Mumbai y Shanghai). China, por ejemplo, que representa cerca del 15% del PBI mundial no alcanza más el 3% del valor de capitalización de mercado de las empresas del planeta.

En algunos países de América Latina se verifica una situación similar. Las economías latinoamericanas tienen buenas oportunidades de participar de este proceso en la medida que tomen las medidas correctas y se integren de manera inteligente a la economía internacional.

Esta visión de lo que pasa en el mundo es lo que fundamenta la propuesta de centrar la agenda de Argentina 4.0 en la promoción de la clase media, fomentando la creación de capacidades sociales. Hay mucho en juego alrededor de ese concepto.

Hace ya tiempo que Argentina 3.0 ha quedado atrapada en lo que se conoce como la "trampa de los ingresos medios" (en un rango de U$D 1000 y 12.000 según el Banco Mundial), definida como un cierto estado de complacencia derivado de lograr esos niveles de vida que impone una suerte de techo virtual –en términos de niveles de renta y porcentaje poblacional que participa de los mismos– a las aspiraciones de progreso de la sociedad, debido a que los líderes políticos y sociales no parecen estimulados a promover las reformas que permitan mejorar el desempeño.

Algo así como contentarse con lo que ya se ha hecho, sin aspirar a más.

Sería posible entender esta actitud en sociedades que han trabajado muy duro para reducir la pobreza extrema y han progresado en ese terreno removiendo sus causas estructurales aunque sea parcialmente como ha sido el caso de Brasil en nuestra región, China e India, en Asia, o incluso Colombia y Sudáfrica que vienen de padecer conflictos sociales prolongados. Tantos años de esfuerzo y sacrificio pueden llevar a la complacencia una vez alcanzado el primer objetivo.

Pero, al menos desde mi punto de vista, parece bastante incomprensible en el caso de la Argentina, que se encuentra atrapada en el nivel de ingresos medios como resultado de la declinación de su economía y la reducción de su clase media, golpeada por una crisis económica tras otra. No son años de sacrificios lo que nos ha depositado allí, sino años de abundancia mal utilizada.

En nuestro caso el resumen de la situación diría algo así como "contentarse con lo que nos ha quedado", sin aspirar a más.

En las últimas dos décadas, cuando los indicadores sociales de la Argentina muestran reducción de la pobreza, en general, comparan períodos de estabilidad con los momentos pico de las crisis y las mejoras resultan claramente de los "quick fix" (arreglos rápidos, como los ajustes drásticos del tipo de cambio –convertibilidad, devaluación o pesificación–) aplicados para salir de ellas más que de la remoción de las causas estructurales y profundas de marginalidad social.

Es comprensible que los políticos se embriaguen con los "quick-fix" y los eleven al rango de "modelo". Después de todo, esos arreglos les permiten ganar elecciones y sobrevivir en sus puestos. Una población vapuleada constantemente por las recurrentes crisis de la economía, además, se predispone fácilmente a favor de cualquier mecanismo que le dé un respiro y le permita –aunque sea temporariamente– disfrutar de una sensación de estabilidad.

Argentina 4.0 busca desafiar esa lógica para reinsertar al país en el mundo moderno, desarrollando un modelo marca nacional que nos permita remover las causas estructurales de la pobreza y, fortaleciendo la clase media a través de la formación de capacidades sociales o, dicho de otro modo, capitalizando a la sociedad con los recursos necesarios para progresar.

Nuestro país necesitaría más bien re-capitalizarla porque las sucesivas crisis económicas han causado un daño estructural muy grande, disminuyendo no solo los ingresos de la población sino destruyendo propiamente el capital y los activos personales y sociales existentes.

Como hemos visto, una sociedad sin capital, que no fomenta el desarrollo de su clase media, corre el riesgo de quedar fuera del radar de la comunidad internacional que hoy depende más que antes de las oportunidades de crecimiento y bienestar que ofrece un aumento de la prosperidad de los países emergentes.

No hay que dejarse confundir por las urgencias. Los programas de transferencias de ingresos aplicados en la región durante los últimos años –Bolsa Familia, Plan Jefes y Jefas de Hogar, etc.– han logrado disminuir la desigualdad, deben mantenerse y son muy positivos. Pero no hay que perder de vista que la falta de ingresos es un efecto de la pobreza; su causa es la ausencia de capital.

El verdadero progresismo consiste en crear y distribuir activos, no solo ingresos, ya que los activos productivos generan sus propios ingresos. Por eso, Argentina 4.0 promueve la formación de "capacidades sociales", los activos intangibles, como la educación de alta calidad, las habilidades, el conocimiento, etc., que a su tiempo tomarán su lugar como activos productivos generando ingresos.

Esta es una recomendación comúnmente aceptada por la comunidad académica y los practicantes especializados en temas de pobreza y desarrollo. ¿Cómo podríamos ir más lejos, siguiendo la misma lógica, para acelerar el proceso? Pues bien, cuando sea posible, habría que promover mecanismos que también faciliten el acceso a un tipo más convencional y tangible de activos productivos.

En los últimos años, por ejemplo, se ha escuchado reiteradamente a los líderes sindicales proponer legislación para regular la participación de los trabajadores en las ganancias de las empresas. Es un tema conflictivo, en cualquier sociedad, si no se conduce con diálogo, precisión y decencia.

¿No sería tal vez más eficaz vincular a los trabajadores con el capital accionario de una empresa?

Algunas medidas pueden reportar ganancias (como la venta de una compañía vinculada o la decisión de desprenderse de una unidad de negocios) aunque comprometa el valor de la empresa a largo plazo. Si decimos que justamente allí está la oportunidad para las empresas de países emergentes (realizando el valor de capitalización de mercado potencial), ¿no sería mejor canalizar las aspiraciones de los trabajadores en esa dirección?; ¿no sería más sano eso que la simple relación con las ganancias?

No es necesario inventar nada para hacerlo.

Un esquema interesante podría organizarse, por ejemplo, alrededor de los mecanismos conocidos como "Propiedad Accionaria de los Trabajadores" (ESOP por sus siglas en inglés, *Employee Stock Ownership Plans*).

El Centro Nacional de Propiedad de los Trabajadores (*National Center for Employee Ownership - NCEO*) de los Estados Unidos reporta, por ejemplo, más de 11.000 planes de este tipo a la fecha en vigencia que abarcan unos 13 millones de trabajadores.

Considerando otros esquemas que promueven la participación accionaria de los trabajadores estos mecanismos alcanzan unos 25 millones de personas (la fuerza laboral del sector privado norteamericano totaliza 120 millones de personas).

Un estudio realizado por el Estado de Washington encontró que los trabajadores que participan de estos esquemas reciben en promedio un salario entre 5% y 15% más alto y sus activos al retirarse valen 300% más que los de aquellos que no lo hacen. Se calcula que los empleados controlan alrededor de un 8% del valor del capital del total de las compañías americanas.

La Asociación de Propiedad de los Trabajadores (*Employee Ownership Association*) reporta más de un centenar de compañías operando bajo ese esquema en el Reino Unido, un sector de la economía que tiene un valor equivalente a los U$D 39 billones anuales.

Todos estos esquemas ESOP se basan en reducciones impositivas (a las ganancias y otros impuestos locales) que favorecen a las empresas que aplican el desarrollo de los citados mecanismos. Por eso se dice de ellos que no reparten activos existentes sino nuevos activos a los que se accede justamente a partir de la aplicación del ESOP.

No habría que limitar este proceso de transferencia de activos solo a los trabajadores y las empresas comerciales si queremos que el mismo tenga un impacto extendido en toda la sociedad. Por ejemplo, los ciudadanos comunes, en su papel de consumidores de servicios públicos provistos por empresas del Estado o por compañías privadas concesionarias del mismo, podrían incorporarse como accionistas a partir de sus pagos regulares.

Podrían imaginarse sistemas donde los consumidores eligen pagar una tarifa especial para hacer aportes de capital (que serían destinados a inversiones especificas), recibiendo a cambio acciones de las empresas, que a su vez se beneficiarían impositivamente de manera adicional por implementar estos esquemas.

¿Cómo funcionaría un régimen en el que los usuarios de servicios de energía o agua dispusieran voluntariamente de programas donde su gasto mensual pudiera convertirse en una inversión de capital que le pagaría un dividendo? ¿Podría extenderse el sistema a los usuarios clandestinos que tendrían que hacer un esfuerzo adicional (para pagar lo que ahora no pagan) pero recibirían a cambio no solo el servicio que ya obtienen gratis e ilegalmente sino también un retorno de su inversión?

¿Se imaginan si los pasajeros de Aerolíneas Argentina pudieran elegir invertir en acciones de la compañía a través de distintos mecanismos (incluido un sistema de compra de pasajes especial y voluminoso) convirtiéndose en accionistas –aunque fuera en un porcentaje muy minoritario– y se organizaran para tratar de participar en las decisiones?

La lógica detrás de estas propuestas es la de registrar un cambio en el paradigma de propiedad vigente que busca justamente aumentar los activos disponibles por parte de los sectores menos favorecidos y mitigar las desigualdades creadas naturalmente por el funcionamiento de la economía de mercado.

En su libro, Jeff Gates, autor de *The Ownership Solution,* despliega un análisis brillante e inspirador, lleno de estudios de casos y propuestas originales basado en las ideas de Louis Kelso (*The Capitalist Manifesto,* junto a Mortimer Adler, Random House 1958, considerado por muchos el pionero de los ESOP en los Estados Unidos) para explicar que la economía de mercado funciona sobre la base del crédito y que las fuentes de acceso al mismo están prácticamente cerradas para quienes no posean capacidad de ofrecer garantías colaterales.

Como los activos productivos pueden financiarse por sí mismos, en función de los ingresos futuros provistos por su flujo de fondos, los ESOP proponen la distribución de una parte de ese valor futuro a los trabajadores y consumidores que lo hacen posible con sus trabajos y sus compras.

Esta es la misma lógica que impulsó al Instituto de Libertad y Democracia en el Perú, liderado por el economista Hernando de Soto, al promover legislación específica que le permitiera a los agricultores que habían trabajado por años en una misma parcela de tierra hacerse de los títulos de propiedad de las mismas. Ese simple hecho promovió a más de un millón doscientas mil familias fuera de la pobreza al proveerles un activo colateral que las convirtiera en sujeto de crédito.

El razonamiento se vuelve más agudo cuando pensamos en una economía del conocimiento o en la sociedad de la información, ya que cuando los activos de una empresa son fundamentalmente las personas que la componen, su creatividad y habilidades y su conocimiento, ¿quién es realmente el dueño de esos activos reproductivos?; ¿podría acaso decirse que les pertenecen al que los financia solamente?

La "Gran Sociedad" que promueve Argentina 4.0 es una "sociedad propietaria" que reconecta a la gente con su economía y los actores del complejo industrial-empresario de una manera sana y duradera, alineando los intereses de progreso de todos sus protagonistas y fortaleciendo la capacidad económica y moral de los ciudadanos de tomar sus propias decisiones, responsabilizándose por su destino y el de su comunidad.

Los principios a seguir para hacerlo son similares a los que discutimos cuando hablamos de las políticas sociales, la administración pública o la democracia 4.0: más poder a la gente, realimentando e informando el sistema de decisiones desde abajo hacia arriba y reciclando la conectividad entre los ciudadanos y los mercados, las empresas y el ejercicio de la política.

Hemos dicho que no queremos que nos obliguen a elegir entre un "gran mercado" y un "Estado fuerte" o "gran Estado". Preferimos transitar una tercera vía intentando la construcción de una "gran sociedad".

Se trata de un arreglo social que combine: a) una estructura de poder difusa y extendida (menos concentrada que el de las economías planificadas y los estados excesivamente regulares), distribuida lo más ampliamente posible, en las manos de millones de ciudadanos informados y comprometidos y, b) un Estado inteligente (por cierto más presente que el de la economías basadas en la "mano invisible" del mercado) con capacidad para arbitrar intereses e intervenir eficazmente en las disputas de los grupos de influencia.

Es por eso que proponemos focalizar la agenda de Argentina 4.0 en la clase media, centrándola en el ciudadano. ¿Quién más podría ocupar su lugar demandando seguridad económica y racionalidad política? Esta la razón por la que muchos académicos y analistas estudian el tamaño y características de los sectores medios de la sociedad y los relacionan estadísticamente con el crecimiento a largo plazo de la economía y la estabilidad del sistema político.

Ni Estado ni mercado; promovemos una "gran sociedad" que se sirva de lo mejor de cada uno de ellos para alcanzar sus objetivos de progreso.

Con esa combinación (sociedad fuerte + Estado inteligente, en ese orden) esperamos impedir un fenómeno demasiado frecuente en las democracias jóvenes: el secuestro del Estado por parte de las burocracias políticas, sindicales y los intereses sectoriales que tienden generalmente –con un discurso más o menos elaborado– a preservar y favorecer sus propios objetivos por sobre los del conjunto.

¿Podríamos imaginar, por ejemplo, cómo hubieran resultados las cosas en 2002 si la gente que recibió un tercio o un cuarto del valor de los pesos que depositó en los bancos hubiera recibido también una participación accionaria en las empresas que se beneficiaron con la reducción de sus deudas a partir de la devaluación de la moneda?

La llamada "pesificación asimétrica" representó una enorme transferencia de riqueza desde unos individuos que habían depositado sus activos líquidos en los bancos hacia las empresas que tenían pasivos (es decir debían esos pesos) registrados con las entidades financieras. Unos recibieron menos por sus activos líquidos (típicamente la tercera o cuarta parte de lo depositado) y las empresas licuaron sus deudas, reduciéndolas en términos de una moneda dura como el dólar.

¿No habría sido justo que los depositantes se llevaran participaciones accionarias de las empresas que redujeran sus deudas a cambio del valor que perdieron sus activos líquidos?

Por supuesto implementar soluciones del tipo de las ESOP en la Argentina tendría sus complejidades (mucho más hacerlo en la cresta de una crisis como la que vivió el país en 2001-2002) derivadas de las características del mercado de capitales local, sobre todo luego de la nacionalización de las Administradoras de Fondos de Pensión (AFJP).

Para el plan de trabajo de Argentina 4.0 se trata sin embargo de un tema sumamente importante y trataremos de analizar cuál es la mejor manera de llevarlo a la práctica en www.Argentina40.com.

Podemos pensar cómo articularlo con el trabajo propuesto en la sección Democracia 4.0 en relación con los gobiernos locales estableciendo mecanismos, por ejemplo, para monitorear el nivel de activos de los sectores medios y marginales y proponer medidas concretas para mejorarlos y aumentarlos, implementando mecanismos concretos como los propuestos más arriba.

¿Podrían concesionarse algunos servicios públicos locales a las asociaciones vecinales existentes o a nuevas organizaciones creadas especialmente como forma de aumentar los activos de la comunidad?

La construcción de una "Gran Sociedad" es uno de los desafíos más grandes que tendrá que enfrentar la Argentina de la próxima década. Por supuesto, para hacerlo, habrá que cubrir muchos más aspectos que los mencionados en estas páginas, pero valdrá la pena intentarlo para tratar de construir un modelo de desarrollo verdaderamente nacional.

Esa construcción debería comenzar inmediatamente con un programa serio de reforma impositiva que desmonte las exageraciones creadas por las urgencias de las crisis pasadas, comenzando probablemente con una reducción del nivel del Impuesto al Valor Agregado.

La superposición de impuestos y tasas nacionales, provinciales y municipales que padecen las empresas, resultantes tanto de los apuros fiscales de los diferentes niveles de la administración como de la particular estructura a la que ha quedado reducido en la práctica el sistema de coparticipación nacional de impuestos, generan pérdidas importantes de competitividad y reducen las oportunidades de organizar una distribución más justa de la riqueza y el ingreso.

La refederalización del sistema impositivo es un tema urgente. La eliminación de viejas cargas contributivas, basadas incluso en prácticas de los tiempos de Argentina 1.0 (e incluso de la época colonial) que son arcaicas e ineficientes será posible cuando simultáneamente las provincias reciban en tiempo y forma, sin condicionamientos políticos, los fondos que la ley les asigna. Será muy difícil reconstruir el tejido de la clase media en la Argentina con provincias débiles.

La presión impositiva sobre los ciudadanos es una de las más altas de la historia económica nacional y su nivel debería revisarse a la luz de las propuestas vinculadas con la creación de activos formuladas en esta sección. No está mal pagar impuestos pero todos queremos saber qué se hace con el dinero que nos cuesta tanto esfuerzo reunir.

Por ejemplo, se ha informado que se piensa crear un cargo específico para construcción de infraestructura en las facturas de servicios de energía que recibiremos. ¿No podríamos aplicar la lógica de las CSOP (Propiedad Accionaria de los Consumidores) explicada en esta misma sección? El Estado podría construir la infraestructura que desea pero la efectividad del proceso sería controlada no ya solamente por un grupo de políticos y burócratas sujetos a la presión de las empresas constructoras sino también por grupos de consumidores-accionistas interesados en pagar los menores precios y aumentar el valor de la compañía a largo plazo para, eventualmente, cobrar un dividendo.

Seguramente habrá quienes hubiesen esperado que tocáramos en esta sección otros temas como el nivel del tipo de cambio, el volumen de los subsidios al transporte y la energía, la fuga de capitales o el nivel de inflación de la economía argentina. La ausencia de estos temas tal vez los haya sorprendido y quizás, hasta decepcionado.

Me habría gustado hacerlo porque tengo mucho para decir sobre esas cosas en relación con el tema que nos ocupa pero lo cierto es que satisfacer esos intereses, tratando tales temas con cierto decoro, demandaría, posiblemente la escritura de otro libro y, sobre todo, nos distraería del propósito de ésta obra.

Me pareció imprescindible profundizar el concepto y la promesa que contiene la construcción de una "Gran Sociedad" como proyecto colectivo de los sectores medios de la población para Argentina 4.0

De todos modos, queda claro que la aplicación de estas propuestas demandaría un programa económico basado en parámetros de funcionamiento menos excepcionales que el actualmente vigente.

Todos estos temas, más aquellos que por razones de espacio no tocamos ahora, como son los relacionados con la seguridad y la salud, serán objeto de análisis y discusión desde las páginas de nuestra plataforma interactiva en www.argentina40.com.

LA NUEVA ECONOMÍA

La innovación, los cambios tecnológicos que trae aparejados y los consiguientes aumentos de productividad que genera han sido la causa principal de los cambios culturales y sociales ocurridos a lo largo de la historia humana sobre el planeta.

Así como el fuego y la rueda jugaron un papel decisivo para la reorganización de las primitivas sociedades de cazadores-recolectores y la adopción de prácticas más sedentarias, la imprenta y, siglos más tarde, la máquina de vapor tuvieron un impacto de proporciones similares en las sociedades que las recibieron.

Ese es el mismo papel que tiene a la informática y la revolución de las telecomunicaciones en el surgimiento de la era de la información y la sociedad del conocimiento.

El fuego, la rueda, la imprenta o la máquina de vapor tardaron décadas, sin embargo, en realizar su potencial por completo. Lo hicieron solamente cuando fueron adoptadas por la gente común a través de aplicaciones que, gradualmente, influyeron en la forma en que se organiza la vida diaria.

Del mismo modo que las tecnologías que las precedieron, las tecnologías de la información y las nuevas aplicaciones en materia de telecomunicaciones vienen desarrollando su potencial, de manera incremental, a lo largo de las últimas tres o cuatro décadas.

Hay un hecho distintivo, sin embargo, que merece destacarse.

Aun cuando todas las innovaciones tecnológicas, cada una en su época, se aplicaron a diversos campos de la actividad humana, ninguna parece haber tenido una diseminación tan amplia, rápida y difundida y un impacto tan singular como la informática y las telecomunicaciones de nuestro tiempo. Su desarrollo ha sido concomitante con el de otros sectores tecnológicos y productivos y los ha fertilizado. Más aún; han disparado nuevas disciplinas como la nanotecnología o la "nueva" biotecnología.

Gradualmente, las nuevas tecnologías extienden sus ramificaciones a lo largo y a lo ancho del entramado industrial y empresario, estimulando la innovación en diversos campos. Desde allí, están tomando por asalto nuestra vida cotidiana, influyendo en nuestras expresiones culturales, las interacciones sociales y la forma en que ejercemos nuestros derechos políticos.

Esta es la razón por la que hablamos del surgimiento de una nueva economía. Se trata de un fenómeno que no queda definido por una tecnología en particular porque va más allá que cualquiera de ellas individualmente. Su corazón, en cambio, está en la relación que establecen unos sectores emblemáticos entre si y en la forma en que se fertilizan recíprocamente entre ellos, así como en la manera en que influyen sobre los productos y mercados tradicionales de las antiguas economías industrial y agrícola.

Es un evento caracterizado por la emergencia de nuevos actores económicos operando bajo nuevas reglas de juego y demandando nuevas instituciones para una economía liderada por nuevos sectores emblemáticos que desplazan el foco empresario hacia nuevos objetivos.

Cuadro comparativo de la nueva economía con la economía del siglo XX

AMBITO	NUEVA ECONOMÍA	ECONOMÍA SIGLO XX
Actores y agentes económicos	Prosumidor "Crowd" (Multitud) Cadenas de valor y redes de producción Multinacionales Emergentes Sector público multilateral Organizaciones No Gubernamentales	Individuos y familias (Consumidores) Empresas privadas (productores) Empresas multinacionales Sector público Sector externo
Instituciones	Redes Privacidad expuesta (a través de internet) Derechos de uso y acceso	Mercado Privacidad protegida Derechos de propiedad
Reglas de juego	Cooperación Apertura y propiedad compartida Interdependencia Multiplicidad de objetivos	Competencia Jerarquía y exclusión Autosuficiencia Objetivos alineados y secuenciales
Foco empresario	Cliente Economía de alcance (Scope) Productividad sistémica	Producto Economía de escala Productividad individual
Sectores emblemáticos	Informática y telecomunicaciones Biotecnología Nanotecnología Energías renovables Producción sustentable Alimentos	Siderurgia Petroquímica Automotriz Electrónica
Geopolítica	Asia Líderes regionales en América Latina y África Rusia	Estados Unidos Europa Japón

Prácticamente, ninguno de los elementos que conforman el paisaje de la nueva economía (actores, instituciones, reglas o sectores) es necesariamente nuevo para los empresarios o desconocidos para los ciudadanos. Muchos de ellos, individualmente, nos resultan incluso familiares.

Sin embargo, así como generalmente no percibimos cambios dramáticos en el paisaje que vemos a través de nuestra ventana por la construcción de un nuevo edificio sino que notamos los cambios cuando el nuevo barrio queda terminado y su silueta de conjunto se recorta en el horizonte, del mismo modo, estos elementos solo cobran un valor paradigmático cuando los observamos conjuntamente y sus interacciones quedan determinadas y operativas.

La nueva economía es el resultado de los cambios que tienen lugar, al mismo tiempo, en todos estos campos y en la forma en que los mismos se refuerzan y potencian.

Son cambios de tal magnitud que ya empiezan a tener impacto en la teoría económica propiamente dicha, como ocurre con la teoría de las preferencia revelada. Ya no habría que inferir la función e utilidad de un consumidor; bastaría ver qué hace en la web.

La afamada revista *The Economist* publicó recientemente un artículo donde un premio Nobel de economía vaticinaba que la información transmitida por la red podría influir en los supuestos teóricos que describen al consumidor con un set de preferencias fijas, información perfecta y capacidad de maximización en cualquier circunstancia.

Cuando hablamos de la emergencia de una nueva economía, no queremos decir que un modelo de organización económica reemplaza a otro de una vez y para siempre sino que se verifica un proceso signado por el enriquecimiento eventual y paulatino –a través de en un torrente de innovaciones tecnológicas simultáneas en varios campos de la ciencia– que fertiliza la organización económica existente con la emergencia de nuevos elementos, hasta cambiar su fisonomía por completo.

El dinamismo y versatilidad de la nueva economía no se adaptan fácilmente a las clasificaciones teóricas. Su desempeño pone de cabeza los conceptos –como el de países desarrollados y países subdesarrollados o el de exportadores e importadores– con los que analizamos el mundo en el último medio siglo.

Es una economía forzada a reconciliar los extremos, donde las empresas que operan en ella se ven obligadas, simultáneamente, a globalizar sus operaciones y a localizarlas para no perder mercados, donde las estrategias comerciales obligan a especializar y diversificar al mismo tiempo, donde algunos de los países que progresan más rápidamente son al mismo tiempo los que albergan la mayor cantidad de pobres del planeta.

La nueva economía opera en una realidad menos lineal que la del siglo XX y cuenta con menos certezas y más discontinuidades. No pretende –y no puede– controlar un futuro liderado por el flujo de cambios tecnológicos constantes y vertiginosos que ya son su signo distintivo sino que trata de adaptarse a él, ajustando el curso para permanecer en el centro de la corriente.

Algunos ejemplos nos ayudan a ver sus contornos. Analicemos los desafíos que enfrentamos en materia de producción de alimentos y energía.

Por segunda vez en tres décadas, la humanidad se enfrenta al desafío de producir una revolución agrícola. En efecto, la demanda de alimentos aumentará en los próximos años debido al crecimiento demográfico y a la mejora del ingreso en un segmento importante de la población de los países emergentes. Se espera que para el año 2020 los niveles de producción de granos, carnes y tubérculos deban incrementarse hasta un 40%.

En el pasado la humanidad ha enfrentado crisis similares. La última revolución agrícola alumbró el uso extendido de pesticidas, agroquímicos y fertilizantes que mejoraron el rendimiento de las cosechas.

La próxima revolución agrícola no podrá seguir el mismo patrón para intensificar la producción debido al efecto que han tenido algunos productos sobre los suelos y las napas de agua subterránea.

Para intensificar la producción agropecuaria en el futuro deberá profundizarse el camino emprendido en los últimos años gracias a los aportes de la biotecnología, fortaleciendo genéticamente las especies vegetales para hacerlas más resistentes a las plagas y, tal vez, permitirles crecer con menor recurso hídrico. Además de ello la protección del medioambiente será fundamental, para evitar que la pérdida de biodiversidad afecte negativamente el funcionamiento de los ecosistemas y reduzca los rendimientos.

Del mismo modo será necesario aplicar modernas técnicas satelitales para desarrollar agricultura de precisión (mapeando los niveles de nutrientes en los campos por ejemplo) y utilizando moderna maquinaria agrícola, altamente tecnificada.

Es decir, la nueva revolución agrícola se hará posible merced a la combinación de elementos de la biotecnología, la ecología, la informática y las telecomunicaciones.

Otra crisis importante que enfrentará la humanidad es la demanda de energía. Se ha indicado que las reservas conocidas de combustibles fósiles solo podrán abastecer la demanda creciente de energía por los próximos cuarenta o cincuenta años.

Esta situación ha llevado a la industria a explorar nuevas áreas y a refinar las técnicas de extracción para obtener el máximo volumen de recurso posible. Asimismo se desarrollan, en condiciones cada vez más competitivas, técnicas de extracción de petróleo y gas a partir del carbón, cuyas reservas tienen mayor disponibilidad (prácticamente el doble de tiempo de provisión) que las de los primeros. Por supuesto, todas estas nuevas técnicas generan un incremento de los costos.

Sin embargo, y más allá del potencial agotamiento de los recursos o el incremento de los costos de exploración y explotación, el uso creciente de energía originada en combustibles fósiles –y a raíz de las emisiones de carbono que las mismas liberan– está deteriorando la calidad del medioambiente al extremo de desatar un proceso de cambio climático.

Este proceso de cambio climático afectará incluso nuestra capacidad de producción de alimentos, debido a la creciente desertificación de ciertas áreas del planeta.

Es sobre esta base que, en las últimas tres décadas, tuvo lugar el florecimiento de la industria de las energías renovables, que promete aumentar la disponibilidad de energía sin afectar el medioambiente. Claramente esa promesa requiere un sistema de precios más altos que el de la economía industrial.

En estos años las energías renovables han progresado enormemente en una gran cantidad de frentes, reduciendo los costos de producción, la dependencia de los subsidios y aumentando su participación en la matriz energética mundial.

Por eso mismo las hemos sindicado como uno de los sectores emblemáticos de la nueva economía. Su emergencia y las mejoras tecnológicas que han logrado desarrollar son el resultado de una fértil interacción con otras disciplinas.

La producción de energía eólica, por ejemplo, depende crucialmente de la capacidad de medir apropiadamente la velocidad y profundidad del viento. Por ello, una parte de los esfuerzos de investigación y desarrollo de la industria se ha enfocado en este sentido.

La tecnología LIDAR (Detección y Medición de Luz) está siendo desarrollada y sometida a pruebas para su aplicación a la producción de energía eólica. Esta técnica de medición basada en láser realiza mediciones de los campos eólicos de una forma más flexible y económica. En la actualidad, LIDAR es el mejor candidato para sustituir las mediciones del viento basadas en los mástiles meteorológicos empleados en los cálculos de las curvas de potencia para los parques eólicos en mar abierto.

Del mismo modo, el uso de algas o de la ligno-celulosa para la producción de biocombustibles o la utilización de bacterias para el tratamiento de residuos representan desarrollos promisorios para los próximos años.

Otra vez, la biotecnología, la informática y la ecología se combinan para proveer soluciones efectivas a los nuevos desafíos que enfrentamos.

La idea que nos interesa rescatar aquí –y que podemos enfatizar más claramente gracias a estos dos ejemplos sobre alimentos y energía– es que la innovación tecnológica y la fertilización cruzada que tiene en varios sectores emblemáticos de la nueva economía están alterando, paulatinamente, la forma de organización económica que ha predominado hasta ahora.

Habrá seguramente quienes opinen, sin embargo, que hablar del surgimiento de una nueva economía es una exageración. Podrían argumentar que el complejo industrial-empresario ha pasado ya por muchas transformaciones y que la economía, como tal, sigue siendo la misma. Sin duda se trata de una opinión atendible.

Durante algún tiempo todavía la antigua y la nueva economía seguirán conviviendo, como lo hacen ya desde hace décadas. El equilibrio entre una y otra se irá alterando paulatinamente en favor de esta última pero habrá sectores que se verán poco afectados mientras prevalece cierta confusión acerca del alcance y el "timing" de los cambios. En algunas regiones o países la nueva economía florecerá más rápido mientras que su existencia pasará desapercibida en otros lugares.

Siempre ha ocurrido de ese modo. Los cambios de época nunca se perciben fácilmente cuando son contemporáneos. La mayoría de los hombres y mujeres que vieron la invención de la máquina de vapor (James Watt - 1769) sabían que presenciaban algo importante pero no podían distinguir en ese preciso momento el nacimiento de la era industrial.

Como se comenta en la sección sobre Innovación y Crecimiento, ese invento dispara un proceso que jaquearía la "Ley de los rendimientos marginales decrecientes" cuando los economistas profesionales llegaran a comprender que los rendimientos marginales no decrecen (al menos para el capital financiero) en presencia de innovación y cambio técnico.

Como ocurre siempre, aquellos que vislumbraron la magnitud de los cambios que se avecinaban pudieron preparase mejor para sacar el máximo provecho de las transformaciones en marcha.

Los nuevos actores y agentes económicos

Llamamos actores a los sujetos que animan el funcionamiento de la economía. En el siglo XX ese papel lo cumplían, tradicionalmente, los productores, los consumidores y las empresas locales y multinacionales y el sector público. La teoría económica identifica como "agentes" a los individuos, las empresas, el sector público y –cuando analizamos las cuentas nacionales– el sector externo.

La economía del siglo XXI está cambiando la naturaleza de estos actores o agentes tradicionales. Ejemplo de ello son los "prosumidores", que resumen las características esenciales de los productores y consumidores de la economía del siglo pasado en un solo actor.

Otro caso interesante lo provee la multitud (*crowd*) que siempre estuvo allí como sumatoria de voluntades colectivas pero que ahora comienza a desarrollar, a través de las nuevas tecnologías, una capacidad formal de expresarse y organizarse a través de las redes sociales.

Las modernas cadenas globales de valor o redes mundiales de producción, que se han formado en las últimas décadas, dan vida a otro de los nuevos jugadores de la economía del siglo XXI, influyendo incluso sobre la relevancia de conceptos tradicionales como importación o exportación, como veremos en el caso del IPad.

Actores tradicionales como las compañías multinacionales alcanzan nuevas dimensiones e incorporan nuevos jugadores a sus equipos, provenientes ahora de los rangos de las economías emergentes y las Organizaciones No Gubernamentales (ONGs), por su parte, aprovechan las nuevas tecnologías para ampliar su alcance e influencia, así como para reforzar sus presupuestos.

Prosumidor

"Robert Anderson, jefe del Departamento de Servicios de Información de la RAND Corporation y destacado experto en el campo de la fabricación computarizada, explica: 'En realidad, uno podría, gracias a los computadores, diseñar el modelo de coche que le apeteciese. Naturalmente, los computadores tendrán programadas todas las normas federales de seguridad y toda la física de la situación, así que no le permitirán a uno salirse demasiado de los límites'" (Alvin Tofler, *La tercera ola*, Plaza y Janés, 1980).

"Hoy, local-motors.com es una meca para los diseñadores y entusiastas de los autos alrededor del mundo. Aun cuando la compañía basada en Massachusetts trabaja muy cerca de la comunidad local de innovadores, su comunidad de diseñadores está abierta a cualquiera con acceso a una computadora y una conexión e internet. Colectivamente, la comunidad ha generado 44.000 diseños que son compartidos por vía de creativos comunes."

"Una vez que el auto es diseñado y su ingeniería completamente desarrollada los clientes pueden visitar una de las microfábricas de Local Motors y ensamblar el auto por si mismos, con ayuda de la compañía" (Don Tapscott y Anthony Williams, *Macrowikinomics*, Portfolio Penguin, 2010.

Las citas que se reproducen en los párrafos anteriores pertenecen a dos libros publicados con treinta años de diferencia. Los pronósticos del año 1980 parecen materializarse en 2010. Sería sensato suponer que cuando una tendencia se manifiesta y consolida a través del tiempo estamos verdaderamente en presencia de un nuevo fenómeno, con el poder suficiente para alterar prácticas y costumbres.

No se trata sólo de la producción de automóviles sino en una amplia gama de actividades que incluyen la autoprestación de servicios médicos, el consumo de energía y la producción de bienes culturales, tales como música, producción de noticias y otros.

Ambos libros, *La tercera ola* y *Macrowikinomics* revelan la forma en que se manifiesta un nuevo actor económico: el "prosumidor". La nueva economía torna cada vez más difusa la separación entre productores y consumidores, tan típica de la economía industrial.

Efectivamente, apoyados en la nuevas tecnologías y las nuevas técnicas de producción que de ella se derivan, cada vez más seres humanos tendrán la oportunidad –y parecen dispuestos a tomarla– de producir lo que necesitan para su propio consumo (como lo hacían en la antigüedad, cuando predominaba una economía agrícola), practicar las curaciones y los estudios para el cuidado de su propia salud (utilizando moderno equipamiento doméstico, tales como inodoros capaces de entregar análisis químicos de las deposiciones que reciben), diseñar su propia ropa y producir sus propios bienes culturales, utilizando las redes sociales de noticias y generando nuevos géneros musicales, fusionando estilos de diferentes rincones del mundo (RiffWorld, Macrowikinomics).

Sin ninguna duda, el "prosumidor", tiene el potencial para generar importantes consecuencias en el funcionamiento de los mercados de bienes y servicios y en la organización de las campañas de marketing y comercialización de productos de la más diversa índole.

No puede olvidarse que los mercados se formalizan y desarrollan a partir de la división de roles entre el productor y el consumidor y la necesidad de relacionarlos. El prosumidor altera ese sistema de relaciones a medida que fortalece su rol en la nueva economía.

El surgimiento del prosumidor además es capaz de reforzar algunas tendencias ya existentes en los mercados del trabajo, modificando la localización y el tiempo dedicado al mismo por ciudadanos dedicados a producir parte de los bienes que consumen.

De alguna manera todos nos convertimos en prosumidores cuando recibimos instrucciones telefónicas para reparar nuestro computador o resetear el acceso a nuestra red hogareña de internet. Eso mismo está ocurriendo con algunos servicios de la salud ayudados por equipamiento diseñado a tal efecto.

El mundo del prosumidor tiene el potencial para crear estilos de vida que resulten más plenos y variados, menos monótonos y más satisfactorios desde el punto de vista creativo.

"Crowd" o multitud

Las nuevas tecnologías y la irrupción de las redes sociales en la web 2.0 han transformado la forma en que los individuos y sus preferencias se expresan de manera agregada en grandes contingentes de personas.

Para la economía tradicional, la expresión agregada de las preferencias individuales tiene lugar en el mercado, donde productores y consumidores intercambian bienes y servicios en base a un sistema de precios. Las cantidades consumidas y los precios pagados revelan preferencias y el éxito de los productos.

En la nueva economía tales roles y funciones carecen del peso que tenían. Tendencias como la innovación abierta, la producción entre pares, la innovación orientada al cliente, la creación de comunidades interactivas y los productos de código abierto están cambiando la forma en la que los individuos interactúan con el sistema productivo y expresan sus preferencias.

Ya no hay que esperar a que cierren los mercados y leer estadísticas de compra-venta para saber lo que opina el mercado. Las redes sociales están haciendo ese trabajo en tiempo real. Según distintas evaluaciones, la gente hoy confía más en la opinión que sus pares postean en las redes sociales acerca de una marca o un producto que lo que escuchan de esos mismos bienes o servicios en las publicidades televisivas (la relación es 74% vs. 14%)

Además, tendencias tales como el *crowdsourcing* y el *croudfunding* toman cada vez más importancia. Según destacados autores, *crowdsourcing* es el acto de tomar un trabajo tradicionalmente realizado por un agente designado (generalmente un empleado) y la externalización a un grupo indefinido, generalmente grande de personas en la forma de una convocatoria abierta. *Crowdfunding* es la aplicación del mismo principio a la financiación de distintas iniciativas individuales, empresarias, artísticas, etcétera.

Estos fenómenos están convirtiendo a la multitud como tal en un actor económico por sí mismo, con un papel cada vez más definido en la producción y el consumo de bienes y servicios, que se expresa de manera virtual y propia, más allá del rol tradicional que se la asigna como expresión colectiva de las voluntades individuales.

Comienza entonces a tener, por lo tanto, un peso relativo y específico en las costos empresarios que comienzan a preguntarse cuál es la estrategia apropiada para promover sus productos en las redes sociales y cuál es el retorno de la inversión demandada para hacerlo.

El rol de la *multitud* o *crowd* en la economía se volverá aún más preciso porque solo puede crecer en el futuro.

Las cadenas globales de valor y las redes mundiales de producción

Estos conceptos han surgido en las últimas décadas para describir nuevas y modernas relaciones interempresarias.

La internacionalización de la producción industrial y su distribución espacial en distintos lugares del mundo gracias a la disminución drástica de los costos de transporte y comunicaciones dio lugar a la reorganización de distintos subprocesos productivos, inicialmente deslocalizados para aprovechar los diferenciales de costos laborales disponibles en distintas ubicaciones geográficas.

Este concepto original se ha actualizado y modernizado. En nuestros días, una cadena de valor captura una secuencia de actividades relacionadas y dependientes, necesarias para materializar un producto o servicio desde su concepción y diseño atravesando las diferentes fases de producción hasta llegar a su distribución y servicio postventa y su disposición final o reciclado.

Las cadenas globales de valor se ven crecientemente complementadas por las redes mundiales de producción, compuestas por empresas independientes especializadas que capturan relaciones complejas e interacciones de naturaleza sistémica.

Por ejemplo, en el diseño y desarrollo de producto, la tecnología está siendo crecientemente modularizada. Esa modularización del conocimiento tecnológico implica que el mismo adopte las características de un *commodity* estándar, permitiendo que el diseño y otras actividades intensivas en conocimiento sean separados de la cadena de valor y realizados en distintas ubicaciones geográficas.

Esta revolución ya está teniendo lugar y significa la internacionalización de la producción de servicios.

Al nivel de las compañías, el análisis de las cadenas de valor y las redes de producción se han convertido en una herramienta estratégica para entender la dinámica de la economía global y participar con éxito en los flujos de comercio e inversión.

Las compañías pueden ganar eficiencia y economías de escala a partir de la división global del trabajo dentro de una cadena de valor o red de producción. Pueden buscar su participación en estas cadenas a su nivel actual de competencia y luego apalancar su posición para alcanzar niveles de competencia más altos.

Este es el tipo de estrategia que posibilita que empresas locales pasen de niveles subregionales de competencia a participar de la economía global. La estructura y el dinamismo del mercado adquieren importancia al influir sobre las posibilidades de las empresas de participar en las cadenas de valor.

De hecho este es el camino del que se valieron varios países para desarrollar su poderío en la nueva economía. Por ejemplo, en el sector de autopartes de Corea del Sur, las compañías apalancaron su posición hasta alcanzar el mayor nivel de la cadena, el de productor de su propia marca e incluso avanzaron a la producción de automotores.

Las empresas chinas están desarrollando ahora estrategias similares, con menor protección incluso en su mercado doméstico, pero hay muchos más ejemplos en sectores tales como electrónicos.

La extensión de estas redes es tal que su influencia afecta incluso la naturaleza de algunas actividades tradicionales como la exportación y la importación. En la economía industrial, el desarrollo de nuevos productos, como por ejemplo el IPAD, estaba asociado con la idea de un aumento de exportaciones para el país que lo hubiera desarrollado.

Pero el caso del desarrollo del IPad en los Estados Unidos nos ilustra cuánto está cambiando este concepto en la nueva economía. Debido a la estructura de producción en redes y cadenas de valor distribuidas alrededor del mundo el IPad incrementa más las importaciones que las exportaciones norteamericanas.

Las Organizaciones No Gubernamentales

Se trata de entidades creadas para desarrollar una tarea específica decidida por sus miembros que adoptan la forma de asociaciones, fundaciones o entidades de bien público y funcionan de una manera completamente independiente del gobierno y de los organismos internacionales.

Hay quienes reportan los orígenes de este tipo de entidades al nacimiento de la Cruz Roja Internacional en el siglo XIX, que con el tiempo abandonó su carácter de Organización No Gubernamental para adoptar unos estatutos que le permitieran desempeñar mejor su tarea.

La población de este tipo de organizaciones está en constante aumento así como su influencia en los asuntos locales e internacionales y el número de personas que trabajan en ellas.

Algunas ONGs han alcanzado renombre internacional, desarrollando una suerte de marca propia que remite a los ciudadanos a los ideales humanitarios o sociales por los que han sido creadas.

En la práctica muchas ONGs han sido eficaces para influir en la sanción de regulaciones y normas, así como en la adopción de legislación relacionada con sus áreas de interés. Es previsible que en el futuro, apoyadas en las nuevas tecnologías –y en la eficacia demostrada por ejemplo por las redes sociales como mecanismo de comunicación y motivación– las mismas extiendan todavía más su influencia y capacidad de organización, trabajando con una comunidad a escala planetaria.

Además de recibir fondos voluntariamente de los miembros que la integran una gran cantidad de organizaciones de este tipo reciben crecientes recursos de los gobiernos en la forma de donaciones, sobre todo en las áreas relativas a la ayuda internacional en la lucha contra el hambre, en materia sanitaria, o en programas relacionados con la promoción del género o el desarrollo de comunidades locales.

Del mismo modo, son también elegidas por varias organizaciones internacionales del sistema de las Naciones Unidas para la implementación de programas de cooperación técnica y por las compañías multinacionales para llevar adelante sus campañas filantrópicas.

El hecho de que sean organizadas directamente por sus miembros y que movilicen el interés y compromiso de un gran número de voluntarios les confiere un estatus especial para los organismos públicos y/o privados que buscan validar sus programas de cooperación comunitaria o de responsabilidad social.

Su crecimiento ha sido exponencial en las últimas décadas y sus intereses abarcan una cantidad de áreas cada vez mayor, como mayor es el número de sus integrantes y el número de países donde tienen presencia.

Lenta, pero sostenidamente, las Organizaciones No Gubernamentales se están convirtiendo en un factor de poder a la hora de definir legislación y administrar recursos en las materias que han definido como sujeto de su accionar específico y es muy probable que ese rol se fortalezca en el futuro hasta formar parte relevante de la nueva economía.

Las nuevas compañías multinacionales de los países emergentes

Se estima que en el mundo operan más de cien mil compañías multinacionales, con presupuestos que superan, muchas veces, los de algunos estados nacionales. Una gran cantidad de estas compañías, nacidas en las economías más dinámicas y desarrolladas del siglo XX, tiene hoy en día empleados en muchos países del mundo y estudian mudar sus cuarteles generales –cuando no lo han hecho ya– hacia las nuevas economías emergentes de Asia.

Parece una decisión inteligente si tomamos en cuenta que las tendencias de mercado parecen indicar que un cambio fundamental se está gestando ya que, en un mundo más abierto e integrado, las economías emergentes están originando sus propios gigantes empresarios.

De acuerdo con los reportes internacionales especializados en la materia los flujos internacionales de inversión ya no fluyen solo o principalmente entre las economías más avanzadas o desde ellas hacia los países emergentes. Crecientemente los flujos de inversión fluyen desde las economías emergentes hacia los países avanzados y también entre las propias economías emergentes.

En los 18 años que cuentan entre 1990 y 2008 los flujos de inversión directa desde los países emergentes pasaron del 5% al 16% del total mundial. En el año 2006, por ejemplo, la participación de las economías emergentes en el total de operaciones de este tipo a nivel global alcanzó el 14%, representando más de 123 billones de dólares distribuidos en más de 1000 acuerdos.

La nuevas compañías multinacionales originadas en las economías emergentes están llegando al liderazgo de la nueva economía desde orígenes previsibles como China o India. Pero también florecen en contextos menos obvios como Brasil, Rusia, México, Egipto o Sudáfrica. Están sacudiendo sectores enteros, desde equipamiento agrícola y refrigeradores hasta aviones y servicios de telecomunicaciones, al mismo tiempo que cambian las reglas de competencia global.

A diferencia de los conglomerados japoneses y coreanos que se beneficiaron de la protección doméstica antes de salir a competir al mundo, estos nuevos gigantes son compañías que han prevalecido en la competencia local, en sus propios países, contra empresas nacionales y multinacionales occidentales. Como resultado de este proceso, estos nuevos líderes de la nueva economía pueden ganar dinero a precios jamás vistos en los mercados europeos o norteamericanos.

Las nuevas instituciones

Las instituciones son leyes, normativas y costumbres sociales que regulan las relaciones entre los agentes económicos. Es preciso distinguirlas de las organizaciones. No tienen nada que ver con los organismos o entidades –como las corporaciones o sindicatos– que normalmente operan en la economía.

Las instituciones, entendidas como normas y regulaciones, han sido objeto de estudio durante mucho tiempo por parte de los especialistas, debido a que definen los costos de transacción de cualquier economía. Su cumplimiento demanda normalmente unos gastos e inversiones que establecen el costo de participar en los mercados, a través del transporte, de los seguros, de los canales de comercialización, etcétera.

Por eso mismo que resulta relevante entender cuál es el nuevo set de regulaciones que posiblemente alumbrará la nueva economía.

Las redes

En la nueva economía las transacciones no ocurren solo ni principalmente en los mercados sino que de manera creciente, el espacio tradicionalmente ocupado por estos últimos se ve invadido por redes de productores, consumidores, proveedores y usuarios que intercambian entre sí información y hacen negocios.

Los mercados, "locus" típico de la economía industrial, donde el consumidor y el productor intercambian bienes y servicios, ya no reinan solos en el ámbito de las transacciones comerciales. Su papel se ha visto paulatina, pero consistentemente, complementado por el de los distintos tipos de redes que operan en la nueva economía.

Esas redes, a diferencia de los mercados, no operan en un lugar físico definido sino que se desenvuelven en el ciberespacio, no tienen –a priori– un horario de funcionamiento definido y su alcance no está necesariamente delimitado por un tipo de transacción o producto.

Este es un fenómeno que lleva ya varias décadas y que se ha visto posibilitado por el progreso de las tecnologías de la información y el abaratamiento de los costos de transporte y comunicaciones.

Ya en el año 2000, el sociólogo Manuel Castels, de la Universidad de California en Berkeley, identificaba cinco tipos distintos de redes, integradas por los *proveedores* (que son subcontratados para suministrar desde el diseño hasta la manufactura de partes, componentes y productos finales); *productores* (que agrupan recursos humanos y financieros para mejorar su capacidad de competencia); *clientes* (que incluyen distribuidores, canales de venta, usuarios, etc.); *coaliciones típicas* (que buscan promover la adopción de estándares) y redes de *cooperación tecnológica* (Jeremy Rifkin, *La era del acceso*, Paidós, 2000).

En la actualidad, más allá de los ejemplos citados, hay redes resultantes de la simple interacción de millones de individuos que, movilizados por intereses similares, comienzan a formar verdaderas comunidades de personas que recomiendan actividades, productos y servicios y que se rigen por patrones comunes a la hora de tomar decisiones económicas y sociales.

Ya no se trata de redes de empresas que se reúnen para interactuar de uno u otro modo; hoy en día esa interacción y coordinación incluye a millones de usuarios que están creando las bases de las instituciones de la nueva economía.

A diferencia de los mercados, las redes no están sujetas a regulaciones o mecanismos de supervisión. Por su propia naturaleza, al no quedar circunscriptas a un lugar determinado, es difícil establecer qué autoridad debería regularlas y quién tiene la responsabilidad de supervisar su desempeño. Las redes existen en el ciberespacio, derribando fronteras, límites y definiciones solo aplicables en la economía del siglo xx, que estamos dejando atrás.

Sin ninguna duda, las "redes" representan un concepto mucho más inasible que el de "mercado" de la era industrial. Son más etéreas, intangibles, atemporales y extensas.

La idea de un conjunto de personas que concurre en un horario determinado a un lugar preciso, para intercambiar sus derechos de propiedad sobre cosas o actividades (mercados) está quedando atrás rápidamente y en su lugar emergen comunidades de usuarios y conjuntos de empresas que intercambian a toda hora y en cualquier lugar derechos de uso o acceso a servicios

–aunque algunos de esos servicios, como la telefonía o las noticias, impliquen la asignación temporal de bienes físicos– (redes).

Los mercados son regulados por autoridades locales o nacionales, que establecen los horarios y condiciones de funcionamiento, los impuestos que los gravan y los requisitos impuestos a los operadores para proteger a los clientes y consumidores, pero, ¿quién debe cumplir ese rol cuando se trata de redes?

Sabemos, por ejemplo, quién regula el mercado financiero, qué reglas deben cumplir quienes prestan dinero, en qué horario operan los bancos y qué ocurre si dejamos de pagar un préstamo. Son las reglas de la economía del siglo XX.

Hoy en día, sin embargo, el auge del llamado "negocio de los préstamos de persona a persona" (P2P), por ejemplo, nos hace reflexionar sobre cómo funcionarán estas interacciones en la economía de redes, cuando un portal de internet puede conectar casi dos millones de personas que quieren tomar préstamos o invertir dinero por varios centenares de millones de dólares.

Los derechos de uso y acceso

Desde sus inicios, la ciencia económica ha ubicado los derechos de propiedad en el centro de sus análisis. El mismísimo Adam Smith nos explicaba que la búsqueda individual por maximizar el beneficio –donde cada uno adquiere los bienes y servicios más apropiados para satisfacer sus preferencias– es la mejor garantía de alcanzar una asignación de factores óptima para la sociedad en su conjunto.

En ese marco, asignamos nuestros ingresos a la adquisición de bienes y servicios (en el sentido de excluir a otros de su uso) que satisfacen nuestras preferencias de la mejor manera posible en un contexto de escasez, es decir, en un contexto donde nadie –o tal vez muy pocos– puede adquirir todo lo que quisiera.

En efecto, son derechos de propiedad lo que intercambiamos en los mercados. Productores y consumidores convergen en ese "locus" para comerciar sus propiedades a un cierto precio.

La naturaleza de la propiedad, sin embargo, está cambiando en la nueva economía. Ya no se trata de adquirir bienes por la utilidad que tienen en sí mismos sino por la posibilidad de uso o acceso a ciertos servicios que nos ofrecen.

El ejemplo más sencillo para ilustrar este punto es, probablemente, internet. A todos nos gustan los nuevos diseños de computadores y teléfonos móviles pero ya no los vemos únicamente como productos en sí mismos sino más bien como un bien intermediario imprescindible si queremos participar de la vida en el ciberespacio.

Internet no es un producto que pueda comprarse (en el sentido clásico del derecho de propiedad, excluyendo a otros de su uso); no le pertenece a nadie en particular, simplemente está allí, proveyendo lo que hoy en día representa la plataforma de conexión interpersonal más grande que la humanidad haya conocido, operando a un costo muy bajo y de manera prácticamente instantánea.

Por eso postulamos que, en la nueva economía, no solo existen los derechos clásicos de propiedad sino que, paulatinamente, como ocurre con los mercados y las redes, surge una nueva forma de relacionarnos con los bienes y servicios a través de derechos de uso y acceso.

El surgimiento de este nuevo tipo de derechos es tan fuerte y tan rápido que está revolucionando la forma en que las empresas ven a sus clientes y lo ha estado haciendo por la mayor parte de la última década.

Una cantidad creciente de empresas ya no centran su atención en el producto que fabrican o en el servicio que ofrecen sino en el tipo de relación y vinculo que establecen con el cliente. En ese contexto, sus productos y servicios no son otra cosa que instrumentos para forjar una relación a largo plazo, lo más estable y duradera posible.

¿Quién no ha tratado de dar de baja su servicio de telefonía celular y se ha encontrado con ofertas para mantenerse relacionado con la compañía por una fracción del abono que venía pagando?

Ese es exactamente el tipo de estrategia que las empresas que operan en la nueva economía están llevando adelante para maximizar sus utilidades. Y es el tipo de relaciones que deberán ser regulados en la nueva economía.

Varios fallos judiciales han establecido, por ejemplo, que las empresas telefónicas incurren en un abuso cuando exigen plazos mínimos de uso del servicio para aceptar los deseos de sus clientes de darse de baja de los mismos.

Asimismo, en varios países, los gobiernos han decidido regular el acceso a los contenidos de internet y a la red misma debido a cuestiones de naturaleza política.

Está claro que un cuerpo de nuevas regulaciones se está gestando y que afectará los derechos de uso y acceso, tan populares y necesarios en la nueva economía como lo fueron los tradicionales derechos de propiedad en la economía agrícola e industrial.

Este cuerpo de instituciones solo puede aumentar en un contexto donde muchas empresas, alentadas por sus especialistas de *marketing*, trabajan desde hace ya casi una década con el concepto "valor de la esperanza de vida".

Según este enfoque, no es necesario concentrarse en transacciones puntuales sino esforzarse en asegurar y mercantilizar las relaciones con el cliente a lo largo de toda su vida; entonces, el potencial comercial de captar una parte de los gastos de esa persona es proporcional a su duración estimada como consumidor (Jeremy Rifkin, *La era del acceso*, Paidós, 2000).

Esto explicaría los esfuerzos de las empresas por captar clientes a muy temprana edad, con clubes de membresía para niños en hoteles y aerolíneas y hasta en los servicios específicos provistos por ejemplo por Itunes.

Todo este proceso también afecta los ciclos de vida de los productos físicos que utilizamos para acceder a estos servicios. La velocidad de los cambios tecnológicos, las nuevas funciones y los nuevos programas nos imponen la renovación de ciertos productos –como notebooks, netbooks y sobre todo, Ipads, Ipods y otros vinculados con las comunicaciones como los teléfonos celulares– en plazos cada vez más cortos.

En promedio, la vida útil de estos aparatos se viene reduciendo permanentemente en la última década de manera pronunciada y es posible que en el futuro solo sean adquiridos en esquemas de *leasing* o alquiler.

Es posible, incluso, que en el futuro dispongamos de versiones económicas de estos productos diseñadas específicamente para un solo uso, como ocurre hoy en día con las cámaras de fotos de rollo único, que compramos solo para una ocasión y que se descartan en el momento del revelado.

Los intercambios y las preferencias en el ciberespacio

Como señalamos en la sección previa, incluso los fundadores de la economía como disciplina pusieron las preferencias del sujeto económico –el individuo consumidor– en un lugar preponderante y lo hicieron porque esas preferencias explicaban –como lo hacen hoy– la asignación que cada individuo hace de sus recursos, por definición, escasos.

Mapear esas preferencias es una antigua ambición de los economistas, ya que semejante información permitiría entender mejor la mecánica de la asignación de recursos y por ende, el óptimo estadio de equilibrio para la sociedad en su conjunto.

Esa ambición los llevó a generar, en el ámbito de la Microeconomía, el concepto de "función de utilidad" que mide la satisfacción o utilidad obtenida por un consumidor cuando disfruta de cierta cantidad de bienes. Dicha función se deriva de ciertos supuestos, tales como que sea completa, reflexiva, transitiva y continua.

A partir de una función de utilidad se pueden formular curvas de indiferencia, que representan todas las cestas de bienes y servicios que tienen el mismo valor para esa función de utilidad dada.

Por supuesto, quienes trabajaron en la formulación de estas teorías no contaban con el fabuloso volumen de información proporcionado por la simple interacción de millones y millones de consumidores con los motores de búsqueda en internet. En la actualidad, considerando sólo el buscador más popular, Google, se registran más de 31 billones de búsquedas de material por internet al mes.

Esta no es exactamente una información que revele las preferencias de un consumidor en el sentido estricto en que las estudia la Microeconomía a través de la función de utilidad pero, en la medida en que las redes tengan un papel más relevante en los intercambios y los derechos de uso y acceso continúen ganando espacio frente a los derechos de propiedad, es posible que los registros que dejan nuestras interacciones con los buscadores de internet así como nuestros correos electrónicos y otras actividades cotidianas en el ciberespacio generen al menos una base de datos de nuestros intereses e intenciones.

Por supuesto, las búsquedas incluyen los asuntos más diversos, desde información sobre enfermedades hasta material musical e intercambios sobre el desempeño de personas, productos y servicios. Pero de una manera u otra, nuestras interacciones con los motores de búsqueda definen, cuando menos, una base de datos de intereses personales.

En la medida en que el comercio electrónico crezca y una mayor cantidad de personas tenga acceso a las tecnologías digitales nos acercaremos mucho a la formulación de un mapa de preferencias del consumidor.

Ahora bien, ¿a quién pertenece esa información? ¿Quién es el propietario de las "huellas" que dejamos en nuestra interacción con internet?

Ciertamente, cuando trabajamos a solas con nuestra computadora, Ipad, Ipod o teléfono tenemos la sensación de que nuestros correos, mensajes y búsquedas son solo nuestros y forman parte de nuestra intimidad. Sin embargo, de manera cada vez más frecuente, esa información se transforma en material de inteligencia comercial.

Los medios de comunicación sociales, a su vez, como Twitter y Facebook, están invirtiendo la lógica de relación entre los consumidores y los productos y servicios. En la economía del siglo XXI los consumidores salían a buscarlos; en la nueva economía, los productos y servicios encuentran en la red a los potenciales consumidores.

Por eso mismo, la información que creemos reservada, acerca de nuestras búsquedas e interacciones en el ciberespacio, constituye un yacimiento importantísimo para los actores de la nueva economía.

Es un campo incluso ya hoy en día susceptible de requerimientos por parte de las autoridades de seguridad (como ocurre en los Estados Unidos donde, de acuerdo con las leyes vigentes, puede solicitarse a los buscadores como Google que reporten quiénes han visitado sitios vinculados con actividades peligrosas o calificadas de terrorismo) y, tarde o temprano, formará parte de las nuevas instituciones de la economía del siglo XXI.

El aparato burocrático

Aun cuando entendamos las instituciones en los términos propuestos aquí, es decir, como leyes, normativas y costumbres sociales que regulan las relaciones entre los agentes económicos generando unos "costos de transacción", no debe perderse de vista que su aplicación concreta en la vida cotidiana descansará siempre en un cuerpo administrativo-burocrático que regula su implementación así como en un sistema judicial que obliga su cumplimiento.

Eso significa que las personas que integran ese cuerpo o ese sistema, ya sea como funcionarios públicos, magistrados, personal técnico u oficiales administrativos, jugarán algún rol y tendrán influencia en la forma en la que un conjunto determinado de instituciones afectan de manera concreta la vida cotidiana de ciudadanos y empresas.

Existen innumerables casos en que la aplicación de las mismas instituciones genera resultados diversos en épocas distintas.

Por ejemplo, algunos autores norteamericanos han postulado que el cambiante balance en la aplicación de las legislaciones de "defensa de la competencia" (o leyes antimonopolio) y las leyes de protección de la propiedad intelectual (que refuerzan la posición de una empresa frente a su eventual competencia) ha influido decisivamente en el desarrollo tecnológico y la diseminación de conocimiento en su país facilitando o restringiendo el acceso de la gente a la tecnología y permitiendo o demorando el surgimiento de nuevas compañías.

Las nuevas reglas

Está claro que en este contexto, con nuevos actores y nuevas instituciones, no se puede esperar que la economía se rija por las mismas reglas del siglo XX.

La presión competitiva, la exclusividad de los métodos de producción y de los conocimientos tecnológicos y la forma de administrar los recursos humanos típicos de la economía del siglo pasado deberán dar lugar a las nuevas reglas, necesarias para el desarrollo de una nueva economía basada tanto en redes como en mercados, donde actúan prosumidores y cadenas globales de valor y donde los derechos de propiedad se complementan con derechos de uso y acceso, tan importantes como los primeros.

Estas reglas no están escritas ni forman parte de un conjunto formal de regulaciones pero describen la forma en la que, normalmente, se organizan las compañías, se ejercen los derechos de propiedad o se relacionan los distintos actores de la economía.

Cooperación

En la nueva economía el valor de la cooperación de los funcionarios y empleados de una compañía e incluso de profesionales externos a la misma que trabajan en sus áreas de interés (como por ejemplo, Investigación y Desarrollo, Marketing o Servicios postventas) será cada vez mayor.

No hay duda que las estructuras jerárquicas continuarán predominando en materia de gobierno corporativo pero los esquemas colaborativos y voluntarios, generados a partir de intereses y estrategias compartidas continuarán ganando terreno –como lo vienen haciendo en los últimos años– en aquellas empresas que buscan mejorar su eficiencia, desarrollar nuevos productos y ganar participación de mercado en la nueva economía.

En parte por la disponibilidad de nuevas tecnologías de la información que permiten habilitar la participación de individuos localizados en lugares distantes, así como por la emergencia de nuevos actores (que, como hemos visto en la sección precedente para el caso de las cadenas de valor o las ONGs, se nutren de la disponibilidades de habilidades y talentos de empresas e individuos alrededor del mundo) los rígidos liderazgos jerárquicos dejan su lugar a los líderes por competencias, que están más capacitados para movilizar esfuerzos extra, tanto entre los empleados formales de la compañía cuanto de los potenciales ejércitos de colaboradores virtuales interesados en el campo en el que trabaja su industria o en una tarea determinada.

"Colaborar" en los términos de estos comentarios tiene un sentido más amplio y, a la vez, más preciso; significa trabajar en conjunto en el desarrollo de un producto o un servicio específico para un mercado determinado o para resolver un problema singular. Y abarca no solo los recursos humanos de la compañía sino todos aquellos que podamos convocar a participar voluntariamente de manera remunerada o no (usando no ya el sistema tradicional de sueldos sino, por ejemplo, sistemas de premiación para las colaboraciones más útiles o mejor calificadas) en el tema específico que nos ocupe.

Apertura

Para que los esquemas colaborativos se desarrollen es siempre mejor permitir la libre circulación de información e ideas. Sería muy difícil obtener la participación de la gente en proyectos, metas y estrategias que desconoce, o de las cuales solo es posible obtener información parcial o segmentada.

Por supuesto, la tradicional organización jerárquica de gobierno corporativo asocia el nivel y manejo de información en la empresa con los niveles de poder y el estatus gerencial. Pero las organizaciones modernas están reconsiderando este saber convencional a la luz de las complejidades de un mundo donde el poder es cada vez más fluido, los mercados y consumidores menos predecibles, las discontinuidades más frecuentes y el proceso de cambio más difícil de controlar.

¿De qué sirve clasificar los niveles de acceso a la información si el cambio de las condiciones de mercado y el desarrollo de productos fluye tan rápidamente que no pueden ser "controlados" por un grupo reducido de jerarcas organizacionales?

Adicionalmente, en la era digital, el mundo es cada vez más transparente, los consumidores son más conscientes acerca del verdadero valor y características de los productos que eligen (informando con ese material su sistema de preferencias) y los empleados disponen de un nivel de conocimiento muy alto acerca de los problemas, ventajas y estrategias de sus empresas.

Más información y no menos es lo que sirve en la economía moderna para ganar posiciones y evitar conflictos y potenciales problemas. La reciente crisis financiera (2007-2008) y los productos financieros derivados tan característicos de ella han dejado en claro que el secretismo y la complejidad pueden generar mucho dinero pero tienen también un alto potencial destructivo.

En campos como el medio ambiente y la protección de los recursos naturales (donde el potencial destructivo de la sobreexplotación se libera solo en largos períodos de tiempo), por ejemplo, la difusión de información es esencial para enlistar grupos de trabajo voluntario y comprometido cuyo número de adherentes crece cada día, así como para la elaboración de soluciones locales a problemas relacionados con la temática.

La dinámica de la nueva economía está obligando a las empresas a revisar mucho más que sus tradicionales estructuras jerárquicas de gobierno corporativo. Las está llevando a reevaluar sus políticas de protección de la propiedad intelectual y de marcas registradas.

Ya en 2007, el laboratorio Novartis puso su investigación primaria acerca de la base genética de la diabetes tipo 2 en internet, haciendo pública de esa manera una investigación en la que invirtió millones de dólares durante tres años. Sin duda, un paso nunca visto en la industria farmacéutica hasta entonces.

La información está ahora disponible sin costo alguno para cualquier científico que quiera visitarla, incluso para los competidores de Novartis. Compartir la propiedad de los activos (en este caso intelectuales) puede ser una necesidad en la nueva economía, que se desempeña en un contexto de cambios vertiginosos y profundos. Hacer las cosas más rápido y de manera más efectiva, explotando los costos de escala de una economía interconectada, puede requerir que las compañías –de una manera inteligente y estratégica– se vean interesadas en compartir recursos que hasta ahora manejaban en exclusividad.

Interdependencia

La crisis financiera de 2007-2008 es el primer ejemplo que viene a la mente cuando se trata de explicar las interconexiones de un mundo crecientemente globalizado e integrado.

Un problema local, circunscripto al desempeño del 10% del mercado de hipotecas de segunda calidad (sub-prime) en los Estados Unidos desencadenó la crisis financiera internacional más importante desde 1930.

Y lo hizo a través de las interconexiones desarrolladas por los mercados financieros por medio de sofisticados productos financieros y la integración de la economía.

En una escala visible solo a través de períodos de tiempo más largos encontramos desafíos similares en la administración de los activos medioambientales.

En este caso no solo afectamos la calidad de vida a través de la disponibilidad o abundancia de estos activos en uno u otro lugar del mundo en un momento histórico dado, sino que lo hacemos también a través del tiempo condicionando la vital riqueza disponible en este campo para futuras generaciones.

Estos ejemplos nos muestran que los actores de la nueva economía carecen de margen para pensar estrategias empresarias basadas en la consecución de objetivos individuales aislados. En un mundo globalizado e integrado los factores que influyen sobre las políticas de nuestra compañía son innumerables y su control está fuera de nuestro alcance.

Si queremos tener éxito a largo plazo tendremos que ser capaces de atender un cliente que puede estar localizado en cualquier lugar del mundo. Para triunfar en los negocios dependeremos más y más de las decisiones que tomen otras compañías y de regulaciones de gobiernos y culturas que no nos resultan familiares.

Estos niveles de interdependencia están comenzando a condicionar el proceso de toma de decisiones empresarias y lo harán aún más en el futuro, afectando la forma en que las empresas y las cadenas de valor construyen su reputación global y se relacionan con las sociedades en las que ofrecen sus productos y servicios.

Algunas manifestaciones de este proceso son los programas de responsabilidad social corporativa y los acuerdos globales para empresas, como el que promueve las Naciones Unidas, a través del "Global Compact". A través de este último mecanismo, por ejemplo, las compañías se comprometen a respetar ciertos estándares básicos en materia de trabajo infantil (en el sentido de eliminarlo y denunciarlo), protección del medioambiente y respeto a los derechos humanos.

Multiplicidad

En un contexto cada vez más interdependiente, las empresas y los gobiernos que operan en la nueva economía tendrán que enfrentar el desafío de coordinar y alcanzar múltiples objetivos que, muchas veces, pueden resultar contradictorios.

¿Cómo puede una empresa, a la vez, globalizar sus operaciones y prestar más atención a la necesidad local de sus consumidores en una ciudad específica? ¿Será posible para los gobiernos articular los objetivos de su política económica/monetaria para mantener bajo el nivel de inflación y alto el de empleo?

El desempeño de los actores de la nueva economía estará signado por su capacidad de articular objetivos aparentemente contradictorios y, eventualmente, alcanzarlos.

Es el rasgo distintivo de una economía que se globaliza e integra cada vez más rápidamente y que, por lo mismo, desata temores en diversas comunidades locales y las motiva a recostarse en sus tradiciones particulares.

Los gobiernos europeos, por ejemplo, embarcados desde hace décadas en el proceso de construcción de una identidad e instituciones verdaderamente continentales, se enfrentan cotidianamente a los reclamos de sus municipios y autoridades regionales por más autonomía. Esos reclamos se explican esencialmente en la necesidad de esas comunidades de sentir que recuperan el control de sus destinos, precisamente cuando la globalización de la economía genera un entorno menos controlable.

Es interesante observar que las mismas comunidades que reclaman una cierta –a veces muy considerable y otras casi total– independencia de sus gobiernos nacionales se presentan a las instituciones europeas para participar por cuenta propia en el proceso de integración supranacional.

Esta necesidad de lidiar con objetivos múltiples –y muchas veces contradictorios– probablemente reforzará la tendencia a organizar esquemas de interacción colaborativos y abiertos y a compartir información y activos en un mundo cada vez más interdependiente.

Los sectores emblemáticos

Las economías de todos los tiempos tienen algunos sectores que, por su preeminencia y visibilidad, se convierten en emblemáticos, capturando la esencia del dinamismo de una época. Por ejemplo, es fácil identificar la industria automotriz con la era industrial.

La lista que presentamos a continuación tiene carácter descriptivo y no pretende agotar la clasificación o descripción de los sectores que lideran la nueva economía, pero sí rescatar su carácter y personalidad, signada por la innovación y el cambio técnico.

La intención principal de esta sección es la de reconocer la centralidad de las tecnologías de la información y las telecomunicaciones en la emergencia de la nueva economía, en un contexto de fertilización cruzada con otros campos de la ciencia y otras tecnologías, que contribuyen de manera significativa a definir su naturaleza.

Informática y telecomunicaciones

Es el sector bandera por excelencia de la nueva economía y el que disparó las primeras consideraciones acerca de la emergencia de una nueva realidad productiva y económica. Hemos hablado de ellas constantemente a lo largo de estas notas.

Su progreso puede resumirse en tres olas de innovaciones, sucesivas y complementarias. La primera liderada por las empresas de hardware como IBM, la segunda encarnada en las empresas de software del tipo de Microsoft, Apple y Oracle y la tercera representada por las compañías de internet como Amazon, Google, Ebay y Yahoo.

Cada una de esas tres oleadas ha sacudido —en diferente grado— los cimientos de la comunidad de negocios. Sus múltiples impactos en el complejo industrial-empresario han transformado radicalmente las formas de producir y consumir potenciando las capacidades individuales y cambiando las prácticas corporativas.

Dicha revolución tecnológica ha sido responsable por un fenomenal salto en la productividad de las economías avanzadas así como de proveer una esperanza cierta de acelerar el crecimiento de los países de desarrollo intermedio y de menor desarrollo relativo.

Las tecnologías informática y de telecomunicaciones han permitido la internacionalización de los procesos productivos a partir de una reducción en los costos de conectividad física y virtual, al tiempo que han permitido la emergencia de cadenas globales de valor y redes mundiales de producción.

Una innovación constante hace prácticamente imposible establecer el momento en que estas tecnologías alcanzarán su período de maduración, ya que periódicamente se desarrollan nuevas aplicaciones que amplían el alcance y la capacidad de generación de negocios a partir de ellas.

Biotecnología

La biotecnología, entendida como explotación de la biología, probablemente ha estado en uso por siglos, por ejemplo, para la producción de cerveza, vino, queso y otros alimentos y bebidas. Es posible incluso que los sumerios y babilonios que rondaban la Mesopotamia asiática en el siglo VI antes de Cristo o los egipcios en el siglo IV fueran sus primeros consumidores.

La "nueva biotecnología" que comienza en los años 1970s y 1980s cuando los científicos aprenden a alterar la constitución genética de organismos vivos –fuera de las técnicas habituales de cruzamiento– produjo una verdadera revolución y un renacer de una ciencia llamada a transformar la producción de bienes y servicios.

Esta revolución abarca todas las formas de modificación genética por recombinación de ADN y las técnicas de fusión de células, incluyendo los modernos desarrollos de la biotecnología tradicional. La adquisición de esos conocimientos fue posible gracias a la introducción de disciplinas como la física, la química y las matemáticas en el estudio de la biología –a partir de 1945– facilitando la descripción de procesos vitales a escala molecular y celular.

El impacto de estos cambios abarca el amplio abanico de disciplinas en las que abreva la biotecnología, tales como la microbiología, la bioquímica, la biología molecular, la biología celular, inmunología, ingeniería de proteínas, enzimología y un amplio espectro de procesos biológicos.

Prueba reciente ha sido la decodificación del genoma humano y los nuevos servicios médicos que comienzan a ofrecerse a partir de ello. Algunos pacientes (incluso celebridades) están tomando decisiones quirúrgicas preventivas en base a predicciones basadas en estas nuevas metodologías.

En el mismo marco se encuadra la reciente "creación" del primer microorganismo sintético, es decir, el primer microorganismo viviente que no puede rastrear su origen, como el resto de los seres vivos sobre el planeta a una única molécula orgánica original, fuente de toda la vida conocida.

Es muy probable que la biotecnología, debido al potencial de sus aplicaciones en la producción de alimentos y productos farmacéuticos ocupe un lugar sumamente destacado en la nueva economía.

No sería incluso descabellado asignarle en el siglo XXI el mismo lugar que tuvieron la física y la química en el siglo XX en materia de descubrimientos, aplicaciones y contribuciones concretas con el desarrollo de nuevos productos y mercados.

Nanotecnología

Aun cuando la nanotecnología enfrenta un largo camino para definir la escala y relevancia de sus contribuciones a la sociedad y hoy todavía vuelca pocos productos en el mercado, esta disciplina tiene el potencial para modificar los patrones de producción y consumo en materia de aplicaciones médicas, medioambientales y muchos otros, incluidos sectores tradicionales como la industria textil, del calzado, automotriz y de la construcción.

La nanotecnología es el estudio, diseño, creación, síntesis, manipulación y aplicación de materiales, aparatos y sistemas funcionales a través del control de la materia a una escala menor que un micrómetro, es decir a nivel de átomos y moléculas (definidos por esta disciplina como nano-materiales)

Al igual que la biotecnología, la característica principal de la nanotecnología es que constituye un ensamblaje interdisciplinario, abarcando varios campos de las ciencias naturales altamente especializados, como la física y la química o la medicina, ciencia en la que esta disciplina parece destinada a realizar sus más inmediatas y relevantes contribuciones.

La nanotecnología avanzada –a veces también llamada fabricación molecular– se especializa en la ingeniería de nanosistemas (máquinas a escala nanométrica) operando a nivel molecular. Las propiedades de estos productos dependen de la forma en que los átomos estén dispuestos. Por ejemplo, la reubicación de los átomos de grafito de la mina de lápiz (compuesto por carbono básicamente) permitiría, hipotéticamente, obtener diamantes (carbono puro cristalizado).

Su rol interdisciplinario y la dinámica innovadora de su desarrollo hacen prever que la nanotecnología tiene el potencial para convertirse en un importante sector de la nueva economía.

Medio ambiente, energía renovable y producción sustentable

La importancia de la energía en la organización de la sociedad y el desempeño económico es difícil de sobreestimar. Prácticamente toda actividad humana consiste en transformar una forma de energía en otra (primera ley de la termodinámica) y no ha habido forma de producción alguna en la historia que no dependa del precio y las características del abastecimiento de energía.

A partir de 1930 el petróleo ofreció una fuente de energía barata. Una economía global en expansión, sin embargo, que registra el arribo de importantes jugadores a la vanguardia del sistema productivo (China, India, etc.), encuentra renovadas presiones sobre la estructura y dinamismo de su ecuación energética debido a los constantes aumentos de demanda y a la evolución de las reservas de los distintos tipos de combustibles fósiles.

Adicionalmente, la concentración geográfica de los yacimientos de petróleo en unas pocas regiones del planeta genera preocupaciones, que se han materializado en alguna medida a partir de las "revoluciones" y movimientos sociales que tuvieron lugar en la zona en los últimos años.

Hace tiempo que un creciente número de expertos relaciona el consumo típico de energía actual con el marcado proceso de deterioro del medioambiente, generando una justificada preocupación por la sustentabilidad a largo plazo de la matriz de producción mundial de bienes y servicios. La respuesta internacional a ese proceso se inició en 1992, con la Convención de las Naciones Unidas sobre el Cambio Climático (CMNUCC).

La misma tiene por misión sensibilizar a la opinión pública y aumentar los conocimientos sobre los desafíos y obstáculos que enfrenta el problema de la mitigación del cambio climático. Paralelamente, la Convención establece un marco para la adopción de medidas destinadas a estabilizar las concentraciones atmosféricas de gases efecto invernadero y así prevenir la peligrosa interferencia humana en el sistema climático.

En gran medida estos esquemas han sido resumidos en el Protocolo de Kyoto y la organización de los Mercados de Carbono, el primer intento serio por asignar un precio a la emisión de dióxido de carbono.

En la práctica el problema se relaciona cada vez más con la necesidad de rediseñar los sistemas productivos para que sean no-contaminantes por definición, es decir, reorganizar un sistema productivo que contamina por diseño tratando luego los residuos que produce y tratar de reemplazarlo por uno que trabaje con materiales reutilizables o autodegradables por definición. La línea de base de toda esta discusión es la asignación de un valor al capital natural compuesto por los activos medioambientales.

Calculados a su tasa normal de reproducción el sistema productivo mundial de bienes y servicios ha requerido una vez y media los recursos naturales mundiales en el año 2007. Se estima que tan pronto como 2030, podrían demandarse recursos naturales equivalentes a dos planetas tierra para abastecer los niveles de producción y consumo que se esperan para entonces.

Por esa razón, se debate intensamente sobre la mejor manera de contabilizar el deterioro del medioambiente y la utilización de los recursos naturales en los sistemas de contabilidad nacional.

Algunos países (como Holanda) publican cifras relacionadas con esta problemática regularmente y otros han evaluado cuánto reduciría sus niveles de crecimiento la potencial contabilidad del deterioro de los recursos naturales (China, por ejemplo, véase Magariños, Fernández Medrano, Castrillón Dioses y Delgado, *Global Economic Symposyum*, 2010).

Esta situación ha disparado una permanente fuente de innovaciones tecnológicas y desarrollo de nuevos productos y procesos, como son las nuevas técnicas de explotación de combustibles fósiles, el desarrollo de nuevos mecanismos de almacenamiento y transporte de energía (como las celdas de hidrógeno) y el desarrollo de tecnologías destinadas a la producción de energías renovables. Estas últimas han tenido un desarrollo notable en las últimas tres décadas y prometen continuar su ascenso en los próximos años.

La relevancia de esta temática en un mundo en crecimiento productivo y poblacional augura un lugar de preeminencia para la producción sustentable, la protección del medioambiente y la generación de energías renovables en una nueva economía que, por definición, deberá ser menos intensiva –al menos en términos per cápita– en el uso de recursos naturales. Algunos expertos han caracterizado a este proceso como una "Tercera Revolución Industrial" (Rifkin).

Alimentos, agronegocios y el renovado interés por las materias primas

El aumento de la población mundial, el destacado incremento de los ingresos de los habitantes de países emergentes y exportadores de petróleo, la urbanización y la liberación comercial son algunas de las fuerzas detrás de los grandes cambios en la demanda de alimentos a escala mundial.

Esto ha impulsado el precio de las *commodities* agropecuarias a un nivel récord histórico generando además dos crisis alimentarias en los últimos años (2007-2008 y 2011) y ha colocado a los agronegocios como uno de los sectores de mayor rentabilidad, estimulando la oferta, la inversión y el desarrollo tecnológico a lo largo de toda la cadena de valor.

De alguna manera esta misma dinámica se replica en otras materias primas minerales, con una fuerte presión sobre los combustibles fósiles y hasta en la disponibilidad de recursos hídricos.

La Organización de Cooperación Económica al Desarrollo (OECD), la Organización de las Naciones Unidas para la Alimentación y la Agricultura (FAO) y otras organizaciones nacionales y multilaterales estiman que los precios de los *commodities* agropecuarios continuarán en ascenso por lo menos hasta la mitad de la presente década, fecha a partir de la cual es posible que se estabilicen en sus valores históricos debido a que las fuerzas subyacentes que impulsan la oferta agrícola adquirirían el peso suficiente como para compensar la demanda.

Adicionalmente, las tendencias de los mercados muestran una creciente importancia de las preferencias del consumidor por alimentos de mejor sanidad y calidad, que cuenten con certificaciones de origen y procesos, cuidando aspectos ambientales y de bienestar animal.

En definitiva, cada vez más, los productos del mercado alimenticio se diferencian por su valor agregado, grado de elaboración, presentación y sistemas de aseguramiento de la calidad, atributos diferenciales de los productos naturales, orgánicos y funcionales (con agregados de vitaminas y nutrientes).

El cambio de patrones de consumo hacia una dieta con mayor contenido proteico y comidas de mayor valor nutricional continuará afectando de manera positiva la demanda de aceites vegetales y carnes. La conversión de productos primarios en bienes semiprocesados o listos para el consumo final es uno de los negocios de mayor valor agregado y rentabilidad a nivel mundial.

En estos esquemas se requerirá el desarrollo de una eficiente coordinación técnica y económica de las actividades involucradas a lo largo de todo el proceso productivo generando progresivos encadenamientos industriales que impulsan la economía de manera global, generando fuertes externalidades con crecientes demandas de innovación y empleo calificado.

Paralelamente, el valor nutricional de los alimentos y el desarrollo del mercado nutracéutico tienen el potencial de alinear intereses y desarrollos de productos entre la industria alimenticia y farmacéutica.

Innovación y crecimiento en la nueva economía

¿Por qué sería relevante discutir qué dice la teoría económica acerca de la relación entre innovación y crecimiento a esta altura de nuestro análisis, aunque fuera muy brevemente? Después de todo, el desarrollo de la llamada "nueva teoría del crecimiento" no está directamente relacionado con el surgimiento de lo que hemos denominado "nueva economía" en el contexto de estas notas. Su desarrollo ha sido completamente independiente y obedeció a la evolución de las ideas en materia de crecimiento económico y al desarrollo de nuevos modelos teóricos.

La razón por la que semejante discusión se vuelve relevante radica en el rol que la nueva teoría del crecimiento asigna a los procesos de innovación y cambio tecnológico en el proceso de acumulación de capital y en el desarrollo económico.

La innovación y el cambio técnico aparecen, a su vez, como un rasgo distintivo en todos los "sectores emblemáticos" de la nueva economía.

De alguna manera, entonces, la nueva teoría del crecimiento y la nueva economía aparecen relacionadas por el rol central que juega en ellas la innovación y el cambio tecnológico para promover el crecimiento.

Por supuesto, no trataré aquí de reproducir discusiones teóricas acerca del desarrollo económico que pueden ser encontradas en muy buenos escritos sobre economía o en publicaciones profesionales especializadas en la materia. Una revisión de ese tipo requeriría, además de un tratamiento muy extenso que podría resultar poco apropiado para el limitado espacio disponible en estas notas, un talento que no es muy frecuente encontrar. Podría, por otra parte, resultar altamente controversial, debido a que los economistas todavía discuten sobre las fuentes del crecimiento y los motores del desarrollo.

Esas discusiones se encuentran en la gestación misma de la economía como ciencia. Economistas y otros profesionales de las ciencias sociales seguramente recordarán la pregunta de Adam Smith acerca de la riqueza de las naciones, en el trabajo fundacional que publicó para dar origen a la economía moderna.

Un siglo más tarde Alfred Marshall reiteraba que la búsqueda del crecimiento económico estaba en el centro de los intereses de los economistas y que la misma les proveía una motivación poderosa. Para todos ellos la acumulación de capital y el ahorro explicaban el crecimiento económico.

En esos tiempos la configuración geográfica del mundo conocido era muy similar a la actual, aunque la comunidad internacional de las naciones estaba integrada por un grupo relativamente pequeño de países (si se lo compara con el número actual de naciones independientes) que contaban con numerosos territorios coloniales de ultramar.

Estudiar el crecimiento económico de los países era en esa época –de la Revolución Norteamericana, de la Revolución Francesa y de la Revolución Industrial– una tarea peculiar considerando las materias primas y el trabajo esclavo provisto por las colonias.

La preocupación por determinar las fuentes del crecimiento y los motores del desarrollo económico se vuelve verdaderamente urgente en el período inmediatamente posterior a la Segunda Guerra Mundial que inaugura una era de "descolonización" por la cual las antiguas potencias hegemónicas se desprenden de sus territorios ultramarinos y dan lugar al surgimiento de un gran número de nuevas naciones, sobre todo en Asia, África y Oriente Medio.

La comunidad internacional creció en esa época desde un pequeño grupo de 60 países hasta alcanzar un número aproximado al actual, que cuenta con unas 200 naciones independientes.

¿Cuáles fueron las ideas acerca del crecimiento económico y el desarrollo que surgieron en esta época?

Trataremos a continuación de sintetizar las ideas principales discutidas a lo largo de estos años resaltando solamente las líneas de pensamiento más importantes sin declarar ganadores ni perdedores en una contienda intelectual que todavía está abierta.

No analizaremos aquí contribuciones sobresalientes al pensamiento sobre desarrollo económico hechas por grandes profesionales de los países del sur o para ellos, tales como Raúl Prebisch y Hans Singer (*Teoría del deterioro de los términos de intercambio*); Chandra Mahalanobis (desplazamiento de la inversión industrial hacia el sector de bienes de consumo doméstico); Paul Rosenstein Rodan (promotor del *Big Push Model*) o Ragnar Nurkse (*Círculo vicioso del subdesarrollo*), entre otros. Nos concentraremos solamente en la relación entre innovación y crecimiento económico.

El modelo Harrod-Domar (1946) provee la primera idea poderosa para los economistas de posguerra que trabajaban en el desarrollo económico de las naciones más pobres y sugería –de una manera sumamente abreviada– que el nivel de inversiones en un período dado determina el crecimiento de la economía en el período siguiente.

Es importante destacar que sir Roy Harrod y el señor Evsey Domar trabajaron en países distintos (Inglaterra y los Estados Unidos) en momentos distintos (1939 y 1946 respectivamente) y que, en particular este último, estaba estudiando las fluctuaciones económicas de corto plazo en los Estados Unidos.

Este enfoque, aun cuando fue descartado por alguno de sus autores como teoría de crecimiento, todavía informa hoy los análisis y las decisiones de importantes organismos multilaterales de crédito. No establece una relación clara entre inversión e innovación.

La segunda idea importante surgió una década más tarde (en 1957) y fue elaborada por Robert Solow, quien encontró que el crecimiento a largo plazo de los países solo podría ser explicado por la tasa de cambio tecnológico en una economía dada, debido a la ley de rendimientos marginales decrecientes.

Dicha ley estipula que el uso de unidades adicionales de un factor productivo (por ejemplo, capital o trabajo) permite incrementos menos que proporcionales del producto final. Por lo tanto, el crecimiento a tasa constante del producto no puede obtenerse como resultado del simple incremento en el empleo de los factores productivos.

Solow pensó entonces que solamente el cambio tecnológico que usará más eficientemente los factores (moderando, por ejemplo, los rendimientos decrecientes) permitiría alcanzar una tasa de crecimiento constante.

Para él, el proceso de cambio tecnológico no podía influirse fácilmente, ya que respondía a factores que no eran exclusivamente económicos, como por ejemplo, el desarrollo de las ciencias básicas.

La tercera idea a resaltar aparece unas tres décadas más tarde (1986/1987) gracias a Robert Lucas y Paul Romer y tiene dos componentes esenciales: a) la utilización de unidades adicionales de factores productivos puede estar sujeta a rendimientos crecientes en presencia de cambio tecnológico; y b) el cambio tecnológico no responde solo a factores no económicos sino que puede ser influido por las políticas públicas.

Economistas de todos los tiempos y diferentes escuelas de pensamiento podrían acordar acerca del rol central que juega la acumulación de capital en el proceso de crecimiento.

Lo que estas tres grandes corrientes de pensamiento revelan es cuánto se ha enriquecido la percepción acerca de los medios para alcanzar esa acumulación a través del tiempo.

Desde la simple fórmula de los ahorros domésticos suplementados por los recursos externos (en la forma de inversiones privadas provenientes del exterior) en la tradición de Domar hasta los descubrimientos más elaborados del modelo Solow donde la acumulación de capital debe ser articulada con el nivel de cambio técnico de la economía para sostener el crecimiento a largo plazo, el rol del conocimiento y la innovación fue creciendo a lo largo de los años.

Hoy en día el crecimiento de la productividad, la innovación y el desarrollo tecnológico son considerados por muchos como un medio de atracción y acumulación de capital y de crecimiento económico en sí mismos.

Siendo los sectores emblemáticos de la nueva economía tan intensivos en innovación y cambio técnico es razonable esperar que cualquier política de desarrollo deba, necesariamente, tomarlos en cuenta. Será una forma inteligente de participar de las cadenas globales de valor y las redes mundiales de producción y de atraer inversiones locales y extranjeras.

Participar de los procesos globales de creación de valor y de la innovación y el cambio técnico que demandan los sectores emblemáticos de la nueva economía –así como de las nuevas aplicaciones a los sectores más tradicionales de la economía industrial– disparará además un esfuerzo renovado para construir las capacidades sociales indispensables, en el campo de la educación, la salud, la ciencia y el sistema tecnológico, entre otros, por parte de las naciones con ambiciones de progreso para sus pueblos.

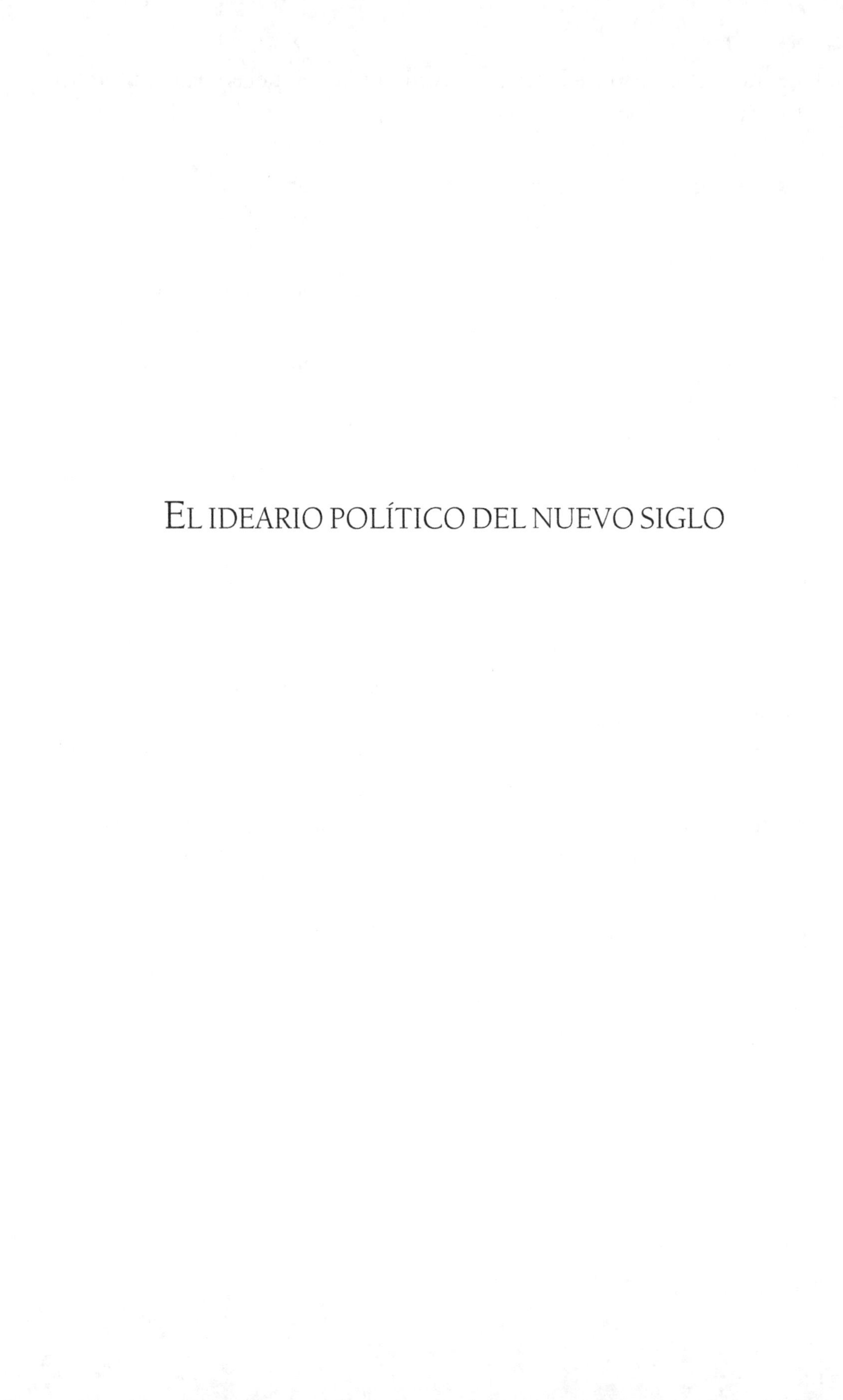

El ideario político del nuevo siglo

Salvaje. Tal es la calificación asignada con frecuencia al siglo XX. Un total estimado en 260 millones de muertos (6,5 veces la población de la Argentina) así parecen acreditarlo.

Aunque la humanidad no puede reclamar un pasado pacífico la escala, intensidad y alcance de las guerras, genocidios, conflictos internos y violaciones sistemáticas de los derechos humanos del siglo XX exhiben un nivel de brutalidad y violencia de proporciones nuevas, sin precedentes.

Solo en la primera mitad del siglo unos 90 millones de personas resultaron víctimas en conflictos internacionales (incluidas seis millones del Holocausto). En la segunda mitad otros 170 millones murieron como resultado de la represión de regímenes tiránicos y conflictos domésticos en un gran número de países y etnias.

La pérdida de esas vidas testimonia el enorme costo pagado por la sociedad civil para conquistar una nueva generación de derechos civiles, políticos y humanos durante el siglo pasado.

Lo notable es que ese enorme sufrimiento no es el resultado de una serie de fenómenos imprevistos o fuerzas incontrolables, sino más bien, para vergüenza de la raza humana, de la propia evolución de sus ideas y de las acciones que las mismas guiaron (Robert Conquest).

Conceptos y principios generales fueron convertidos, casi de manera insana, en valores absolutos e indiscutibles, dando lugar al surgimiento de totalitarismos, desatando guerras y desencadenando violaciones masivas a los derechos humanos.

Así, el siglo XX se convirtió en un campo de batalla de modelos político-económicos –como el nacional socialismo o el comunismo bolchevique– que intentaron formular soluciones definitivas (o, al menos, milenarias) para todos los problemas humanos.

En ese contexto sería incorrecto ignorar las muertes y el sufrimiento causados por el imperialismo capitalista cuando respondían, tanto a la dinámica planteada por la lucha ideológica cuanto a la búsqueda de fines económicos, saltando todas las regulaciones internacionales y respondiendo a sus instintos sin limitación alguna.

Los valores democráticos y la forma republicana de gobierno –que nuestra generación considera normales y asume como uno más de sus derechos naturales– lograron imponerse, de una manera trabajosa, en esa sangrienta batalla de ideas, y lo hicieron por un margen mucho menor del que todos imaginamos.

La democracia prevaleció sólo como resultado del sacrificio y la lucha de millones de personas y del compromiso de líderes modernos y sensibles a la opinión de las mayorías que trabajaron con lealtad y dedicación por la libertad política y el progreso social.

Con la caída del muro de Berlín en 1989, el sistema democrático alcanzaría su apogeo. El siglo XX, ese mismo siglo salvaje, terminaría siendo el mejor de los últimos veinticinco siglos para la democracia y la formas republicanas de gobierno.

Prueba de ello es el informe anual de 1999 sobre "Libertad en el Mundo" publicado por *Freedom House* (una entidad que lo hace desde 1972) dando cuenta de 120 países y 2,34 billones de personas (dos tercios de las naciones del mundo y casi 40% de la población total) viviendo en sociedades libres, el mayor número de la historia. Otros 2,5 billones de personas fueron reportados viviendo en sistemas políticos parcialmente libres.

La democracia, organizada sobre la economía de mercado (cuyo triunfo proyectaba la caída del comunismo soviético) parecía alcanzar el estatus de solución definitiva como modelo de organización social para la humanidad.

La primera década del siglo XXI se encargaría sin embargo de moderar y relativizar el valor de esa conclusión mostrando las dificultades de las democracias jóvenes para resolver problemas concretos y los límites de la economía de mercado para promover el progreso social. Estoy seguro que muchos recordaron durante la última década la simpática y certera definición de la democracia –formulada por parte de una de las mentes más brillantes de la política y las letras del siglo XX– caracterizándola como el peor de los sistemas de gobierno existentes, con excepción de todos los demás.

Y ese es precisamente el desafío político del siglo XXI, lograr que la democracia no ya sólo prevalezca –misión cumplida en el siglo pasado– sino que funcione de la manera más eficiente para ofrecer soluciones concretas allí donde hacen falta, en sociedades multirraciales, multirreligiosas y multiculturales, cada vez más numerosas y con demandas más complejas y sofisticadas, equilibrando el ejercicio de las libertades con la responsabilidad social.

La fórmula mágica de fin del siglo XX palidece ante la realidad y las dificultades de nuevas y antiguas democracias, desafiadas ahora por el descontento de los ciudadanos con los mecanismos de participación política. Instrumentos, por otra parte, que parecen ciertamente desactualizados frente al avance constante de las sociedades, la tecnología y las ideas.

El cambio tecnológico, la evolución del pensamiento y el dinamismo de las demandas sociales alumbraron en el siglo XVIII los derechos civiles y políticos sobre los que se organizó el moderno Estado de derecho basado en el imperio de la ley. La libertad individual, de asociación, de pensamiento, la seguridad personal y la privacidad así como la elección de representantes mediante el voto, constituyen la primera generación de derechos humanos.

A fin de la Segunda Guerra Mundial, con el surgimiento de las Naciones Unidas, la comunidad internacional adopta la Declaración Universal de Derechos Humanos, fuertemente influida por los horrores de la guerra y el genocidio del pueblo judío. Esa declaración da un nuevo paso, recogiendo los derechos humanos de primera generación para expandirlos a una nueva dimensión, adoptando una serie de derechos "sociales" relacionados con el acceso a la educación, la seguridad social y el trabajo digno.

En los años 1980s la evolución de las ideas, la tecnología y las crecientes demandas sociales producen una nueva (llamada por algunos "tercera") generación de derechos humanos relacionados con el acceso y el uso de las nuevas tecnologías, la solución de los problemas medioambientales, demográficos y el desarrollo social y personal.

Muchos países han incorporado gran cantidad de estos derechos en sus legislaciones nacionales y algunos incluso –como la Argentina– le han conferido rango constitucional. La eficiencia de sus democracias para asegurarlos y la de sus sistemas políticos para administrar su provisión son, cuando menos, sujeto de grandes controversias y cuestionamientos.

Esas fallas en la capacidad de la democracia y la economía de mercado en proveer soluciones concretas están en la raíz del desafío que enfrentan el Estado de derecho y la expansión de los derechos civiles en el siglo XXI. Y por supuesto que no van a superarse con los regímenes totalitarios o la economía planificada que fracasaron el siglo pasado. Pero mientras los académicos discuten cuestiones tales como la legitimidad de origen y la de ejercicio de los regímenes, las fallas del sistema político y las desigualdades de la organización económica fermentan el desarrollo de los populismos, la amenaza más inmediata para el ejercicio de los derechos ciudadanos.

No hay fórmula mágica. La democracia y la economía de mercado no son perfectas. En el siglo XXI ambas necesitan que los ciudadanos se involucren y ejerzan sus derechos de manera cotidiana para hacerlas funcionar correctamente, utilizando el dinamismo del mercado y la fuerza del Estado, combinadas de manera apropiada para resolver problemas concretos.

La evolución de las ideas apunta claramente a expandir los derechos humanos fortaleciendo los derechos civiles, sociales y políticos de los ciudadanos en el mismo momento histórico en que el proceso de innovación tecnológica ha generado nuevas oportunidades e instrumentos para mejorar la interacción de la gente con la cosa pública.

Más allá de los debates ideológicos que caracterizaron el siglo XX entre Estado y mercado o izquierda y derecha del espectro político los ciudadanos comienzan a diferenciar nuevas categorías, definidas por las formas de ejercer el poder de los líderes políticos y su manera de enfrentar los cambios.

Las nuevas categorías distinguen aquellos sistemas políticos cerrados, jerárquicos y piramidales que establecen barreras de acceso (y en general son conducidos por líderes personalistas) de aquellos donde el poder se ejerce de manera "lateral", es decir, más horizontal y abierta, inclusiva, transparente y anónima, sin líderes personalísimos alrededor de los cuales gira la vida de la sociedad. La vieja o nueva política se relacionan con estos tipos de ejercicio del poder más que con las figuras o "celebrities" que pretenden representarlas.

Como señalan recientes informes de las Naciones Unidas en general y del Programa de las Naciones Unidas para el Desarrollo en particular para nuestra región, el desafío de la nueva política es alumbrar modelos de gestión de la cosa pública cuyo principal objetivo consiste en expandir los derechos civiles y políticos de los ciudadanos.

En el siglo XXI los políticos deberán resignarse. No más líderes salvadores de la patria ni mesías redentores. El liderazgo lo tendrán los ciudadanos, que reclaman con determinación e insistencia, en cada rincón del planeta, mucho más protagonismo que el asignado por los sistemas políticos contemporáneos, condenándolos a votar —mandatos difíciles de controlar— cada cierto número de años.

Las grandes ideas políticas del siglo XX

Historiadores y políticos destacados han acordado en llamar "siglo corto" al pasado siglo XX. Se trata de un período en el que la democracia se encontraría bajo asedio intelectual político y militar. Declaran su inicio en 1914 con el estallido de la Primera Guerra Mundial (catalizador de la Revolución Rusa de 1917) y su final en 1989 con la caída del Muro de Berlín.

Tal caracterización asigna una importancia central a la influencia del pensamiento de Marx y Engels –presentado en el Manifiesto Comunista (1848) y refinado en el libro *El capital* (1867-85-94)– en la dinámica económica y política del siglo XX y encierra un gran potencial para sintetizar las ideas y enseñanzas del período.

Aun cuando se la denomina Guerra Mundial, en realidad, la Primera Gran Guerra es sobre todo una guerra europea donde se enfrentan dos grandes bloques por motivos esencialmente europeos: Alemania y el imperio Austro-Húngaro e Italia (que luego cambiaría de bando) –para quienes el Estado nación como hoy lo conocemos era por entonces casi una novedad– y por el otro Francia, Rusia y una racimo de países desconfiados del crecimiento económico y militar alemán. Los alemanes, que parecían haber quedado encerrados en el centro de Europa, reclamaban mayor territorio para su creciente población, economía y dinamismo.

Esa Gran Guerra pone fin a más de cuatro siglos de evolución política de lo que se ha dado en llamar la "Sociedad Europea de Estados" que había logrado ponerse de acuerdo de manera flexible en torno de ciertos temas de interés común y expandirse incluso fuera del propio continente para incluir naciones como los Estados Unidos o Japón (en el siglo XIX).

En el plano político, el conflicto liquidó el absolutismo monárquico en Europa –sin división de poderes, con un monarca ostentando el poder absoluto– transformando el mapa continental con la caída de los imperios ruso en 1917, austrohúngaro y alemán en 1918, y por último el imperio otomano en 1923, para dar paso al surgimiento de la Rusia comunista; los estados independientes de Austria, Yugoslavia, Checoslovaquia y Hungría; la República de Weimar y Turquía.

Aunque los académicos de la historia normalmente adoptan un hecho determinado para declarar un cambio de época (en este caso la Primera Guerra Mundial) prefiero pensar que, generalmente, esos hechos en realidad son disparadores de procesos que pueden extenderse algunas décadas hasta configurar un nuevo estado de cosas, tal vez, una suerte de nuevo equilibrio que configura –entonces sí– una nueva época.

De esa manera podría interpretarse que, en realidad, las tres décadas entre 1914 y 1945 son testigos de un proceso en el que el poder mundial cambia de manos y las ideas sobre la organización política y económica de las sociedades alumbran nuevas realidades. Los veinte años transcurridos entre guerras (1919-1939) fueron testigo nada menos que de la Guerra Civil China (iniciada en 1927 se prolongará hasta 1950), la Gran Depresión (1929) y el surgimiento del nacional socialismo (1933).

Los ideales y la filosofía política alumbrados por las revoluciones norteamericana (1776) y francesa (1789) basados en los derechos de los ciudadanos y la libertad del hombre a finales del siglo XIX reemplazan su rivalidad original con los estados absolutistas y monárquicos por una competencia con nuevas formas de organización política, social y económica como el comunismo y, de manera más efímera, con el fascismo italiano (o español) y el nacional socialismo obrero alemán.

El fascismo surge en la Italia de 1918 como respuesta a la decadencia económica de la nación y basa su filosofía política en el mito del renacimiento nacional. Para ello identifica las reivindicaciones sociales con las nacionales y crea un movimiento revolucionario de masas donde el individuo solo se expresa en el pueblo y este último lo hace a través del Estado. Su objetivo es crear una dictadura que persiga objetivos de "pureza" interna y expansión exterior sin limitaciones éticas o legales, habilitada incluso a realizar sus metas a través de la violencia, método que reivindica como "redentor" de la nueva sociedad.

Este movimiento llega al gobierno italiano en 1922 y establecie una dictadura que abolió las libertades individuales y colectivas; creó un solo partido político apoyado por un sindicalismo vertical y puso en marcha una serie de elementos de carácter sociopolítico como el Ministerio de Corporaciones de 1926 y la Carta del Trabajo de 1927. El fascismo se propuso la autosuficiencia económica.

La experiencia italiana influyó en la formación del nazismo en Alemania y del falangismo en España e incluso en Japón. En el primer caso la idea de la "purificación interna" de la sociedad adquiere una dimensión nueva al relacionarla con la raíz étnica del pueblo dando sustento ideológico a las violaciones masivas de los derechos humanos que desembocan en la práctica del genocidio y el Holocausto padecido por la comunidad judía.

El fascismo se presentaba como una organización sociopolítica e ideológica alternativa al capitalismo y el comunismo, a los que combatía por igual aun cuando centrara su filosofía política en la identificación del Estado con la comunidad. Por esa razón hay autores que encuentran relaciones ideológicas de importancia entre la filosofía política del fascismo y el comunismo a partir de interpretaciones históricas comunes y el hecho de que algunos notables dirigentes fascistas ocuparon, previamente, cargos en los partidos socialistas de sus países.

Como anécdota puede notarse que una de la las divisiones de las SS alemanas (que los nazis solían identificar con algún personaje notable en la historiografía del partido) llevaba el nombre de Florian Geyer, héroe del libro *La revolución de los campesinos alemanes*, escrito por Frederick Engels (1850).

La experiencia intelectual y política que representó la práctica del fascismo y el nacional socialismo llevando su ideología al extremo se extendió por 27 años (1918-1945) y solo fue superada al costo de unos 80 millones de víctimas (sumando combatientes y víctimas civiles de la represión totalitaria) en la Segunda Guerra Mundial (1939-1945), un evento que incluyó sangrientos frentes de batalla también en Asia.

Así, a mediados del siglo pasado, el mundo quedó dividido prácticamente en dos bloques ideológicos: la democracia occidental y el comunismo, que aspiraban a ser liderados respectivamente por los Estados Unidos de América y la Unión de Repúblicas Socialistas Soviéticas (URSS) –hoy Federación Rusa–, los grandes vencedores de la contienda bélica.

El primero pregonaba las bondades de la libertad política y el ejercicio de los derechos civiles como articuladores de la estructura política del Estado, reivindicando las leyes del mercado para regular la actividad económica mientras que el segundo remplazaba al mercado por la planificación centralizada de la economía y se organizaba alrededor de un gobierno omnipresente capaz de regular inclusive las libertades políticas y el ejercicio de los derechos humanos para cumplir los objetivos del comunismo.

La competencia política, económica, ideológica y militar entre estos modelos se dio en el contexto de la llamada "Guerra Fría" entre los Estados Unidos y la Unión Soviética. Esa guerra visible pero silenciosa nunca alcanzó el calor de las acciones militares directas de un país contra el otro aunque fue el origen de muchas confrontaciones armadas y sangrientas alrededor del mundo, generalmente en el marco de revoluciones nacionales o conflictos regionales.

Aun en ese marco – y con importantes sobresaltos como la crisis de Berlín 1958-63 y la de los misiles en Cuba en 1962 – puede decirse que el orden político e institucional surgido de la Segunda Guerra proveyó cierto nivel de estabilidad política a la sociedad internacional. No es un dato menor cuando se considera que este nuevo orden político emergía como resultado de un período en el que la humanidad, en todos los rincones del planeta, había padecido una gran inestabilidad política y económica durante varias décadas. Además, la tecnología militar disponía ahora de una temible arma de destrucción masiva, la energía nuclear, que superaba cualquier armamento convencional y no podía utilizarse livianamente.

Podría decirse que, alrededor de dos décadas después de la creación de este sistema de instituciones internacionales, a mediados de los años 1960s, la carrera por la supremacía económica y política entre los Estados Unidos y la URSS se encontraba en su apogeo. Notables pensadores y economistas predecían incluso que la URSS tomaría la delantera en las décadas siguientes, pronosticando un ritmo de crecimiento más elevado y un mayor desarrollo tecnológico de su economía.

Es conveniente recordar que tales análisis se sustentaban en un gran desempeño de la economía soviética (que solo podía ser estudiada a través de los informes aprobados por el régimen) y en algunas observaciones objetivas como, por ejemplo, los logros alcanzados por uno y otro país en la carrera espacial.

En efecto, en 1957 la Unión Soviética pone en órbita el Sputnik 1, primer satélite artificial y en 1961 Yuri Gagarin se convierte en el primer cosmonauta, viajando al espacio exterior a bordo del Vostok 1. En este contexto, Paul Samuelson, el primer economista norteamericano en ganar un premio Nobel (1970), publicó en 1973 trabajos en los que señalaba que la URSS alcanzaría el nivel de ingreso per cápita de los Estados Unidos en el año 1990 – superándolo incluso en 2015 – en virtud de su sistema económico superior.

Paradójicamente, lejos de realizar las promesas del economista, la URSS experimentaría una implosión y desaparecería el mismo año en que se predijo la convergencia de ingresos entre las potencias. En defensa de los pronósticos de Samuelson –en 1973– puede decirse que en los años 1960s el Producto Bruto Interno soviético crecía a un ritmo de 5,2% anual y del 3,7% entre 1970 y 1974.

Desde 1975 en adelante, sin embargo, comenzaría a crecer más lentamente (2,6% y desde 1980 solo 2%). El consumo privado aumentó a un ritmo de solo 1,5% a partir de 1975 (la mitad de la media para el período 1928-1985) marcando los peores registros de la economía soviética en tiempos de paz. La formación bruta de capital que había crecido más del 6,5% promedio anual en los 1970s cayó a 3,2% a partir de 1980.

Me gusta buscar la causa profunda de esta situación en el estancamiento de la productividad del sistema soviético que fue declinando marcadamente a partir de 1970 (0% entre 1970 y 1975; -0,4% hasta 1980 y -0,5% entre 1980 y 1985).

En ese contexto el gobierno de Gorbachov inicia una "reestructuración" (Perestroika) económica a partir de 1985 dirigida a recuperar el dinamismo de la economía. Se flexibilizaron los objetivos del Plan Quinquenal incrementando el esfuerzo inversor y reformando algunos subsistemas de precios para darle mayor autonomía a las empresas (todas públicas) –que ahora serían responsables de la viabilidad de la producción– estableciendo una serie de estímulos a la producción de bienes y servicios no sujeta al plan.

Los primeros años fueron difíciles. El Producto Bruto solo crece el 0,5% en 1986 y 1987; la inflación llega al 4%; el déficit público salta del -2,4% al -8,4% y la deuda externa alcanza los U$D 39.000 millones, equivalente al 3% del Producto o el 121% de las exportaciones de ese año.

En 1988 y 1989 el Producto se recupera creciendo 4,4% y 2,5% respectivamente aunque la inflación sigue creciendo y alcanza niveles del 6% y 8%. El déficit público se mantiene en niveles de -9% y la deuda externa sigue también una tendencia ascendente hasta alcanzar el 139% de las exportaciones.

A principios de 1990 se presentan varios planes económicos que hacen una clara opción por una economía de mercado aunque no llegan a implementarse. El Producto Bruto cae -2% en 1990 y -13% en 1991; y la inflación alcanza niveles de 20% y 100%. En agosto de 1991 fracasa un intento de golpe de Estado que acelera los acontecimientos provocando la desaparición de la Unión de Repúblicas Socialistas Soviéticas y la transferencia del poder a los estados miembros de la misma.

Atrás quedaban 74 años de experimentación comunista a las puertas de Europa que reportan, solo en la Unión Soviética, unos 40 millones de víctimas –aproximadamente la población de la Argentina– de la represión (40% como resultado de la Colectivización Forzosa y el Gran Terror Rojo y el resto a partir de las purgas de preguerra y la represión política posterior a la Segunda Guerra).

La democracia occidental y la economía de mercado completan así un triunfo trabajoso y costoso en las contiendas cruciales del siglo XX; la competencia con el absolutismo monárquico europeo (en la Primera Gran Guerra), la confrontación militar con el nacional socialismo y la guerra fría contra el comunismo soviético.

La vigencia de los derechos civiles y políticos de los ciudadanos, el ejercicio de la libertad individual y económica y la organización de la actividad productiva sobre leyes de mercado logran por fin establecer una situación de superioridad ideológica y práctica en la sociedad internacional, disponiéndose a iniciar una nueva era de prosperidad y progreso. No sería ese, sin embargo, el fin de la historia.

La crisis del capitalismo global

A partir de la caída del Muro de Berlín la sociedad internacional se dedicó a implementar reformas económicas orientadas al mercado y a intensificar la relación de las economías nacionales con los mercados globales. Se trata de un período de profundización de la globalización comercial y financiera basada en de la liberalización de los flujos de inversión y la desregulación de la economía.

Este proceso parecía tener una capacidad de expansión imparable. Mantuvo incólume su dinamismo aun en presencia de fuertes turbulencias como las experimentadas en varias economías emergentes hacia finales del siglo (devaluación tailandesa en 1997; brasileña en 1998; default ruso 1998; default argentino y devaluación de 2001) así como en los Estados Unidos (Long Term Credit Management, 1998) asimilando incluso el impacto económico del atentado terrorista a las torres gemelas del World Trade Center en New York (2001).

Ningún fenómeno parecía en condiciones de interrumpir la globalización de los mercados basada en la reducción de papel regulador del Estado.

En 2007, sin embargo, esta dinámica cambiaría dramáticamente. Todo comienza en agosto de ese año, cuando se disparan las tasas de interés interbancarias. Un año más tarde quiebra uno de los bancos de inversión más importantes y tradicionales del mundo: Lehman Brothers, un ícono del capitalismo global.

Súbitamente, una crisis de confianza en un segmento del mercado de hipotecas norteamericano había evolucionado al punto de amenazar la supervivencia misma del sistema financiero global, sin que prácticamente nadie lo advirtiera. Solo la acción concertada (o al menos parcialmente coordinada) de las principales economías del mundo lograría evitar –por un margen más estrecho del que sospechamos y a un costo altísimo en términos de empleo y crecimiento económico– el cataclismo que tal evento hubiese generado en la economía internacional y en la vida de millones de personas.

¿Cómo es que un problema financiero doméstico norteamericano se convierte en una suerte de Armagedón de las finanzas globales?

Descriptos brevemente los hechos se encadenaron como sigue. Tras la burbuja tecnológica de 2000 y 2001 en Estados Unidos muchos inversores migraron hacia el sector inmobiliario. Simultáneamente, New York padecía el más grande golpe terrorista de los tiempos modernos. En ese contexto, la Reserva Federal de los Estados Unidos decide bajar las tasas de interés de referencia para evitar fluctuaciones económicas y volatilidad financiera por medio de un incremento del dinero disponible.

Una gran liquidez a un tipo de interés extremadamente bajo fueron los factores que promovieron un desarrollo vigoroso del mercado inmobiliario, generando las condiciones para un aumento sostenido del precio de las propiedades en los Estados Unidos. Aprovechar esa liquidez, canalizándola en nuevas inversiones inmobiliarias requería que el número de personas en condiciones de comprar una casa aumentara significativamente.

Los bancos norteamericanos promovieron entonces la expansión del segmento del mercado de hipotecas conocido como "sub-prime", es decir, menos seguros que aquellos sujetos ubicados en el segmento "prime" con buenos empleos que aseguraban el pago de las hipotecas.

Para incorporar estos nuevos beneficiarios –menos confiables por sus condiciones laborales– al mercado hipotecario los bancos desplazaron el análisis de riesgo desde la tradicional evaluación de la capacidad de pago de deudor (basado en la calidad de su empleo) hacia el valor de las propiedades que adquiría, en un contexto donde el precio de las mismas aumentaba constantemente.

Estaban asumiendo un nivel de riesgo distinto, ya que los factores que afectan el nivel de empleo de una economía son distintos de los que determinan el valor de las propiedades y su potencial aumento. La clave para expandir el crédito hipotecario y que el nuevo sistema funcionara descansaba en un aumento constante del precio de las viviendas.

En busca de limitar esos nuevos riesgos las entidades financieras desarrollaron una generación completa de nuevos instrumentos financieros (Structured Investment Vehicles (SIV), Collateralized Debt Obligations (CDO), Asset Back Securities (ABS), Mortgage Back Securities (MBS), etc.). Estos vehículos permitieron la tercerización de los riesgos a través de un proceso de *securitización* (o reaseguro) consistente en generar un "activo financiero" (un título o un bono) garantizado por un colateral integrado por un pool de hipotecas para venderlo a un "inversor externo".

El rol del "inversor externo" normalmente era asumido por un banco de inversión –norteamericano, europeo o asiático– que compraba ese producto financiero para obtener un interés y cobrar el capital con una estructura determinada. Nótese que su inversión sólo estaba garantizada por el pool de hipotecas y no por el banco o la entidad financiera que emitía las mismas.

Estos mecanismos de diversificación de riesgos presentan ventajas aunque también generan incentivos para valorarlos por debajo de su verdadero nivel. Una entidad que puede desprenderse parcialmente de sus riesgos también está dispuesta a "relajar" los requisitos que exige para otorgar sus préstamos.

Así, comenzaron a generarse las hipotecas con tasas ajustables (*Adjustable-Rate Mortgages* - ARMs), un producto financiero híbrido que combinaba tasas de interés fijo y flotante en un mismo préstamo. Las tasas iniciales eran excesivamente bajas y permitían incorporar al mercado hipotecario a muchas personas (sub-prime) que no habrían cumplido los requisitos de un crédito basado en el nivel de los ingresos mensuales regulares del deudor (del mercado "prime"). La cobertura del crédito se basaba en el precio creciente de las viviendas. Si el deudor no podía pagar se vendía la vivienda y se cancelaba el crédito.

El impacto en el mercado inmobiliario fue espectacular y el número de propietarios de viviendas creció a niveles récord en la historia de los Estados Unidos. Nunca antes tantos ciudadanos habían podido acceder al sueño de la vivienda propia. Hacia finales de 2006, las hipotecas "sub-prime" representaban cerca del 15% (U$S 1,5 trillones) del total (alrededor de un tercio eran ARMs).

Cuando la escalada de los precios de las viviendas finalmente comenzó a desacelerarse y más tarde se detuvo (2005-2006) todo el sistema entró en crisis ya que los bancos comenzaron a notar que la posibilidad de vender las viviendas hipotecadas y cancelar las deudas por parte de los deudores (sub-prime) con menor capacidad de pago se limitaba.

Para empeorar las cosas el aumento de las tasas de interés de referencia dispuesto por la autoridad monetaria norteamericana –para contener el aumento de la inflación– encareció aún más este tipo de hipotecas ajustadas (ARMs) y disparó la tasa de default o quiebra en las hipotecas "sub-prime".

Como esas hipotecas constituían –a través del proceso de *securitización*– el respaldo de una parte de las inversiones financieras hechas por entidades de todo el mundo, el problema del mercado de hipotecas norteamericano, relativamente acotado, se transformó en el epicentro de los temblores de los mercados financieros mundiales.

Nadie sabía bien cuál sería el impacto que las quiebras del mercado hipotecario "sub-prime" noerteamericano tendría en los instrumentos y vehículos financieros (SIV, CDO, ABS, MBS, etc.) que *securitizaron* ese riesgo. Ninguno de los bancos que habían vendido esos activos respaldaba los títulos más allá de las hipotecas "sub-prime" y ni siquiera habían contabilizado la contingencia de la quiebra de las hipotecas en sus balances.

La falta de regulaciones en el mercado financiero, la ausencia de controles por parte de los organismos de supervisión, una evaluación equivocada y muy laxa de las compañías calificadoras de riesgo, y el desenfreno de los operadores e inversores del mercado habían creado las condiciones para una crisis financiera internacional de gigantescas proporciones, cuyos efectos se sienten todavía en nuestros días a pesar de seis años de una acción concertada y millonaria de los gobiernos de las principales economías del mundo.

Para limitar el costo de la crisis en términos de empleo y actividad económica el gobierno de los Estados Unidos aprobó varios paquetes de estímulo e intervino decididamente en la economía, comprando grandes empresas industriales, bancos, compañías de seguros e inyectando dinero en el sistema financiero limitando la contracción del crédito que provocó la crisis.

Del mismo modo, sus socios europeos y Japón, cuyos mercados recibieron un impacto sideral a través de los canales de intermediación financiera debido a la integración de los mercados globales, se vieron obligados a actuar con subsidios, programas monetarios y acción directa sobre la economía real, para intentar sostener el consumo y evitar quiebras.

Las economías emergentes también recibieron el impacto a través de los canales financieros pero, en su caso, el principal canal de contagio fue comercial. El menor nivel de actividad en los países avanzados por efecto de la crisis redujo la demanda de exportaciones afectando el nivel de actividad.

En 2009 el Producto Bruto Mundial caería alrededor del -0,6%. En los Estados Unidos esa caída sería del -2,6%; en la zona del euro -4,1% y en Japón alcanzaría el -5,2%. En nuestra región México mostraría una caída del Producto Bruto real (es decir, ajustado por inflación) del -6,5%; en Brasil sería del -0,2% y en Chile del -1,5%. Si no se trataba del fin del capitalismo global se le parecía mucho.

No cabían dudas de que el capitalismo global, como lo conocimos hasta 2007, sería reemplazado. Solo que por otra forma de capitalismo global.

En realidad eso es lo que ha ocurrido a lo largo de la historia con el capitalismo como sistema. La clave del sistema para sobrevivir las crisis que enfrenta de manera recurrente —así como las guerras, revoluciones y catástrofes en la que se ha visto envuelto— es, precisamente, su flexibilidad y capacidad de adaptación. El capitalismo no se rompe porque se dobla.

Hay que distinguir, sin embargo, entre las crisis que tienen dentro del capitalismo (los ciclos tradicionales de expansión y explosión de burbujas en el valor de activos —tecnológicos, inmobiliarios, etc.—) como consecuencia de la propia dinámica de creación y destrucción del valor (en el sentido explicado por Schumpeter) de las crisis del sistema como tal, que alteran los fundamentos sobre los que el mismo está organizado.

La crisis desatada por la burbuja tecnológica de 2000 y 2001 y la crisis del Long Term Capital Management (1998) son ejemplos del primer tipo. La Gran Depresión de los años 1930s expresa el segundo. De acuerdo con varios académicos y analistas, en 250 años de existencia solo podemos encontrar dos o tres casos de este segundo tipo.

El capitalismo original de Adam Smith (1776) se basaba en la idea de una separación estricta entre la economía y la política, es decir, que mantenía la acción de los gobiernos lo más alejada posible de la dinámica de los mercados. La crisis de 1929-1930 y la necesidad de limitar el terrible impacto ocasionado en términos de pérdidas de empleo y caída del nivel de actividad dio surgimiento a las ideas keynesianas reformulando la relación entre política y economía de una manera radical.

Esta nueva configuración fundamental del capitalismo —que trataba a la economía como un área de la política— le daría un gran impulso a la economía mundial y lograría recuperar el dinamismo y la innovación tecnológica en las economías más avanzadas, superando definitivamente la Gran Depresión.

Se trata de un período histórico que dura hasta fines de los 1970s cuando el crecimiento mundial comenzó a detenerse en un contexto de alta inflación. En ese momento la escuela monetarista sale al rescate de la dinámica de los mercados para restablecer el crecimiento y eliminar el flagelo inflacionario. La desregulación de los mercados y la apertura de la economía redujeron la intervención de los gobiernos para eliminar distorsiones y crear incentivos que aumentaran la productividad y promovieran la inversión.

Una nueva reorganización de los fundamentos de la economía tuvo lugar entonces. Ese cambio no consistía en negar la relación entre la economía y la política pero alteraba la relación de los factores, tratando ahora a la política como un área de la economía.

La última gran crisis –llamada por algunos la "Gran Contracción", por el proceso de desendeudamiento que ha generado– viene ahora a cuestionar esa concepción de manera práctica. Sin una intervención directa de los gobiernos el sistema financiero internacional habría colapsado, como lo ejemplifica el mencionado caso de Lehman Brothers. Otra vez, la relación entre política y economía se encuentra a las puertas de una reformulación fundamental.

Muchos pensamos que estamos presenciando el fin de una era, la culminación de una etapa de gran estabilidad que algunos han llamado de "Gran Moderación", durante la cual el crecimiento económico ha registrado un gran robustez en un contexto de baja volatilidad.

En cualquier caso, el papel jugado por las estrategias de endeudamiento parece haber llegado a un límite. El "super-ciclo" de la deuda, que acompañó este período de "Gran Moderación", ha encontrado el final. Se trata de un proceso que enfrenta –y enfrentará todavía por algún tiempo– a gobiernos y votantes con opciones difíciles. El futuro nos depara mayor volatilidad financiera, menores tasas de crecimiento y mayor nivel de desempleo estructural.

Pero sería un error pensar que una eventual nueva etapa del capitalismo global estaría signada solo o principalmente por una mayor intervención del Estado o un regreso al pasado keynesiano.

La flexibilidad del capitalismo para adaptarse y superar las crisis no lo ha llevado a vagar en círculos. El monetarismo de los años 1980s no negó la relación entre política y economía establecida por los keynesianos para retornar a los fundamentos de Adam Smith. Por el contrario se movió hacia adelante, aceptando los nuevos fundamentos pero alterando el orden de la relación, poniendo a la economía sobre la política.

Del mismo modo, es posible esperar que los nuevos fundamentos del capitalismo recojan las enseñanzas de esta crisis y sirvan para reforzar y reorientar el proceso de globalización en lugar de detenerlo. En realidad, el mundo se encuentra mucho menos globalizado de lo que pensamos y hay mucho para ganar con una mayor integración económica y comercial.

Sin embargo, la globalización del futuro deberá estar mejor regulada y la intervención de los gobiernos será bienvenida para moderar los excesos y las fallas de los mercados. ¿Sería posible que necesitemos, al mismo tiempo, más globalización y mayor intervención gubernamental?

Un buen ejemplo del tipo de opciones que tendremos que hacer puede observarse en los mercados agrícolas. Tomemos por ejemplo el caso del arroz, al principio de la crisis financiera internacional (2007-2008). Los precios aumentaron considerablemente afectando la estabilidad política de algunos gobiernos. Mercado libres y abiertos pueden no servir en esos casos, los gobiernos tienen que actuar decididamente para asegurar la capacidad de sus ciudadanos de alimentarse. Pero, al mismo tiempo, solo el 5% del arroz producido en el mundo se comercia internacionalmente y una mayor integración de esos mercados podría ayudar a reducir la volatilidad y mejorar la disponibilidad de ese cultivo.

Variedades de capitalismo

Hablar de capitalismo global es útil para elaborar algunas conclusiones generales pero la realidad es que, a lo largo de 250 años de historia, el capitalismo ha organizado distintos arreglos institucionales que configuran modelos capitalistas con características diferentes.

Algunos académicos han trabajado en producir un marco que permita comparar los distintos modelos de capitalismo. Con ese objetivo ponen en el centro de sus análisis a la empresa y el comportamiento empresario generado por el conjunto de incentivos que derivan del marco regulatorio general de la economía. Así, logran establecer puentes entre los estudios de las escuelas de negocios y los análisis de economía política comparada, que prestan especial atención al rol de las instituciones en la esfera económica.

Estos autores identifican en ese marco dos tipos básicos de organización capitalista: las economías de mercado liberales (EML, como los Estados Unidos y el Reino unido) y las economías de mercado coordinadas (EMC, como Alemania, Japón o la mayoría de los países escandinavos).

Mientras que en las primeras (EML) el resultado del comportamiento empresario deviene de las condiciones de oferta y demanda en mercados competitivos, en las segundas (EMC) el equilibrio resulta de la interacción de las empresas entre ellas, así como con una serie de otros actores.

Para describir sencillamente las EML y EMC usaremos un ejemplo que consiste en analizar el comportamiento de dos compañías dedicadas a la exportación, ubicadas una en el Reino Unido y otra en Alemania, frente a un aumento del valor de su moneda. ¿Cómo absorbería, cada una de ellas, el aumento que tal evento representaría en sus costos de producción?

Es probable que la compañía inglesa redujera personal para mantener su margen de ganancia. Debería hacerlo para mantener su crédito en el sistema financiero, ya que su banco evalúa primordialmente resultados. La compañía alemana probablemente reduciría su margen de ganancia para no perder participación de mercado. No tiene estímulos para despedir personal porque en general se trata de gente que ha entrenado durante muchos años con habilidades muy específicas. Podría hacerlo porque su crédito depende más de su capacidad de mantener una cierta participación en el mercado que de los resultados en un momento determinado.

Estas distintas reacciones, frente al mismo fenómeno, se explican a partir del sistema de instituciones –entendidas aquí como reglas y normas que regulan el funcionamiento de los mercados– presentes en uno y otro tipo de economía. Una comparación de las mismas puede verse en el cuadro siguiente.

	CME's	LME's
Sistema Financiero	Evaluación financiera no se basa exclusivamente de información pública	Ganancias actuales de la firma
Mercado de Gobernancia Cooperativa	Provisiones y regulaciones de impuestos y *securities*, network de accionistas con participación cruzada en varias empresas. Desalienta Tomas de control hostiles.	Tolerante con tomas de control (Mergers & Acquisitions – M&A–) hostiles.
Estructura interna de la firma	Nivel ejecutivo necesita consenso de niveles gerenciales. Tendencia a tomar decisiones por concenso.	Top management tiene control absoluto de la empresa y no necesita del consenso para implementar sus decisiones.
Relaciones industriales (regulaciones de la fuerza laboral)	Negociación salarial entre asociaciones gremiales y asociaciones patronales por rama de actividad industrial	No existe obligación de establecer organizaciones representativas de los trabajadores (gremios).
	Gremios y asoc.empresarias actúan como garantes	Mercados laborales muy fluidos y libres.
Sistemas de entrenamiento & educación	Habilidades específicas por rama industrial y de empresa. Asociaciones patronales negocian, por cuotas y protocolos, categorías de habilidades laborales.	Existen mayormente habilidades generales transferible entre companías No se valoran las habilidades específicas.
Relaciones inter-empresarias (transferencia tecnológica?)	Las compañías hacen investigación conjunta. Transferencia de tecnología con sistema de contratos específicos	Relaciones standard de mercado y mecanismos de cumplimiento de contratos.
Ventaja comparativa institucional	Asociaciones industriales fuertes capaces de promulgar standards y resolver disputas (necesarias para la existencia del sistema de contratos)	Standards establecidos por la competencia en el mercado. Licencias Capital de riesgo
INNOVACIÓN	INCREMENTAL	RADICAL

¿Sería posible que la "Gran Contracción Financiera" 2007-2013 promueva un modelo de capitalismo más próximo al que representan las economías Coordinadas de Mercado? ¿Será ese el próximo ejemplo a seguir por el capitalismo global frente a la crisis generada por la falta de regulaciones y control propio del extremismo del capitalismo liberal?

Si algo hemos aprendido en las dos décadas transcurridas desde la caída del Muro de Berlín es que la globalización de los mercados, abandonada a su suerte, con poca regulación y deficiente supervisión, constituye un peligro que no puede ser ignorado. Una mayor y mejor calidad de bienes públicos globales, especialmente relacionados con el desempaño económico (tales como estabilidad financiera global, comercio libre y equitativo, diseminación del conocimiento y transferencia de tecnología y protección del medio ambiente) son imprescindibles para asegurar que la integración de los mercados funcione correctamente para beneficio de la gente, permitiendo a las empresas aprovechar las nuevas oportunidades de negocios.

Por otra parte, esos bienes públicos globales serán necesarios si buscamos seriamente encaminar y expandir la globalización de los mercados. Aun cuando muchos tienen la idea de que el mundo está completamente integrado, los números muestran con claridad que, en el mejor de los casos, vivimos en un mundo semiglobalizado.

Por ejemplo, las antiguas cartas de papel que cruzan las fronteras a través del sistema de correo tradicional (que ya ha cumplido 150 años) no superan el 1% del total de la correspondencia enviada por este medio. Los minutos de telefonía internacional representan menos del 2% del total de minutos utilizados globalmente y solo el 18% del tráfico de internet fue ruteado a través de las fronteras entre 2006 y 2008. Una revista importante como *Time* solo vende 20% de sus publicaciones fuera de su mercado nacional.

Los inmigrantes de primera generación no superan el 3% de la población mundial y los estudiantes universitarios estudiando fuera de su país son apenas el 2% del total. Es probable que el 90% de la población mundial no salga del país donde nació.

Inclusive cuando analizamos los números más duros relacionados con el comercio y el capital financiero encontramos sorpresas.

Por ejemplo, el comercio de bienes y servicios exportados en 2008 alcanzó su pico de 29%. Al año siguiente la caída de actividad mundial redujo ese porcentaje a un 23%. Se calcula que, si se eliminaran las múltiples exportaciones relacionadas con las cadenas globales de valor y las redes globales de producción –que pueden hacer que un mismo componente de un producto cruce varias veces la frontera– el comercio global de bienes y servicios representaría solo el 20% del producto bruto global.

En materia financiera vemos que solo un 25% de los depósitos bancarios son propiedad de extranjeros y un 35% de la deuda pública está en esa situación. Los fondos de inversión en *private equity* solo invierten un quinto de su capital fuera de su país de origen y apenas el 20 de las acciones del mercado de valores está en manos de extranjeros.

La pregunta que cabe formularse entonces es: ¿cuál es el modelo de capitalismo que nos permitirá prevenir y contener los errores y excesos del proceso de globalización expandiendo al mismo tiempo el propio proceso de integración de los mercados?

El capitalismo global será reemplazado por un nuevo tipo de capitalismo global. Seguramente se tratará de un capitalismo mejor coordinado a través nuevas instituciones que provean eficientemente bienes públicos globales y una mejor intervención regulatoria y supervisora de los gobiernos, respetando la vigencia de las leyes de mercado y la apertura de la economía para asegurar la continuidad del proceso de integración de los mercados creando empleo y generando nuevos negocios.

El comunismo en China

La flexibilidad demostrada por el capitalismo y su capacidad de adaptación a las nuevas realidades políticas y sociales ha sido clave para su vigencia y su demostrada superioridad en comparación con las ideologías propuestas por el fascismo, el nacional socialismo y el comunismo soviético.

Esa misma flexibilidad parece la clave de la supervivencia del régimen comunista en China y el ascenso de su economía a la vanguardia de la sociedad global.

Al momento del triunfo de la Revolución China, en 1949, las condiciones de la población del país no diferían mucho de aquellas de los ciudadanos rusos en 1917. El ingreso per cápita era de U$D 40 (un sexto del promedio mundial), el analfabetismo alcanzaba el 90% y apenas si existía inversión, mientras que las condiciones en las que se desempeñaban los trabajadores industriales recordaban la primera revolución industrial.

A diferencia del caso ruso, donde la ideología comunista se impuso al pueblo desde el poder (a partir del golpe de Estado que permitió al partido bolchevique tomar el gobierno) es decir, desde arriba hacia abajo, la larga lucha del Partido Comunista chino (fundado en 1921), la derrota de su Ejército de Liberación Popular (ELP) en 1934 y la larga marcha emprendida desde entonces hasta su victoria final en 1949 permitió arraigar fuertemente la ideología comunista en una base campesina que constituyó a la postre el núcleo duro del apoyo popular de la revolución liderada por Mao.

Una vez instalada la República Popular China, las circunstancias históricas que debió enfrentar fueron radicalmente distintas a las de la URSS. La economía mundial transitaba un período de prosperidad y paz aun en el contexto de la Guerra Fría, un medioambiente sustancialmente diferente del que tuvo que vivir la revolución rusa en sus primeras tres décadas, acosada por la Gran Depresión de los años 1930s; el desafío del fascismo, el nacional socialismo y la Segunda Guerra Mundial.

Tal vez la ausencia de esos desafíos externos expuso rápidamente las debilidades económicas y los primeros fracasos del régimen comunista en China. Poco más de una década después de inaugurada la República Popular, alrededor de 1962, Deng Xiaoping realiza los primeros intentos por abrir la economía y modernizar el país para mejorar el pobre desempeño económico, en un proceso que solo duraría unos años.

Hay quienes creen reconocer en ese período de "Restauración Moderada" el germen del fenomenal proceso de reformas lanzado por el mismo Deng años más tarde, en 1978, cuando ya era el nuevo hombre fuerte de China, conocido como las "Cuatro Modernizaciones"; agrícola, industrial, científico-tecnológica y defensa.

Por este medio, China encaraba un proceso para el que no había antecedentes en el mundo: introducir reformas de mercado en un régimen comunista. Estaba llevando adelante una reforma económica sin implementar una reforma política. Todavía más; la base ideológica de este proceso residía en que China se encontraba en las etapas iniciales del socialismo y que el desarrollo económico era imprescindible para alcanzar la etapa superior del comunismo pleno.

La característica saliente de este proceso fue el gradualismo y la experimentación y las prioridades asignadas a la agricultura y el desarrollo de las zonas económicas especiales. Tanto en la producción de granos y la organización de la explotación de la tierra como en materia de producción industrial los mercados de precios regulados por el gobierno convivían con mercados de precios determinados por la oferta y la demanda donde los campesinos o los industriales podían retener parte de las ganancias excedentes, a modo de incentivo para estimular la producción y la inversión (Town and Village Enterprises, TV o empresas de ciudades y pueblos por su denominación en inglés).

En 1989 ya hay 70.000 mercados agrícolas y 15 millones de empresas rurales empleando a casi 90 millones de personas. En el período 1978-81 la producción agrícola crece a un ritmo del 7,5% y entre 1981 y 1985 lo hace por encima del 10%.

Con el objetivo de compensar las divisas necesarias para la importación de tecnología, equipos, capitales y materias primas el régimen impulsó el desarrollo de una industria de exportación de bienes de consumo que despuntó en el sector textil y luego se extendió de manera sostenida a otros sectores.

En 1989, el aumento de la inflación y los desequilibrios regionales del crecimiento de la economía –que había beneficiado más a las áreas costeras que al interior del país– desatan una serie de protestas que culminan en una multitudinaria manifestación de estudiantes en la plaza Tiananmen dispersados solo mediante una violenta represión.

Aun con esas turbulencias y convulsiones las reformas económicas continúan con China ingresa como miembro pleno de la Organización Mundial de Comercio (OMC) en el año 2001 y adopta una ley de propiedad privada en el año 2007. En 2010 China superó a Japón y se convirtió en la segunda economía del mundo, detrás de los Estados Unidos.

Si se mira con atención, las medidas implementadas a lo largo de décadas en las "Cuatro Modernizaciones" propuestas por Deng Xiaoping tienen mucho puntos de contacto con los programas económicos que los rusos buscaron implementar en unos pocos años de "Perestroika".

Flexibilidad en los dogmas ideológicos, gradualismo y experimentación parecen haber resultado claves en la experiencia china, al punto de haber alumbrado un nuevo y exitoso modelo de organización político-económica que no acordamos aún cómo denominar. Mercantil-socialismo, economía social de mercado, socialismo de mercado, son algunos de los intentos que se han hecho por definir el modelo chino. Como decía Deng: "No importa si el gato es blanco o negro, si caza ratones es un buen gato".

China va camino a convertirse en un país de clase media, una meta que podría alcanzar tan pronto como en 2020.

La experiencia india

Desde su independencia, en 1947, la política económica india transcurrió por los canales del proteccionismo y el socialismo moderado (o socialismo fabiano, por la Fabian Society, del Reino Unido) partidario de la introducción de reformas graduales y progresivas para controlar el desarrollo de la economía desde el Estado.

Los planes quinquenales recuerdan en India la planificación central de la economía practicada en la URSS. A mediados de los años 1950s las industrias del acero, minería, máquinas herramientas, agua y comunicaciones eran nacionalizadas y un complejo y sofisticado sistema de licencias (*Licence Raj*) se requería para establecer cualquier actividad comercial o industrial en el país (se decía que más de 80 agencias gubernamentales diferentes participaban del procesamiento de la licencia para que el Estado pudiera decidir qué se produciría, a qué precio, cómo se financiarían las inversiones necesarias y cuánta gente sería contratada).

En los años 1960s el gobierno inicia una "Revolución Verde" para alcanzar el autoabastecimiento de alimentos. Desarrollos agrícolas de gran escala se implementan y se promueve la utilización de fertilizantes y semillas mejoradas. Nuevos proyectos de irrigación se ponen en marcha y se establecen bancos rurales para apoyar a los campesinos.

La tasa de crecimiento del Producto Bruto en India oscilaba en torno del 3,5% entre 1950 y 1980 muy por debajo de un conjunto de países vecinos en el sur de Asia. A mediados de los 1980s Rajiv Gandhi intentó reformar la economía pero sus esfuerzos se interrumpieron en 1987. Finalmente, a principios de los 1990s una severa crisis en el balance de pagos que empujó el país prácticamente al default –en el contexto de la desaparición de la URSS– disparó un conjunto de reformas orientadas al mercado que cambiarían el desempeño de la economía india.

La apertura al comercio exterior y a la inversión extranjera, la desregulación, las reformas impositivas y el control de la inflación empujaron rápidamente la tasa de crecimiento del Producto a niveles del 5% anual en los años 1990s (con algunos picos esporádicos de 7%) y ya en este siglo el PBI aumentó a un ritmo de 8/9% anual, convirtiéndose en la segunda economía del mundo en términos de la velocidad de su crecimiento, solo superada por China.

Las reformas económicas, que no pudieron ponerse en práctica a pesar de las mayorías parlamentarias del Partido del Congreso, tuvieron que ser implementadas por un gobierno de minorías. Desde que comenzó su implementación, y a pesar del paso de cinco primeros ministros y dos coaliciones de gobierno distintas, el rumbo de las reformas se mantiene firme. Este proceso ha llevado a la India a convertirse en 2012 en la décima economía del mundo y –aunque los niveles de desigualdad en los ingresos se mantienen intolerablemente altos– el país ha desarrollado una creciente y dinámica clase media.

La geopolítica del siglo XXI

Un cierto número de comentaristas políticos y analistas económicos describen todavía hoy un mundo liderado solitariamente por los Estados Unidos, seguido de sus aliados europeos y Japón, aunque les resulte cada vez más difícil ignorar el desafío que la emergencia pacífica de China representa para ese liderazgo.

El desafío que enfrenta el liderazgo mundial actual, sin embargo, es mucho más amplio y pronunciado. No se trata solo de China –aunque con ella solo baste para recrear un escenario de competencia– sino de una nueva generación de economías emergentes que están comenzando a recalibrar su poder en cada rincón del planeta.

Con una mirada rápida podríamos sostener esta aseveración analizando simplemente lo que ha ocurrido en la economía internacional a partir de la crisis financiera iniciada en 2007/2008. Los últimos 5 años reflejan un mayor crecimiento del mundo en desarrollo (3 o 4 veces la tasa de crecimiento de los países desarrollados) y un mayor dinamismo de su demanda agregada, que representa una proporción mayor de la demanda mundial que la que tenía antes de la crisis.

Un ejemplo ayudaría a ilustrar este fenómeno de manera más clara, escenificando una competencia imaginaria entre dos grupos de países: el grupo de los siete y el grupo de los 5.

El primero tendrá como miembros a Estados Unidos, Canadá, Alemania, Francia, Reino Unido, Italia y Japón, el verdadero G7, que ha liderado la política y la economía sobre todo en las décadas de 1970 y 1980. En el segundo grupo nuclearemos una selección de cinco países emergentes (China, India, Brasil, México y Corea del Sur).

En esa competencia imaginaria, podríamos decir que el G7 supera al G5 por 25 a 17.

En efecto, las economías combinadas de los países del G7, que ha sido una referencia de liderazgo político y económico en las últimas décadas, representan hoy un total agregado de más de 25.000 billones de dólares (norteamericanos) en términos de paridad de poder de compra.

Por su parte, el grupo de cinco países emergentes seleccionados representan aproximadamente un producto bruto –a paridad de poder de compra– equivalente a unos 17.000 billones de dólares (norteamericanos).

El potencial del dividendo demográfico, sin embargo, ya está del lado de los emergentes. En este campo ellos ganan 2.800 a 720. Así, la población agregada de China, India, Brasil, México y Corea del Sur suman 2.800 millones de personas mientras que los países del G7 alcanzan los 720 millones.

Sin embargo, incluso el actual liderazgo económico del G7 no duraría mucho tiempo. De acuerdo con algunas proyecciones (Marber, 2010) podría revertirse hacia el año 2050, o incluso antes. Si esperáramos hasta el año 2050 los países emergentes seleccionados ya sobrepasarían con comodidad a los del G7 por 95 a 67.

Ello significa que China más India, Brasil, México y Corea del Sur tienen el potencial para alcanzar en conjunto, bajo determinadas condiciones, un producto bruto combinado –a paridad de poder de compra– de 95.000 billones de dólares (norteamericanos) para ese año; casi una vez y media el que tendrían los países del G7 para entonces (67.000 billones norteamericanos ppc).

La demografía se inclinaría aún más hacia los países emergentes en 2050 ya que, con 4.600 millones de personas, estos multiplicarían prácticamente por cinco el número de habitantes de los países del G7 (920 millones para ese momento), algunos de los cuales (como Alemania, Italia y Japón) podrían ver su población decrecer en ese período.

No haría falta esperar, entonces, hasta el 2050 para observar un escenario equilibrado entre estos dos grupos. No sería descabellado suponer una mayor paridad entre nuestros G7 y G5 a partir de las próximas dos décadas, si se mantuvieran ciertas condiciones existentes en la actualidad.

Nótese además que el grupo de las economías emergentes es casi un 30% menor que el de las economías avanzadas (5 contra 7) y que no hemos incluido en el primero países importantes como Sudáfrica, Indonesia o Rusia.

A pesar de esta realidad y aunque hayan pasado ya más de 20 años de la caída del Muro de Berlín mucha gente piensa todavía en términos de un mundo bipolar. Seguramente no ya bipolar por la existencia de dos grandes potencias, como los Estados Unidos y la Unión Soviética, que dominaron el escenario político y económico durante la segunda mitad del siglo XX, pero al menos bipolar en términos de Estados Unidos y el resto del mundo, Estados Unidos y China o en categorías bimodales de países desarrollados y países subdesarrollados, países ricos y países pobres, países industrializados y países que no lo están.

No es extraño que nos expliquemos las cosas de ese modo. Esos fueron los equilibrios predominantes del mundo en que se formaron quienes enseñan en las escuelas especializadas y en las universidades así como quienes lideran una gran parte de las compañías más importantes, locales y multinacionales alrededor del mundo.

Ellos han pasado gran parte de su vida adulta lidiando con un mundo basado en la idea de superpotencias y equilibrios bipolares. Y es natural, entonces, que una cierta inercia intelectual, necesaria para enfrentar lo desconocido, se imponga frente a una realidad nueva que se presenta algo difusa y que, razonablemente, concita todavía poco consenso cuando llega la hora de recategorizarla.

Las personas nacidas después de la Guerra Fría y la caída del Muro de Berlín recién están comenzando sus estudios universitarios en estos últimos años. Ellos son los primeros que estudiarán los sucesos históricos del fin del mundo bipolar sin haberlos siquiera vivido en su más tierna infancia. Y hasta que ellos desarrollen su visión del mundo en el que viven y logren influir en el debate académico y político el mismo estará dominado por los intelectuales que se formaron en un mundo de equilibrios binarios.

Pero esa descripción del mundo ya no representa la realidad en que vivimos. Desde un punto de vista moderno, ni siquiera podría decirse que el nuevo equilibrio mundial descansa en una única superpotencia, ya que si bien ella existe en el terreno militar –debido a que el presupuesto de defensa de los Estados Unidos es mayor al monto invertido en ese rubro por la suma de sus inmediatos seguidores– su correlato en el plano político y económico es más difuso, comienza a estar seriamente amenazado y se proyecta completamente diferente en el futuro.

En efecto, todo el poder militar de los Estados Unidos y su peso económico mundial, por ejemplo, no han bastado para que ese país imponga su voluntad en un conflicto como el de Medio Oriente y es muy probable que su influencia sea todavía menor en el futuro.

Un ejemplo más reciente de esta lógica puede verse en las protestas por más democracia y mejoras económicas en los países del "Magreb" (Medio

Oriente y norte de África) de comienzos del año 2011. A pesar de la constante campaña a favor de la promoción de los regímenes democráticos en la zona por parte de los Estados Unidos, las protestas sociales y los cambios de régimen en Túnez y Egipto (así como las protestas en otros países del área) no fueron motorizadas por esa prédica o por acción alguna de la diplomacia, la economía o los militares norteamericanos sino, más bien, por la simple acción de los ciudadanos cansados de gobiernos que no resuelven sus problemas cotidianos.

Aun cuando la llegada de China a la vanguardia de la economía internacional ha recreado últimamente la ilusión de los analistas en las categorías bipolares –planteando ahora el equilibrio entre China y los Estados Unidos– es poco probable que ese sea el escenario que enfrentemos en las próximas décadas.

Es posible que esa tensión se manifieste en la cúspide del ranking de las economías del planeta pero los cambios que experimenta la sociedad y los nuevos paradigmas de producción y consumo hacen pensar que, más allá del liderazgo en los rankings, el mundo se encamina hacia un equilibrio múltiple y diversificado, donde distintos países, líderes regionales, faciliten una participación más equitativa en la economía global de los países relativamente menos avanzados.

Por supuesto, no lo harían por altruismo sino en su propio beneficio. Sería más fácil para ellos lidiar con los actuales líderes globales arropados en la compañía de otras economías emergentes que tratar de hacerlo en solitario.

Analizado con este prisma, el ascenso de China podría ofrecer un buen ejemplo de la idea que se propone.

En su intento de mantener la hegemonía que ejerció en las décadas de 1970 y 1980 el G7 ha tratado –al igual que otros clubes de poder e influencia como la OTAN– de integrar en su seno a aquellos países que asomaban a la vanguardia de la economía internacional o que, por motivos estratégicos, representaban una fuente de poder mundial.

Así, luego de la implosión de la Unión Soviética (y debido a sus reservas estratégicas de combustibles fósiles y a su arsenal nuclear) el G7 se convirtió –en la década de 1990– en el G8, al acoger a la naciente Federación Rusa en su seno, casi al mismo tiempo que la OTAN reclutaba a los antiguos miembros del Pacto de Varsovia, como Polonia o la Republica Checa, atrayéndolos al redil del pacto de seguridad atlántica.

En ambos casos –G7 y OTAN– se desarrollaba un esquema similar, que consistía en revalidar su hegemonía, reconociendo la importancia de los recién llegados a través de su incorporación a los clubes de poder mundial. A cambio de ese reconocimiento todos trabajarían juntos y juzgarían el mérito de las próximas admisiones.

Sin embargo, las nuevas incorporaciones nunca recibieron un trato igualitario y quedaron lejos de alcanzar un estatus de miembros de pleno derecho. Los nuevos miembros no llegaron a ser completamente integrados al proceso político de toma de decisiones.

Esta estrategia dejó de funcionar cuando China se asomó a la vanguardia económica internacional. Ni siquiera el espectacular crecimiento de su economía hizo que el liderazgo político de ese país cambiara la visión de sus intereses en la economía global.

China en sí misma, por encima de sus espectaculares logros particulares, encabeza un verdadero proceso regional, que se inició en economías más pequeñas como Corea del Sur, Singapur, la provincia china de Taiwán y Hong Kong para continuar luego en Malasia, Indonesia, Tailandia y Filipinas, continuando su expansión aun hoy en países como Vietnam. En ese contexto resalta la transformación de India, que ha consolidado muy altas tasas de crecimiento en las últimas dos décadas.

Esta nueva región asiática, sin embargo, emergente y progresista, continúa siendo la casa de la mayor cantidad de pobres del planeta. Por ejemplo, solo ocho estados provinciales de la India albergan más pobres que toda el África subsahariana.

Como no ha ocurrido antes, las economías líderes del planeta serán, al mismo tiempo, motores de crecimiento mundial y hogar de grandes masas de pobres subalimentados con problemas habitacionales.

China ingresó en la Organización Mundial de Comercio manteniendo su estatus de "país en vías de desarrollo" e hizo un caso de ello durante las largas negociaciones de acceso (*China in the WTO*, Long Young Tu, Magariños y Sercovich, 2002, Palgrave Mac Millian) y, según algunos expertos, nunca se interesó en promover la transformación del G8 en G9 con su incorporación al club de los poderosos.

No son pocos los analistas que señalan que fue esto –entre otras cosas– lo que fortaleció el resurgimiento del Grupo de los 20, un club de países algo heterogéneo integrado por las economías del G8 más un selecto grupo de líderes regionales originalmente ensamblado en 1999.

Al parecer China, en su propio beneficio, prefirió promover la generación de un esquema más integrado y abierto antes de aceptar entrar a un club muy exclusivo en solitario. Por cierto encontró varios socios, que pensaban en la misma dirección, en el propio G7.

Se trata de la misma lógica que explica, por ejemplo, la última reforma (2010) del sistema de cuotas y aportes del Fondo Monetario Internacional, que modifica el poder de voto en el organismo para darle más peso a los países emergentes y fue impulsada decididamente por muchos de los países que perdieron poder de voto con el cambio.

La naturaleza del liderazgo mundial, las características de la nueva economía y los desafíos políticos y económicos que enfrenta la comunidad internacional dejarán poco espacio para la reproducción de los esquemas de poder del siglo pasado en el actual.

En la contienda imaginaria con la que comenzamos esta sección seleccionamos solo cinco países emergentes. Pero, como señalamos, son muchos más los que están en condiciones de crecer y diversificarse, en diferentes regiones del planeta, mejorando la relación de ingresos medios de sus habitantes y participando del debate multilateral acerca del rumbo de la economía mundial.

Parece claro que el poder fijo, los eventos predecibles y la capacidad de controlar el futuro típicos del mundo bipolar está dejando paso a un esquema de poder más fluido, donde la capacidad de predecir el comportamiento de los actores económicos y políticos es considerablemente menor y el control de los eventos futuros se torna prácticamente una ilusión.

El balance entre dos polos de poder tan típico y estable del siglo xx está siendo reemplazado por un nuevo sistema de equilibrios múltiples, que emerge suave y paulatinamente pero también de modo inexorable para aumentar nuestra incertidumbre, reducir la capacidad de control, y crear una realidad más difusa y discontinua que aquella a la que nos habíamos acostumbrado.

En términos geopolíticos, debido al peso de Asia entre los países emergentes, no puede negarse que habrá una migración de los centros de poder tradicionales del siglo pasado –los Estados Unidos, Europa y Japón– hacia el este del planeta.

Este desplazamiento progresivo y paulatino del poder mundial hacia el Este –con epicentro en el acenso de China e India– es una tendencia muy presente durante los últimos años. Sin embargo, y aunque sea difícil hacerlo, no debe tomarse como un reemplazo puro y simple del liderazgo actual, que busca replicarlo en todas sus formas.

Debido a las características de su ascenso, la estructura de su economía, la aparición de líderes regionales importantes (como Brasil en América Latina, Sudáfrica en su continente o Rusia) y el poder remanente de los líderes actuales es muy probable que el nuevo liderazgo, como hemos señalado, sea ejercido desde una plataforma multipolar.

Representación política y organización económica en el siglo XXI

El consenso alcanzado en los 1990s, acerca de la superioridad de la democracia y la economía de mercado como formas de representación política y organización económica de la sociedad, ha sido puesto a prueba intensamente –tanto por factores externos como internos, propios del sistema– en los últimos veinte años.

Entre los factores externos, el primer test de envergadura consistió en la desaparición de la URSS en 1991 y la necesidad inmediata de organizar un nuevo sistema político que permitiera reconstruir la economía de un área poblada por más de 300 millones de personas.

Establecer las instituciones políticas y económicas necesarias para reconstruir el tejido social y modernizar la sociedad fue un proceso exigente y muchas veces desalentador para los ciudadanos de esos países, que no solo querían más libertades sino también la capacidad material de ejercerlas. "Buscamos democracia y terminamos en un mercado de acciones", recuerdo haber leído en esos turbulentos años en las calles de Varsovia.

Eventualmente, y con distintos grados de éxito, los países miembros de la ex URSS superaron la dura prueba que les impuso la desaparición del sistema comunista, aunque no todos ellos lograron hacerlo construyendo una democracia moderna y una economía competitiva. Sin lugar a dudas este fenómeno llevó a dirigentes y ciudadanos de todo el mundo a reflexionar sobre las dificultades y las limitaciones para replicar exitosamente y expandir el modelo democrático e introducir reformas de mercado en relación con distintos contextos culturales, históricos y sociales.

Otro evento externo que puso a prueba la resistencia del sistema, su flexibilidad y su capacidad de respuesta, fue la emergencia del terrorismo como amenaza a la seguridad global.

Desde comienzos de los 1990s se registraron sangrientos ataques terroristas. Baste recordar los atentados a la Asociación Mutual Israelita Argentina o la Embajada de Israel en Buenos Aires o los ataques a las embajadas de los Estados Unidos en África, algunos años más tarde.

Sin embargo, tanto por la magnitud de la pérdida de vidas humanas, así como por su impacto económico, psicológico y anímico, el ataque suicida de septiembre de 2001 en New York fue el encargado de poner en evidencia la emergencia de un nuevo desafío sistémico: el terrorismo global. Los ataques de Londres (2006) y Madrid (2010) mostrarían que New York no fue un caso aislado.

La estrategia militar de los terroristas consistió en aprovechar los derechos ciudadanos y las libertades del sistema político y económico para golpear brutalmente a la sociedad civil con la finalidad de producir un rechazo electoral que sacara del poder –o cambiara la política hacia Medio Oriente– de los gobiernos atacados. De alguna manera, buscaban participar en el sistema democrático para influir a la opinión pública a través del miedo.

El desafío de la democracia ha consistido desde entonces en luchar contra ese flagelo afectando en la menor medida posible las libertades y los derechos individuales.

Finalmente, el surgimiento de China –progresivo y constante a lo largo de las últimas tres décadas y media– sustentado en una apertura de su economía, la implementación de reformas de mercado y, en general, una aproximación al capitalismo en ausencia de una reforma política de su sistema de gobierno (como muchos vaticinaron en ocasión de las manifestaciones estudiantiles de 1989 en la plaza Tiananmen) ha levantado algunos interrogantes –y reforzado otros– acerca de la relación democracia-economía de mercado, que están lejos de resolverse.

Entre los factores internos que han asediado a la democracia y a la economía de mercado se cuentan la intensificación de la globalización, la preocupación por el medioambiente, el desencanto ciudadano con la política y la frustración económica provocada por la crisis financiera internacional que se inició en 2007/2008.

La globalización ha puesto a prueba la capacidad de los gobiernos de formular políticas públicas en un contexto donde los consensos internacionales promovían la cesión de soberanía para participar o conformar espacios regionales o supranacionales.

Los acuerdos de libre comercio, las leyes de propiedad industrial, los tratados de protección de inversiones, la adopción de estándares en materia medioambiental, laboral, etc. han generado una serie de condicionalidades políticas difíciles de eludir para un país interesado en comportarse como un miembro responsable de la comunidad internacional. De alguna manera, participar de la sociedad internacional –como ocurre al participar de cualquier asociación– implica autorregular o sacrificar algunos intereses individuales para mejorar las posibilidades colectivas de éxito.

Tal vez precisamente por esa razón, la dinámica de la globalización parece haber intensificado históricos reclamos de independencia regional en algunas áreas geográficas, tales como la Unión Europea. Los ciudadanos parecen más cómodos y seguros en un ambiente que conocen y controlan e incluso más dispuestos a participar desde allí en un proceso de integración continental.

Como resultado de este proceso varios países se han visto presionados a ceder soberanía "hacia arriba" para conformar espacios supranacionales al mismo tiempo que lo hacen "hacia abajo" para otorgar una mayor autonomía, activamente reclamada, a distintas regiones.

Superada la competencia entre el capitalismo y el comunismo la comunidad internacional organizó rápidamente una Cumbre de la Tierra, en 1992, para tratar los problemas derivados de la intensificación de la producción industrial sobre la biodiversidad y los ecosistemas. Desde entonces, diversos tratados internacionales entre los que sobresale el de Kyoto, van camino a introducir un nuevo factor en la función de producción clásica.

Se trata del capital natural o medioambiente, que el capitalismo ha explotado a costo cero en los último 240 años generando un aumento peligroso de la concentración de gases efecto invernadero en la atmósfera y el consiguiente incremento en la temperatura promedio del planeta.

¿En qué medida podrán la democracia representativa y la economía de mercado promover consensos y generar incentivos suficientes para detener este proceso?

Por último, y en lugar destacado, corresponde señalar el efecto creado por el creciente descontento de una importante porción de la clase media con el desempeño del sistema político y la economía de las democracias maduras a causa del aumento de la desigualdad en los ingresos. Por supuesto, tal sentimiento no ha hecho más que empeorar y agudizarse a partir de la crisis financiera que estalló en 2007.

No cabe duda que, desde el punto de vista de su dinámica interna, la desaparición de alternativas nos ha confrontado con los límites del sistema democrático y la economía de mercado.

El futuro de la representación política

Cuando la globalización transitaba su período de mayor esplendor –a partir de la segunda mitad de los 1990s y hasta el estallido de la crisis financiera en 2007– muchos analistas pronosticaban una continua pérdida de poder relativa de los estados nacionales. Tales evaluaciones consideraban que los acuerdos internacionales negociados y en trámite drenarían la capacidad de los gobiernos para formular políticas públicas debido a la gran cantidad de compromisos que involucraban.

Los gobiernos no podrían fijar altos aranceles para proteger la producción local por los acuerdos de libre comercio; debían fijar ciertos estándares mínimos contra la contaminación por los acuerdos medioambientales, tendrían que establecer ciertos procedimientos para respetar las inversiones extranjeras y limitar el lavado de dinero, etcétera.

Sin embargo, aun en ese contexto, las predicciones no se materializaron y los gobiernos nacionales mantuvieron su fortaleza política y su centralidad en la vida de los ciudadanos. Probablemente, los pronósticos no se cumplieron por una variedad de razones, entre las que se destacan dos.

La primera es el hecho de que el grado efectivo de integración de los mercados es mucho menor en la práctica de aquel que nosotros creemos percibir en la vida diaria. El mundo está, en el mejor de los casos, solo semiglobalizado.

la segunda es que, las crecientes desigualdades verificadas en las sociedades más integradas a la economía global –exacerbadas por la crisis financiera en los últimos cinco años– han estimulado el clamor ciudadano a sus gobiernos para que actúen neutralizando el impacto negativo que ese proceso tiene en sus bolsillos y en los planes que han hecho para sus vidas.

Esto ocurrido aun cuando los niveles de desigualdad se verifiquen a partir de un mínimo de ingresos que permite mantener una vida digna, como ocurre en Europa. Posiblemente, los reclamos se alimentan de la impresión de que el famoso "Estado del Bienestar", edificado por esas sociedades no podrá sostenerse –al menos como existe hoy– en el futuro.

Estos reclamos han tenido lugar también en sociedades menos integradas en la globalización, como los países árabes del norte de África, donde la pobreza y la corrupción política cercenaban las posibilidades futuras de generaciones enteras.

Lo notable es que las nuevas formas de reclamos y protestas parecen organizarse espontáneamente desde distintos estamentos sociales –sin importar el nivel de ingreso ni el grado de desarrollo político de las sociedades donde tienen lugar–en vez de hacerlo desde partidos políticos o estructuras políticas formales. Sin duda, ese fenómeno se vincula con el hecho de que las protestas, que son esencialmente políticas, parecen dirigidas a reclamar más participación ciudadana en las decisiones y no están organizadas siguiendo los patrones tradicionales del siglo XX entre manifestantes de izquierda o derecha.

Las movilizaciones y las protestas parecen vinculadas con la percepción que los ciudadanos tienen acerca de la forma en que se ejerce el poder más que con la ideología del partido en el gobierno. Es probable que ese cambio responda a la disminución de alternativas a la democracia representativa y la economía de mercado.

Cada vez más las protestas se dirigen contra las formas autoritarias de ejercicio del poder, contra la manera excluyente que establece barreras de acceso a las decisiones y a favor de un poder más inclusivo, abierto a la participación, equilibrado, distribuido, lateral y accesible para la comunidad en su conjunto. Las condiciones de los líderes para ejercer uno y otro tipo de poder son claramente distintas.

En ese contexto, es probable que los niveles de representación política más próximos a los ciudadanos, como los gobiernos municipales, ganen relevancia y se vuelvan estratégicos en la tarea de disolver el desencanto con la política y los políticos que envuelve a gran parte de los ciudadanos en todo el mundo.

Es posible que los gobiernos se vean tentados –si no obligados– a descentralizar parte del poder concentrado en el nivel de decisiones nacionales fortaleciendo la capacidad decisoria de los gobiernos estaduales o municipales, no ya para reducir gastos como ha sido el caso en pasado reciente, sino como una forma de ganar legitimidad política.

Acercar el proceso de toma de decisiones a los ciudadanos, allí donde ellos se encuentran, tiene el potencial de comprometerlos con lo mejor de la política: la capacidad de organizar consensos y tomar decisiones colectivas respetando y protegiendo a las minorías.

El modelo de representación política en el siglo XXI estará sin duda determinado por el imperativo democrático de renovar el compromiso con el pueblo y su participación política a través de soluciones prácticas y concretas para los problemas cotidianos que más preocupan a la gente.

Por eso mismo, el principal desafío que enfrentará la democracia será el de evitar y neutralizar la reemergencia del populismo.

Hemos visto cómo el descontento con el sistema político y su capacidad de producir soluciones concretas ha disparado un resurgimiento del populismo en América Latina a partir de la crisis venezolana en 1998 pero también, con distinta intensidad, en la Argentina, Bolivia y Ecuador.

En Europa (el Frente Nacional de Jean Marie Le-Pen en Francia, el Partido de la Libertad Austríaco de Jörg Haider y otras expresiones en el Reino Unido) algunos partidos populistas llegaron incluso a formar parte de coaliciones de gobierno.

En los Estados Unidos las campañas políticas lideradas por candidatos independientes (Ross Perot y Pat Buchanan) utilizaron la retórica populista para captar votos y partidos de corte populista han jugado un cierto rol en la política de países como Australia y Nueva Zelanda llegando incluso a las coaliciones gobernantes.

Estos movimientos populistas aparecen normalmente cabalgando el descontento de la población con el sistema político y asumiendo su representación. Reclaman hablar por el pueblo, que "nunca se equivoca" y descartan la intermediación de las instituciones o autoridades en su relación "directa" con la población, con la declarada finalidad de crear una dinámica política que responda a la voluntad popular.

El populismo puede tener bases ideológicas en la izquierda o en la derecha y generalmente organiza el debate político en torno de consignas del tipo "nosotros" contra "ellos" para catalizar el descontento contra un enemigo común (el establishment económico, el establishment político, los inmigrantes, etc.) generando empatía, compromiso y apoyo en el pueblo.

En el pasado ha sido asociado con los movimientos profundamente antidemocráticos como el fascismo o el nacional socialismo. El populismo moderno, sin embargo, ha logrado acomodarse al funcionamiento de las instituciones democráticas y no propone abolir el sistema sino acomodarlo para que produzca "lo que el pueblo" quiere. Esto implica asumir que el pueblo es uno y que habla con una sola voz, la que escucha el líder.

Claramente, esta concepción va en contra del funcionamiento básico de una democracia moderna y del rol que el ejercicio político debe jugar en ella, basada en la búsqueda de consensos y compromisos entre posiciones diferentes, la necesidad de entender la posición del adversario político y las dificultades inherentes a la implementación de soluciones complejas para abordar los problemas sociales.

Por eso justamente resulta tan crítico trabajar activamente para reformular los canales y mecanismos que garanticen una mayor participación ciudadana de una manera moderna, usando todo el poder de las nuevas tecnologías.

Los canales de participación política del siglo XXI deben poblarse de nuevos instrumentos, incluidos internet y las redes sociales, que esconden un potencial y alcance que siquiera hemos podido vislumbrar en estos primeros años de experimentación social y política.

Esta reingeniería de los canales de participación política deberá basarse en un ejercicio del poder más abierto, inclusivo y participativo, lo cual requerirá el fortalecimiento de los derechos civiles y políticos de la gente y la descentralización de autoridad y responsabilidades, con la correspondiente transferencia de recursos a los niveles de la administración política más próximos al ciudadano.

En un esquema de ese tipo no sería descabellado asumir que los líderes civiles, dedicados a la beneficencia o a resolver carencias sociales concretas cobren más relevancia que los propios representantes de los partidos por su mayor capacidad de gestión.

En el siglo XXI no alcanzará con tener buenas políticas. La clave será implementarlas apropiadamente y gestionar sus resultados de manera adecuada decidiendo intervenciones o liberalizaciones en función del desempeño observado y los resultados buscados. La buena gestión de las políticas será tan importante como su diseño.

Será evidente, a medida que avance el siglo, que necesitaremos líderes emprendedores en el campo de la política, con capacidades similares a las de un empresario social en los cargos ejecutivos para movilizar recursos, organizar la producción de resultados y ajustar la implementación de las políticas.

No será suficiente utilizar los medios de comunicación para promocionarse y es posible incluso que las propias redes sociales e internet jueguen un papel importante en reducir el poder de los medios masivos para imponer un candidato. La transparencia, la honestidad y la proyección genuina de los objetivos personales y políticos jugarán un rol crítico en el proceso de selección política.

El estrecho campo de la política partidaria se verá expandido al vasto ámbito de la política social y comunitaria donde la tolerancia, accesibilidad y apertura de los líderes para incluir los derechos de las minorías desempeñará un papel importante y creciente para fortalecer la legitimidad en el ejercicio del poder.

La organización de la economía en el futuro

El capitalismo y la economía de mercado han establecido su supremacía como forma de organización económica más allá de toda duda. Constituyen la única manera eficiente de promover la mejora del nivel de ingreso de las sociedades, incrementando la producción de bienes y servicios y promoviendo la innovación tecnológica.

Dos décadas de vigencia solitaria en la sociedad internacional, a partir de la implosión de la URSS y las reformas en China, nos han permitido visualizar más fácilmente y comentar más abiertamente sus limitaciones y problemas.

La primera probablemente se relaciona con las desigualdades de ingresos inherentes a la organización de una economía de mercado. La búsqueda del lucro personal y la maximización de utilidades promueven la "supervivencia del más apto" en el universo capitalista, un fenómeno indispensable para asegurar el progreso y la creación de valor.

No es el mercado sino la democracia –o de manera más amplia al considerar el caso chino, el accionar político del gobierno– el factor que crea y promueve el desarrollo de la clase media en la sociedad.

La segunda, también estructural, es que el capitalismo global –tal como lo predecía Marx– librado a sus fuerzas y liderado únicamente por su dinámica tiene una cierta tendencia a la autodestrucción.

En 240 años de existencia la organización económica de mercado ha experimentado y superado innumerables crisis de deuda y explosiones de todo tipo de burbujas en el valor de los activos (tecnológicas, inmobiliarias, etc.) pero podemos encontrar al menos dos cataclismos sistémicos que amenazaron la supervivencia propia del capitalismo global: la Gran Depresión de 1929 y la Gran Contracción (llamada así por algunos debido al proceso de desendeudamiento que ha disparado) de 2007.

Es notable que ambos hayan tenido lugar en un lapso de apenas 80 años, el último tercio de experiencia capitalista en la sociedad internacional. En ambos casos el nuevo equilibrio no fue alcanzado gracias a las fuerzas libres del mercado sino debido a una profunda y vasta intervención de los gobiernos que dedicaron ingentes recursos a reconstruir el funcionamiento del sistema económico.

Estas observaciones nos hacen pensar que hay tanto para ganar a través de una mayor globalización de la economía internacional e integración de los mercados de bienes y servicios cuanto por medio de la intervención inteligente de los gobiernos en la regulación de la actividad económica.

Es probable que el éxito de la globalización dependa de que la organización de la economía logre administrar simultáneamente una mayor apertura y liberalización y un mayor nivel de intervención y regulación del Estado.

Un proceso de este tipo requerirá el surgimiento de nuevas instituciones así como el fortalecimiento de las existentes para mejorar la coordinación de las empresas y los gobiernos asegurando unos resultados mínimos para los más débiles así como posibilidades de progreso y movilidad social en la sociedad.

Es probable que demande incluso una demorada reingeniería de las organizaciones internacionales en materia de provisión de bienes públicos esenciales para la economía global, tales como la estabilidad financiera internacional, un régimen de comercio libre y justo, la protección del medioambiente a través de un sistema transparente para valorizar la polución (similar a los mercados de carbono) y un mecanismo de transferencia de tecnología.

Por supuesto, una dinámica de estas características tiene sentido y solo es relevante cuando los objetivos generales y la dirección de la economía es clara y precisa en términos de participar activamente en la economía global y la integración de los mercados. No hay país que haya modernizado su economía y su sociedad en espléndido aislamiento.

No se trata de hacer una opción positiva o negativa por el capitalismo sino de promover la organización de la economía de mercado dentro de la variedad de formas que puede adoptar el capitalismo global.

Es importante distinguir claramente el camino porque la sociedad internacional se encamina hacia una nueva etapa de su vida económica. Una etapa llena de nuevos desafíos y oportunidades.

La Gran Depresión de 1929 provocó el surgimiento de políticas keynesianas que recuperaron el dinamismo productivo y alumbraron un período de prosperidad y desarrollo de largo aliento. Cuando estas políticas perdían impulso y aumentaba la inflación la revolución monetarista de principios de los 1980s creó las condiciones para el retorno del crecimiento e inició un período de "Gran Moderación" en la economía internacional con poca volatilidad financiera, baja inflación, bajo desempleo y aumento moderado pero constante del producto bruto.

La Gran Contracción de 2007 viene a concluir esta última etapa, donde el fin del "super-ciclo" de la deuda (tomada tanto por los consumidores como por sus gobiernos) jugará un papel relevante. Se trata de un época donde el crecimiento económico no podrá financiarse con aumentos en el nivel de endeudamiento sino que deberá proceder de otras fuentes, más genuinas y confiables.

Enfrentaremos probablemente un contexto más inestable y volátil así como un mayor desempleo estructural y un comportamiento más errático y pobre en materia de crecimiento.

Desde 2003 en adelante el mundo experimentó una etapa de crecimiento sin precedentes. Prácticamente todos las economías emergentes crecieron por encima del 5%. No hay nada que nos obligue a pensar que, inevitablemente, esas condiciones deban repetirse en el futuro.

Uno de los elementos críticos en ese futuro es comprender la magnitud de los desafíos que afronta la economía internacional en materia energética. Algunos expertos señalan –basados en informes de la Agencia Internacional de Energía (AIE) y empresas como British Petroleum– que la era de la energía barata ha llegado a su fin.

Si están en lo cierto debemos esperar una completa reorganización de los sistemas productivos ya que cada una de nuestras revoluciones industriales ha estado basada en un sistema energético singular y los cambios en las fuentes de alimentación de energía –históricamente– han sido los primeros disparadores de los profundos cambios tecnológicos en los sistemas productivos

Las nuevas redes de transmisión de energía "inteligentes" (que están siendo desarrolladas en lugares tan próximos como Brasil), las nuevas fuentes de energía renovable, el almacenamiento de las mismas y su uso en el transporte auguran grandes cambios tecnológicos para los próximos años.

Del mismo modo la nueva demanda de proteínas derivada del surgimiento de una nueva clase media global (con epicentro en China e India) requerirá ingentes inversiones y una gran dedicación para comprender las nuevas tendencias de un mercado que comienza a mostrar una clara convergencia entre las industrias de la alimentación y la farmacéutica.

Las economías emergentes en general, y países como la Argentina en particular, cuentan con grandes oportunidades en este nuevo mundo pero dependerán crucialmente de la calidad de las políticas públicas que adopten así como de la pericia de sus administradores políticos, empresarios y sociales.

En cualquier caso, la organización capitalista del futuro deberá encontrar una solución al problema de la concentración de la riqueza. La pregunta que deberá formularse es ¿por qué el capitalismo genera tan pocos capitalistas?

En un mundo donde el ciudadano se convierte en el centro de la acción política y el consumidor independiente se convierte en un "prosumidor" que no solo consume sino que produce y diseña los productos que consume –generando nuevas tendencias en la industria y en los modelos de negocios– sería impensable que la economía de mercado siguiera anclada en la idea de la creación de empleo del siglo XX para generar trabajo a una población que llegará pronto a los 8.000 millones de personas, con más gente que nunca por encima de los 60 años y más jóvenes menores de 25.

Necesitamos cambiar la mentalidad del siglo pasado y edificar una sociedad de emprendedores, cualquiera sea el lugar donde nos toque desempeñarnos.

Un capitalismo "distribuido" o, incluso mejor, un capitalismo "compartido", donde los trabajadores fueran dueños de porcentajes minoritarios de acciones de las empresas en las que trabajan, los consumidores a su vez, por ejemplo, dueños de acciones de las compañías a las que les compran energía –desarrollando incluso la habilidad de producir energía (renovable) doméstica y subirla a la red inteligente de transporte– y cada persona un "dueño" de parte de lo que produce y consume proveería una base sólida para el progreso personal y político de las sociedades.

De hecho, eso es lo que ha estado pasando casi espontáneamente. Los nuevos modelos de negocios en la web 2.0 y las nuevas empresas como Mechanical Turk muestran que podemos pensar que en el futuro mucha más gente trabajará por su cuenta y buscará desarrollar su propia empresa.

En cierto sentido, hay quienes han estado trabajando en estos esquemas por mucho tiempo a través, por ejemplo, de las regulaciones que permitieron el desarrollo de programas de propiedad participada, conocidos en la Argentina en la época de la privatización de empresas públicas y muy difundidas en los Estados Unidos (Employee Stock Ownership Programs ([ESOP]).

La clave de la organización económica del siglo XXI consistirá en promover el desarrollo de más emprendedores —no solo en la economía, sino en todos los ámbitos de la sociedad, tales como la gestión social e incluso la gestión de gobierno— para distribuir más equitativamente las oportunidades de progreso y la satisfacción personal de la gente.

REFLEXIONES 4.0

El argumento central de Argentina 4.0 es promover la expansión y el fortalecimiento de los derechos civiles y políticos de los ciudadanos, recordando que en una democracia ellos son la fuente de todo poder.

Al señalar el enorme potencial que encierran las nuevas tecnologías basadas en las aplicaciones de internet interactivas (2.0) se los alienta a ejercer ese poder de la manera más directa posible, promoviendo iniciativas, calificando y evaluando políticas públicas, opinando sobre las decisiones del gobierno y controlando el mandato otorgado a los políticos de una forma más cercana: involucrándose.

El propósito de tales argumentos es salvar la brecha abierta entre los ciudadanos y sus representantes rediseñando la relación de la gente con la política, renovando los cuadros dirigentes, mejorando su calidad y capacitación y restaurando la relación de autoridad del ciudadano sobre los políticos que elige para cumplir una función pública determinada.

La finalidad última de esta propuesta es la de reconstruir el tejido social de la Argentina para fortalecer la clase media y recuperar la histórica movilidad social de la que disfrutaba nuestro país. Argentina 4.0 quiere ser un país de clase media, por lo que su primer objetivo es reducir la pobreza y la marginalidad.

Subyace, por supuesto, una condición necesaria para que una propuesta de estas características prospere; la provisión de una educación de alta calidad en cada rincón del país, especialmente en los sectores marginados.

No podría ser de otro modo cuando, para cumplir los objetivos planteados, será necesario estimular la formación de "capacidades sociales" siempre que sea posible, así como desarrollar y fortalecer instituciones que aseguren el arribo definitivo de una "nueva política", basada en una forma abierta, inclusiva, cooperativa y lateral de ejercer el poder.

Los gobiernos locales, se postula, son un buen lugar para comenzar. Ese marco requiere disponer de instrumentos de participación adecuada así como recursos suficientes. Por eso se recomienda recuperar la autonomía de las provincias y los municipios, dotándolos de unas finanzas adecuadas a partir de una efectiva coparticipación federal de impuestos.

En ese contexto, el capítulo dedicado al "Plan de trabajo de Argentina 4.0" presenta una serie de iniciativas bajo la lógica de esta propuesta, orientadas a fomentar la participación ciudadana y formar "capacidades sociales", planteando soluciones que puedan traducirse en instituciones.

Ruego al lector que las trate con indulgencia. Aunque hubiera sido más fácil refugiarse en la seguridad de los argumentos conceptuales preferí tomar el riesgo e ilustrar los conceptos de manera práctica. Me pareció imprescindible para una propuesta que busca ser llevada a la acción. Por supuesto, estas iniciativas no pretenden ser una lista de políticas públicas. Mucho menos de instituciones.

Se trata simplemente de un conjunto de sugerencias –que requieren distintos niveles de trabajo todavía– con el propósito de revelar el sentido de la propuesta y su potencial de aplicación.

Ellas son:

• Fortalecer los mecanismos de democracia directa en los municipios, promoviendo "Iniciativas sociales", articuladas, incluso virtualmente, financiándolas de modo innovador combinando recursos del Estado, empresas, fundaciones, ONGs y otros actores (Políticas Sociales 4.0).

• Concesionar eventualmente obras públicas locales (pavimentación de barrios marginales, etc.) a empresas organizados por los mismos ciudadanos a los que se les pretender prestar el servicio (Políticas sociales 4.0).

• Establecer un sistema de incentivos para los funcionarios locales que realicen ahorros presupuestarios y aumenten la productividad de su dependencia mejorando la burocracia (Administración Pública 4.0).

• Promover las técnicas de Presupuesto Participativo y su ejecución participativa para involucrar a los ciudadanos en el manejo de la "cosa pública" y promover la descentralización de funciones –a las comunas o distritos– en los municipios.(Administración Pública 4.0).

• Desarrollar modalidades de "cogestión", tales como el Planeamiento Estratégico o la Prospectiva, involucrando a la ciudadanía en la planificación de su ciudad y consultando a los sectores afectados sobre los planes elaborados para apoyar su desarrollo (Democracia 4.0).

• Formular mecanismos que promuevan la democracia directa a nivel local, creando programas de fortalecimiento de capacidades sociales y cívicas, en conjunto con universidades y organizaciones sociales para conectar a los ciudadanos entre sí y con las autoridades locales (Democracia 4.0).

• Implementar sistemas de votación modernos como el voto electrónico o la boleta única, informando a los ciudadanos más y mejor acerca de sus representantes y permitiendo, al mismo tiempo, una mejor fiscalización del proceso electoral (Democracia 4.0).

• Articular programas de Estímulo a la Calidad Educativa, replicando localmente los mecanismos que ya existen en la región y el mundo e involucrando a las familias y a las autoridades locales en el proceso (Educación 4.0).

• Crear sistemas de incentivos para el desarrollo de "Ciudades de la Ciencia", con un concepto moderno de *cluster* que estimule la asociación empresaria con los investigadores y la participación ciudadana (Desarrollo Tecnológico e Innovación 4.0).

• Elaborar plataformas de internet interactiva (2.0) aptas para la evaluación de proyectos de investigación e inversión (del tipo "Vencorps"), que permita recurrir a la comunidad para seleccionar iniciativas financiables (Desarrollo Tecnológico e Innovación 4.0).

• Analizar la conveniencia de adoptar Mecanismos de Desarrollo Limpio (en los términos del Protocolo de Kyoto) y esquemas de reducción de emisiones de dimensión municipal (caso Tokio) promoviendo el desarrollo de "Ciudades Verdes" (Medioambiente y Energía 4.0).

• Adoptar esquemas de "propiedad participada" cuando los aumentos de tarifa en los servicios públicos (electricidad, gas, etc.) se destinan a la construcción de obras. El ciudadano no paga gastos sino que invierte, recibiendo activos que podrá usar en el futuro (Economía y Sociedad 4.0).

• Establecer esquemas voluntarios de "propiedad participada" en el sector privado basados en exenciones impositivas para las empresas que los adopten. Los trabajadores recibirán acciones como parte de su remuneración que podrán usar en el futuro (Economía y Sociedad 4.0).

Por supuesto no hay soluciones mágicas ni pócimas milagrosas. Las propuestas presentadas necesitan trabajo y discusión.

Aun cuando pudieran formularse inmediatamente, muchas de ellas necesitan un marco adecuado para que su desarrollo mejore la vida de la gente de manera concreta, tales como un mercado de capitales profundo y dinámico (propiedad participada) o la existencia de adecuadas instancias de control (estímulo a la calidad educativa) por lo que sería difícil priorizarlas en esta instancia.

En conjunto, sin embargo, intentan mostrar que hay una manera concreta de convertir la "protesta" contra la ineficiencia del sistema democrático en una "propuesta" de ideas que puedan solucionar esos déficits de manera práctica, convirtiéndose en el germen de futuras instituciones.

Trataremos de continuar su discusión en www.Argentina40.com.

La nueva política y las instituciones

El desgastado término "nueva política" no puede agotarse en designar personalidades o dirigentes con una trayectoria pública reciente o un comportamiento de *celebrity* sino que debe entenderse como una forma completamente nueva de concebir el rol del ciudadano en el ejercicio del poder.

La "nueva política" significa moverse desde los modelos de gobierno jerárquico, cerrado y excluyente, hacia una nueva forma de ejercicio del poder, de manera abierta, participativa y lateral, promoviendo la cooperación y el respeto a las minorías y favoreciendo la participación más directa y cotidiana de los ciudadanos.

Esta concepción no ignora ni menosprecia el rol de los partidos políticos en la práctica democrática ni desconoce el rol crítico del sistema representativo de gobierno sino todo lo contrario. Busca modernizarlo y legitimarlo a través del regreso a los orígenes políticos del sistema, en el que los dirigentes tratan de convencer a la gente acerca de las bondades de sus propuestas y los ciudadanos eligen libremente entre diferentes ideas y propuestas para organizar la vida social.

Argentina 4.0 no promueve que la gente abandone su trabajo y la atención de sus asuntos cotidianos para pasar su día detrás de un computador, un teléfono inteligente o una tableta administrando el país. Eso sería un pandemónium. Lo que busca es reconciliar a la gente con la política y estimularla a ejercer sus derechos haciendo valer su opinión y controlando de manera directa y frecuente el cumplimiento del mandato político otorgado a sus representantes.

Esa es precisamente la promesa que guardan las nuevas tecnologías, la de facilitar ese proceso recreando la "Plaza de Atenas", donde los ciudadanos discutían abiertamente –en los albores de la democracia– las propuestas políticas de los distintos grupos (o "partidos").

Si queremos que este sistema funcione debemos trabajar en elaborar instituciones que aseguren la estabilidad y relevancia de las nuevas prácticas. Justamente, la democracia ateniense fracasó por la ausencia de un marco institucional estable.

Por ejemplo, regular a través de legislación específica las características y el alcance de la participación ciudadana en la aprobación de un presupuesto municipal o comunal, a través del mecanismo conocido como "Presupuesto Participativo", puede servir para integrar a la gente en el proceso político de una manera práctica y cercana con sus necesidades y, al mismo tiempo, disparar la implementación de nuevos mecanismos para la prestación de servicios públicos (tal vez con participación de empresas formadas en el seno de la propia comunidad).

¿Cómo funcionaría una legislación que promoviera una evaluación anual de desempeño del gobierno y la legislatura local en dos o tres áreas específicas (tales como seguridad, higiene o educación)?; ¿podría ponerse en marcha un sistema de evaluación local de la calidad de enseñanza escolar?

De lo que se trata es de pasar del discurso a la acción. No debería bastar para los dirigentes declamar que ellos son "lo nuevo". La nueva política necesita instituciones que administren una nueva relación de la gente con el poder y la involucren en el proceso de gestión y control sin erosionar las bases del sistema representativo. Solo de esa forma se garantizará el triunfo de un nuevo modelo de ejercicio de poder, más cooperativo, abierto y participativo.

Entre esas instituciones serán necesarias instancias de mediación, sobre todo si promovemos el uso de las nuevas tecnologías. Todos sabemos que la acción remota y la ausencia del "cara a cara" estimulan a veces comportamientos destemplados, irrespetuosos, producto del anonimato y el contacto remoto. Las instituciones de la nueva política deberán prever formas de intermediar esos "ruidos" y la "comunicación basura" que puedan generarse en el sistema para proteger los nuevos mecanismos de participación ciudadana y asegurar que alcancen su propósito.

Además, hay que actuar con cautela y recordar que a la plaza ateniense no concurrían todos los ciudadanos sino solo aquellos que disfrutaban de las condiciones de vida que les garantizaban suficiente tiempo disponible como para ocuparse de los asuntos de la comunidad. El desafío en el siglo XXI es que en esa plaza "virtual" quepan ahora todos los ciudadanos, de todas y cualesquiera sean las condiciones sociales.

Ese es el marco en el que Argentina 4.0 plantea la expansión de los derechos civiles y políticos de los ciudadanos. La "nueva política", si verdaderamente busca promover una nueva forma de ejercer el poder, más cooperativa, deberá asegurar un nuevo nivel de participación ciudadana que salve la distancia abierta entre la gente y sus representantes.

El nuevo contrato social

Para materializar el objetivo habrá que formar capacidades sociales, empoderando (*empowering*) a los distintos sectores de la comunidad –especialmente a los más postergados– para que puedan ejercer sus derechos libremente. Habrá que sacarlos de la pobreza extrema y asegurar sus posibilidades de movilidad social y progreso, promoviendo su acceso a la clase media.

Un porcentaje relevante de la reducción de la pobreza registrada en la última década –en el país y en la región– se ha operado a través de transferencias de dinero directas desde el Estado hacia los más desposeídos.

Las transferencias que garantizan esos ingresos de los sectores más pobres, además, se basan en un contrato social (entendido como una serie de acuerdos más o menos explícitos que –por vía legal y/o cultural– establece lo que cada uno aporta y recibe del Estado), resquebrajado por la ineficiencia y la corrupción políticas y las crisis económicas.

Los sectores de mayores ingresos relativos del país estaban acostumbrados a pagar pocos impuestos y recibir poco del Estado, pagando por educación privada, servicios de salud privados, seguridad privada, etcétera.

En las últimas décadas esa situación ha cambiado radicalmente, porque la clase media está siendo sometida a todo tipo de impuestos, cada vez más altos, sin que los servicios públicos mejoren lo suficiente, al menos a los ojos de los consumidores, como para reemplazar las prestaciones privadas.

Una sociedad que acepta que necesita ciertos niveles de cohesión para fortalecer la democracia y sus posibilidades de progreso necesita reescribir los derechos y obligaciones que cada ciudadano tiene con el Estado.

Las transferencias de dinero del Estado a los sectores marginales son necesarias y positivas, pero constituyen solo el primer paso. En ese esquema el "poder" está en manos del que transfiere, o sea, el Estado.

En Argentina 4.0 el poder debe pasar a manos del que recibe, es decir, la comunidad. En un gran número de casos los líderes comunitarios son verdaderos empresarios sociales que saben asignar prioridades y pueden implementar acciones de asistencia. El rol del Estado pasa a ser el de garantizar los recursos y su distribución transparente.

Empoderar –es decir, darle poder– a la comunidad significa garantizarle desde el Estado unos elementos mínimos que le permitan ejercer sus derechos libremente y aprovechar las oportunidades legítimas de progreso social sostenible a largo plazo.

No se trata de convertir a los sectores menos aventajados de la sociedad en clientes regulares de un sistema de asistencia social sino, por el contrario, en sus dueños o, incluso –si se quiere–, en sus accionistas, a través de empresas sociales dedicadas a la prestación de servicios. Podría surgir así una nueva generación de empresarios sociales en el seno de su comunidad.

Garantizar la movilidad social debe ser una meta que alcance a todos los sectores sociales. Por supuesto la prioridad deber estar en los sectores marginales y desposeídos. Son ellos los que deben superar la brecha más amplia.

Pero una sociedad progresista buscará asegurar el proceso de movilidad social en cada eslabón de la cadena que mueve los intereses de toda la comunidad; porque para fortalecer la democracia y la economía en el siglo XXI necesitamos más ciudadanos en posición de ejercer sus derechos y más accionistas que empleados.

Los "esclavos" de un salario (o de una transferencia del Estado) del siglo pasado podrían, idealmente, dejar su lugar a una nueva generación de "accionistas" que cultivan su propio capital social y económico. El rol del Estado debe ser garantizar ese proceso a través de instituciones.

Hay muchas maneras de lograrlo. Por ejemplo, en lugar de rodar en círculos entre la privatización y la nacionalización de empresas podríamos probar la idea de convertir a los ciudadanos en accionistas de esas compañías, sobre todo si aumentamos las tarifas con la declarada intención de hacer nuevas obras públicas.

Seguramente, se podría calcular el valor de las acciones equivalentes al porcentaje de pago de capital incluida en las tarifas y asignar un porcentaje del valor de la empresa (o de su nuevo valor cuando la obra esté terminada) a la gente que lo ha solventado a través del pago periódico de sus servicios.

La gente necesita capital para progresar en una economía libre y esta es una forma de dárselo. Sobre todo si ponen la plata de su bolsillo para hacer la obra. Por supuesto, para que ese capital eventualmente tenga valor la empresa en cuestión deberá cotizar sus acciones en algún mercado.

Como en el caso de los programas asistenciales esta idea representa un cambio de mentalidad. La propiedad de las cosas no es del Estado ni se concentra en manos de unos pocos jugadores del mercado sino que está en manos de la gente, de la manera más directa posible. Y tanto los instrumentos del Estado como los del mercado se ponen al servicio de un objetivo: permitirle a la gente construir su capital.

De eso trata la construcción de una "Gran Sociedad" frente al poder total del Estado o del gobierno sin control del mercado. Se trata de encontrar formas de distribuir la riqueza y establecer al mismo tiempo incentivos para crearla.

La misma lógica vale para las empresas privadas. El antiguo reclamo sindical del siglo XX de participación en las ganancias debería dar lugar a la participación accionaria.

El Estado podría ofrecer incentivos fiscales –a través del impuesto a las ganancias y a los activos– para las empresas que adopten esas modalidades, neutralizando el eventual costo de esos esquemas para las compañías, haciéndolo incluso atractivo en términos fiscales. No se trata de una idea nueva. Es el conocido esquema de propiedad participada ya vigente en otras latitudes.

¿Se imaginan la revolución que significaría si el Estado se dedicara a promover que la clase media, los sectores trabajadores o los segmentos postergados de la población adquirieran y cultivaran un capital en lugar de limitarse a transferirles algún flujo de fondos?

Esos impuestos a las ganancias o a los activos no pagados por las empresas que usaran esquemas de propiedad participada serían una transferencia del sector público a los sectores trabajadores, no ya de efímeras "ayudas" sino de un "capital".

No se me ocurre mejor manera de promover la formación de "capacidades sociales", ya que esos nuevos accionistas y capitalistas tendrían un claro incentivo para adquirir nuevas habilidades y conocimientos y crearían demandas de formación en el sistema social que a su vez respondería creando en sí mismo mayores y mejores capacidades.

Argentina 4.0 busca fortalecer la clase media, favoreciendo la movilidad social y formando "capacidades sociales" mediante la transferencia de activos y capital allí, cada vez que sea posible. Con las empresas públicas, con las empresas privadas, con la acción del Estado y la regulación o desregulación del mercado.

Seguramente habrá quienes piensen que construir un nuevo modelo de "capitalismo compartido" o "distribuido", con más capitalistas y empresarios, suena parecido a la formulación de una nueva utopía. Yo tenía la misma idea hasta que me topé con el trabajo de Jeff Gates en 1998. Pude comprobar, que mucha gente, durante mucho tiempo había dedicado –y aún dedica– enormes energías a trabajar estos conceptos y probarlos de forma moderada, con éxito considerable.

No es una meta que se alcance de un día para el otro ni un objetivo inmediato que puede alcanzarse en el corto plazo. Se trata de un ideal extraordinariamente ambicioso para construir una sociedad más justa cuando el mundo cambia de época.

El advenimiento de las nuevas tecnologías, sin embargo, así como la aparición de las redes sociales, la web 2.0, los cambios que han tenido lugar en materia política, económica y social, los nuevos modelos de negocios y el surgimiento de una nueva generación de empresas multinacionales originadas en los países emergentes me han convencido que el movimiento hacia una nueva versión de capitalismo no puede hacer otra cosa que acelerarse.

Cada día vemos nuevas oportunidades de crear valor y generar más riquezas. Apple, al día de hoy la compañía más valiosa de la historia –en términos de capitalización de mercado unos U$D 420 billones–, se tomó 35 años desde su fundación (en 1977, en un garaje) para llegar a ese sitial.

Existe la posibilidad de que una compañía china, Alibaba (fundada apenas en 1999 en un pequeño departamento), que ya es hoy la empresa de comercio electrónico más grande del mundo, tome la posición que actualmente detenta Apple en pocos años más. Podría tardarse apenas la mitad del tiempo que demoró la empresa norteamericana en llegar allí.

Y este es solo uno de millones de ejemplos. Mechanical Turk y la posibilidad de postear en la red 2.0 tareas humanas inteligentes (HIT, Human Intelligent Tasks, por sus siglas en inglés) ha permitido generar un ejército de medio millón de trabajadores que viven en 190 países distintos y trabajan cuando quieren.

Estas empresas son ejemplo de que las posibilidades de crear valor y generar nuevas oportunidades son casi inagotables. Creatividad, pensamiento original y vocación de trabajo pueden llevar a la práctica los sueños más ambiciosos.

No debe perderse de vista, sin embargo, que no hay soluciones mágicas. Sería imprudente pretender a esta altura promover soluciones únicas o completas. El trabajo constante, prudente y gradual en la dirección propuesta por Argentina 4.0 puede servirse de distintos instrumentos.

La nueva burocracia del Estado

El mismo concepto general de confiar en el liderazgo de la gente puede extenderse a la administración del Estado, alumbrando un nuevo modelo de funcionario público. Se trata de una persona dedicada a obtener los mejores resultados posibles de la aplicación de políticas públicas.

Para obtener resultados y soluciones concretas la democracia necesita de emprendedores también en el sector público, capaces de actuar de manera innovadora, con energía y decisión para alcanzar resultados concretos.

La experiencia demuestra que la excelencia en la implementación de políticas públicas es tan importante como las mejores prácticas en su formulación. Las mejores políticas fracasan si no son llevadas correctamente a la práctica.

Por supuesto, para cambiar de actitud y aumentar la calidad de su desempeño el nuevo funcionario público deberá disponer de incentivos. Por ejemplo, podría apropiarse de parte de los ahorros o ganancias generadas a través de mejoras en el desempeño administrativo, optimizando de ese modo sus propios ingresos.

En ese caso, los departamentos que consigan ahorros –alcanzando sus metas de productividad y objetivos– podrían repartir una parte de esos recursos entre los miembros de su equipo de trabajo.

Del mismo modo, esos nuevos emprendedores del sector público podrían concesionar servicios por desempeño a empresas privadas o a emprendedores sociales. En esos esquemas, nadie cobra un peso si no se cumple una meta de resultados establecida por contrato de manera previa, en un cierto plazo dado. Porque lo que se concesiona no es la prestación de un servicio sino la consecución de un resultado, en un plazo determinado.

Competir por un contrato en esos términos significa abandonar el viejo esquema de asignar el trabajo al que cobra la menor tarifa por unidad de medida (tonelada de basura recogida, metro de pavimento construido, etc.) para adoptar un mecanismo donde gana el que cumple la tarea completa (dándole tratamiento a una cantidad total de toneladas de basura por año, pavimentando un barrio completo o construyendo un camino) en el menor tiempo posible y al menor costo total (valor actual neto).

Una nueva generación de emprendedores en el sector público puede liberar las energías de la comunidad y mejorar su participación en la administración de las cosas públicas. ¿Por qué no estimular la participación de empresas sociales, sobre todo en los sectores más desfavorecidos, cuando se trata de realizar obras en su propia comunidad?

De eso se trata cuando se busca "empoderar" (*empower*) a la gente.

Y es esa la verdadera razón por la que resulta fundamental recuperar el papel de servidor público para los funcionarios políticos y devolverle el poder al ciudadano.

Un nuevo pacto fiscal

Promover la movilidad social en el marco de un nuevo contrato social que fortalezca la clase media requiere, sin duda, diseñar un esquema fiscal moderno que disminuya la regresividad del sistema impositivo actual en el marco de una amplia reforma tributaria, para superar definitivamente la política de parches y medidas transitorias –que luego permanecen indefinidamente, sobre todo cuando son subas de impuestos– utilizadas con demasiada frecuencia en una economía propensa a recaer periódicamente en graves crisis.

El punto de partida de tal esfuerzo no puede ser otro que la adopción de un sistema de Coparticipación Federal de Impuestos moderno y equilibrado, tal como lo manda la Constitución Nacional, reformada en 1994.

La salida de la crisis 2001-2002 consolidó un régimen fiscal que pocos hubieran imaginado apenas unos pocos años antes basado, prácticamente, en un sistema *unitario* de financiación nacional, es decir, un sistema en el que la nación recauda una gran parte de sus recursos a través de impuestos de carácter no-coparticipables (como las retenciones a la exportación), que no se comparten con las provincias.

El problema se fue agudizando desde 1992 a través de un Pacto Fiscal por el cual las provincias renuncian al 15% de los recursos coparticipables –los impuestos cuya recaudación sí debe compartirse entre todas las jurisdicciones– para no desfinanciar el sistema de jubilaciones públicas por la implementación del sistema privado de seguros de retiro (1993).

Tales fondos eran requeridos para compensar los aportes que perdería el sistema estatal de reparto por los afiliados que decidieran pasarse al sistema de capitalización (privado). Aun cuando ese sistema desapareció hace ya 5 años, y con él la razón originaria de la decisión solidaria de las provincias de ceder los fondos, el Estado nacional preserva para sí esos recursos, aludiendo a que el Pacto Fiscal que los instituye generaliza el propósito de los mismos al "sostenimiento del sistema previsional".

Solo la provincia de Córdoba se ha desvinculado formalmente del acuerdo legal que sustenta la cesión (Pacto Fiscal) a través de una decisión de su legislatura y reclama al Estado que le distribuya la totalidad de los recursos que le corresponden por la ley 23.548 de Coparticipación Federal de Impuestos de 1988, sin descuento alguno.

La provincia de Santa Fe hizo también presentaciones en el año 2005. Se calcula que los fondos transferidos por las provincias a la nación por este concepto superan los 110.000 millones de pesos entre 2008 y 2012.

Desde los años 1990s las provincias reciben delegaciones de autoridad y funciones así como nuevas competencias como parte de la descentralización llevada a cabo por el Estado nacional. Las competencias en temas de salud y educación fueron transferidas en la década pasada así como algunas jurisdicciones han recibido en esta década responsabilidades en temas de transporte y otros.

Aun cuando la masa total de impuestos crezca como resultado del crecimiento de la economía, la descentralización de competencias desde la nación hacia las provincias y la recreación de impuestos no coparticipables ha dejado a la mayoría de los tesoros provinciales en una situación fiscal débil. La delegación de competencias con pocos o nulos recursos se parece más a un ajuste fiscal que a la deseada descentralización y es contraria a los designios de las leyes.

En ese contexto, muchas provincias recurren a la creación de nuevos impuestos locales o a la emisión de deuda, cuando consiguen las autorizaciones necesarias. Algunos municipios también recurren a la fijación de tasas por servicios o cánones municipales; ellos tienen una baja participación en la estructura del gasto público por jurisdicción (9%).

Por supuesto, los impuestos locales reducen la competitividad de las actividades productivas en las jurisdicciones (provincial, municipal) que los aplican y el endeudamiento crea potenciales focos de inestabilidad financiera si no se asume con responsabilidad.

Esta espiral negativa y descendente reduce las posibilidades de cumplir con las *transiciones* de *desarrollo humano*, por el aumento implícito que requerirían las prestaciones de servicios de educación, nutrición y salud; y con las de *productividad* por falta de estímulos a la inversión en nuevas tecnologías y capacitación laboral que un país moderno demanda para fomentar la movilidad social.

Argentina 4.0 necesita romper de una vez y para siempre con este círculo vicioso. Y para ello necesita una revolución: cumplir con la ley. Parece extraño, pero solamente cumpliendo el mandato de la Constitución Nacional, reformada en 1994 (que ordena la adopción de una nueva ley de coparticipación federal antes de 1996), se pondría fin a esta situación. Si es tan sencillo, ¿por qué no se ha hecho hasta ahora?

Seguramente porque los intereses en juego se anulan mutuamente a la hora de superar el actual "status quo". La nación parece no tener interés en perder la capacidad de condicionar políticamente a las provincias y direccionar el gasto público; y las provincias discuten entre sí por los porcentajes que reciben en proporción a su población, condicionadas por el peso relativo de la provincia de Buenos Aires.

Postergar esta discusión, sin embargo, significa ni más ni menos que postergar el futuro del país. La Argentina no puede administrarse como si fuera un país unitario. Eso contradice el espíritu y la letra de la Constitución nacional y hace imposible aumentar los servicios sociales allí donde hace falta, cerca de la gente y bajo el liderazgo ciudadano.

Una hoja de ruta posible para encarar una discusión de la envergadura que necesita Argentina 4.0 requeriría seguramente la preparación de un libro específico sobre el tema. Algunas ideas preliminares, sin embargo, podrían esbozarse muy esquemáticamente alrededor de los principios básicos que comento a continuación.

Por ejemplo, considerando que la coparticipación toma en cuenta la proporción de población por provincia con la finalidad de asegurar que cada habitante –a través del gobierno de su distrito– reciba una asignación similar, se podría enriquecer ese concepto incorporando un coeficiente de ajuste que refleje el nivel de pobreza (tamaño de la población bajo cierto nivel de ingreso) y la densidad poblacional. Sería una buena medida si se busca mejorar los servicios sociales y promover la movilidad social.

Por supuesto, en ese contexto sería necesario crear una cuenta única por provincia que resuma e incluya todas las transferencias de fondos, directas, indirectas, explícitas e implícitas, por todo concepto incluyendo los regímenes de promoción industrial y transferencias del tesoro nacional.

Se podrían establecer además mecanismos transitorios e incentivos económicos que premien la reforma del Estado (nacional, provincial y municipal), el aumento en la eficiencia recaudatoria de los impuestos provinciales, la estabilidad fiscal de las provincias y los esfuerzos por reducir la densidad poblacional, es decir, creando estímulos concretos para combatir las aglomeraciones del tipo del conurbano, relocalizando la población en ciudades más alejadas de los centros sobrepoblados, estimulando a la gente a tomar esas decisiones por sí mismas.

La nación, las provincias y los municipios deberían acordar qué competencias y responsabilidades retienen para cada uno con la idea general de estimular la descentralización, en el marco de una profunda reforma impositiva nacional y provincial que evite la sobreimposición de tasas y gravámenes a las actividades productivas, que resulta contraproducente toda vez que reducen la capacidad de competencia del complejo industrial-empresario.

Para implementar los cambios podría establecerse un período de transición, buscando mecanismos para asegurar los ingresos nominales de los distintos actores. Una vez concluido ese período las relaciones fiscales se estabilizarían en torno del nuevo sistema.

Aunque parezca imposible hay que considerar que muchos otros países, de mayor población y extensión territorial, han tenido éxito en alcanzar acuerdos de coparticipación federal de impuestos. Se me ocurren los casos de Estados Unidos, Italia o España. Sin ir más lejos, Brasil, que logró mejorar considerablemente su sistema de coparticipación, aumentando la eficiencia recaudatoria de sus estados provinciales (por encima de los nuestros) mientras su Estado nacional aporta menos fondos al sistema que el local.

En cualquier caso, Argentina 4.0 deberá acometer esta tarea entre sus mayores prioridades y hacerlo siempre con el objetivo de institucionalizar sus resultados. Los países que han logrado progresar a través de la historia siempre administraron las presiones por mayores gastos construyendo instituciones.

Recurro otra vez a un ejemplo, que nos remite a importantes y conocidas instituciones del mundo moderno, para explicar el concepto de un modo más claro.

En el siglo XVII las monarquías europeas enfrentaban los costos crecientes de sus campañas militares. Mientras muchas de ellas recurrían a confiscaciones de tierras, creación de impuestos extraordinarios, o venta de favores de la Corona a cambio de contribuciones especiales para solventar los mayores gastos (los equivalentes contemporáneos de las nacionalizaciones, aumentos extraordinarios de impuestos, blanqueos de capitales y corruptelas varias), Inglaterra organizó las bases institucionales sobre las cuales prevalecería como la potencia económica y militar de la época.

Desarrolló cuatro instituciones claves. El Parlamento, la burocracia fiscal, la deuda pública y el Banco Central. El primero otorgaba representación política a los contribuyentes, que crecían en número debido a la efectividad de la segunda y de esta manera permitía legitimar el proceso de aprobación de los presupuestos. El Banco Central controlaba la emisión de deuda, preservando el valor de la moneda prestada y cobrando el señoreo por la impresión de la misma.

Para librar la guerra contra la pobreza y la marginalidad también hacen falta instituciones que nos aseguren recursos. Podemos seguir como hasta ahora, recurriendo a soluciones extraordinarias…O podemos ponernos a trabajar de una vez por todas en una solución institucional que asegure nuestro éxito futuro.

Un país moderno integrado al mundo

Vivimos un cambio de época. Y en estos momentos la sociedad internacional necesita más que nunca de la contribución responsable de todos sus miembros. Sobre todo cuando ese cambio está signado por el aumento de la conectividad, un paulatino relevo en la vanguardia de la economía internacional a manos de las economías emergentes y la emergencia de una nueva clase media global.

En esas instancias, cada uno de los miembros de la sociedad internacional necesita a su vez ser parte activa de ella y apoyarse en un conjunto de socios estratégicos con los que comparta objetivos comunes, para alcanzar sus metas. Son muchas las oportunidades que se pierden para mejorar la vida de la gente de manera concreta, actuando de otra manera, ignorando esta realidad.

Sería imposible jugar ese rol y aprovechar esas oportunidades si la Argentina no se libera de los complejos que la enredan desde la traumática crisis 2001-2002. Esos fantasmas la mantienen alejada, una década después, de la sociedad de naciones y del mundo financiero en particular, condicionando la potencialidad de sus relaciones políticas con el resto del planeta.

La diplomacia moderna es esencialmente comercial y financiera. Atrás ha quedado la época en que se concentraba principalmente en temas de seguridad. Es normal que eso ocurra en un mundo que se integra a pasos acelerados y donde una nueva economía redefine las fronteras productivas, modularizando la producción de bienes y servicios.

Todos los países buscan oportunidades de nuevos negocios, abrir mercados para sus productos y atraer inversiones para apoyar su proceso de crecimiento económico y su desarrollo social. Tratar de crecer y desarrollarse esencialmente con recursos propios es, básicamente, un anacronismo en un mundo que hace de la conectividad su característica distintiva. Incluso más, las decisiones de política económica necesarias para vivir de ese modo hoy en día desalientan incluso la inversión privada local.

Un ejemplo sencillo ilustrará el comentario.

Según CEPAL, entre 2000 y 2010 Brasil recibió inversión extranjera directa por U$D 268.861 millones. México recibió en el mismo período U$D 231.905 millones, Chile U$D 88.011 millones y Colombia U$D 58.613 millones. La Argentina, con una economía mayor a la de Chile y Colombia, recibió sólo U$D 53.426 millones en la década del 2000s.

Mucho me temo que cuando se computen los datos a fin de 2013 la Argentina será superada por Perú en el último quinquenio, ya que el dinamismo inversor en el país andino es superior al nuestro, sobre todo a partir de los últimos años de la década pasada. Medida anualmente, la inversión extranjera directa en Perú supera a la registrada en la Argentina en 2009 y 2010.

¿Por qué privarnos de captar más recursos, ahorros de otros países para crear puestos de trabajo y mejorar las oportunidades de progreso del nuestro? En el año 2010 la inversión extranjera directa en la Argentina representó solamente el 1,76% del PBI.

Aun cuando quisiéramos justificar una política de aislamiento financiero o político del país (teniendo en cuenta que, en la actualidad, ambas esferas están profundamente relacionadas) en nuestro disgusto con las "malditas" reglas de juego de las finanzas mundiales o en la "perversa" arquitectura de las instituciones financieras multilaterales, más tarde o más temprano, tendremos que reconocer que para cambiarlas necesitaremos del concurso y el apoyo de la comunidad internacional.

Será más fácil obtenerlo y alcanzar nuestros objetivos si somos un jugador activo en esas ligas. No es posible cambiar las reglas de juego de la comunidad internacional en soledad o aislamiento, tratando de reescribirlas en nuestros propios términos sin tomar en cuenta las opiniones y necesidades de los demás.

Argentina 4.0 necesita más recursos para salir de la trampa en que se encuentra, que los economistas llaman "trampa de los ingresos medios". La trampa consiste en considerar períodos de relativa bonanza –a los que se arriba generalmente después de implementar reformas para superar alguna crisis– como un estado de equilibrio final que no requiere mayores esfuerzos ni cambios estructurales.

Esa es la situación del país en este momento. El dinamismo económico de los últimos años, muy por debajo del promedio de la década, reclama atención y cambios importantes así como la creación de empleo, que se ha estancado.

Integrarse al mundo no es una opción sino un mandato y deberíamos llevarlo a la práctica de inmediato. Tal decisión requiere evaluación y planeamiento ya que los ejemplos exitosos de inserción internacional dependen crucialmente de estos elementos. No se trata solamente de regresar a los mercados financieros sino de articular una política exterior que complemente los esfuerzos del sector público y el sector privado para atraer inversiones y movilizar información, habilidades, conocimientos y tecnología a través del complejo industrial-empresario.

Para diseñar una estrategia que alcance objetivos concretos y lograr que esos objetivos se traduzcan en oportunidades para nuestra gente, tenemos que comprender los cambios que tienen lugar en el mundo.

Tan pronto como 2020 la producción de tres países (China, India y Brasil) puede superar el producto combinado de Estados Unidos, Alemania, Reino Unido, Francia, Italia y Canadá. Los países del Sur necesitan de los países del Norte pero los países del Norte también necesitan (y cada vez, más) a los del Sur. ¿Qué alianzas estratégicas tenemos con los protagonistas del futuro? ¿Vamos a limitar nuestras relaciones al envío de materias primas o a un rol menor en el proceso de especialización industrial de un anémico Mercado Común del Sur (Mercosur)?

En mayo de 2013, Chile, Perú, Colombia y México revolucionaron la región lanzando formalmente la Alianza del Pacífico, un bloque comercial moderno que —como su propio nombre lo indica— orienta su esfuerzo a relacionarse con la región más dinámica del mundo, con una fuerza combinada que representa unos 200 millones de personas, 35% de Producto Bruto latinoamericano y 50% de las exportaciones regionales.

Al momento de mandar este libro a imprenta el Programa de Naciones Unidas para el Desarrollo publicó su Informe sobre el Desarrollo Humano (marzo 2013), que confirma las tendencias registradas en este trabajo tras cinco años de investigación y análisis.

El informe señala que los países que desarrollaron estrategias proactivas para tomar ventajas estratégicas ofrecidas por el comercio mundial, invirtiendo fuertemente en capital humano a través de la educación, la nutrición, la salud y otros servicios sociales básicos, mejoraron notablemente su desempeño en relación con el resto. Para ellos resultó más importante determinar prioridades políticas adecuadas que alcanzar los mejores precios.

De acuerdo con las Naciones Unidas, esos países se centraron "en los ciudadanos, promoviendo oportunidades y brindando protección contra riesgos", alertando que la "falta de oportunidades para una participación cívica importante" puede amenazar el progreso.

La integración al mundo en el contexto de una estrategia adecuada es una herramienta fundamental para completar las cuatro transiciones (desarrollo humano, productividad, medioambiental y política) que un Estado moderno debe promover para asegurar el progreso. Intercambiar experiencias, conocimientos, aprender de las experiencias pasadas y aplicar las enseñanzas de nuestro propio recorrido histórico resultará esencial en ese camino. ¿Quién puede acaso reclamar el monopolio de las buenas ideas?

Los desafíos pendientes

Llevar adelante la propuesta que promueve Argentina 4.0 implica un trabajo monumental que no puede resumirse en unas pocas páginas.

El esfuerzo hecho hasta aquí es apenas el comienzo de una labor más amplia, que implicaría traducir una filosofía política basada en el fortalecimiento de los derechos civiles y políticos de los ciudadanos; y focalizada en la expansión de la clase media a través de la construcción de "capacidades sociales", mediante un programa detallado que defina como mínimo el nuevo papel del Estado en la edificación de una "Gran Sociedad"–(basada en un ejercicio del poder más inclusivo, lateral y cooperativo)–; sostenida en la formulación e implementación de estrategias nacionales para la formación de activos físicos y sociales en la clase media, los sectores trabajadores y, en general, en los sectores postergados; así como resguardada en el papel complementario de las instituciones vis à vis la construcción de nuevos liderazgos sociales.

Con todos sus desafíos y dificultades, se trata de un proceso esencial para recuperar la democracia y liberarla del cautiverio al que la someten, frecuentemente, las burocracias políticas, empresarias y sindicales.

Las nuevas tecnologías tienen un rol crítico que desempeñar en esa tarea y nos ofrecen una gran oportunidad; pero ese potencial no las convierte automáticamente en una panacea. La clave para que ese potencial se realice descansa en un cambio de mentalidad de la gente que, al amparo de una nueva conciencia política, se decida a ejercer de manera responsable el poder de vigilancia y control que se debe sobre el mandato político que otorga a sus representantes.

Y ese cambio de mentalidad no podrá cristalizarse sin un esfuerzo enorme para ampliar el alcance del sistema educativo y mejorar radicalmente la calidad de la educación impartida.

No sería ocioso reiterar una vez más el rol crítico que tiene la educación de calidad para materializar la propuesta volcada en estas páginas. Sería imposible promover la movilidad social y fortalecer una clase media que disfrute una expansión de sus derechos políticos sin expandir, al mismo tiempo, las capacidades del sistema educativo para impartir una educación de alta calidad, sobre todo en los sectores más vulnerables y marginados. Esa es la herramienta fundamental en cualquier plan de lucha sostenible y de largo plazo contra la pobreza. La nutrición y la salud son su indispensable complemento.

La democracia, como la conocemos hoy, es el resultado de un proceso evolutivo que incorpora a todos los ciudadanos, sin distinciones, en el proceso político, otorgándoles derechos y responsabilidades en la administración de la cosa pública. Esos derechos se fueron fortaleciendo con el tiempo. Las primeras versiones del sistema no incluían el sufragio universal ni el voto femenino, legislación que se fue incorporando progresivamente.

En el siglo XXI esa evolución tiende a manifestarse en el aumento de la participación popular, expandiendo los derechos civiles y políticos de los ciudadanos para encontrar soluciones concretas a los problemas cotidianos. Es posible que esas necesidades aumenten la relevancia de los niveles de gobierno más próximos a la comunidad como los municipios, un buen lugar para empezar a rediseñar la relación de la gente con la política.

El tamaño de algunos municipios del conurbano puede atentar contra la efectividad de esa propuesta. Hay, sin duda, un problema de escala que atender y evaluar. ¿Será posible encontrar una respuesta a este problema en el marco del desarrollo de un sistema de comunas, como el que se ha implementado en la ciudad de Buenos Aires, o la descentralización a los distritos de la ciudad de Rosario?

Uno de los problemas más serios que deberemos enfrentar en los próximos años está precisamente en esos grandes municipios del conurbano que reúnen unos 10 millones de personas. Analizar su problemática requeriría un trabajo específico.

Rápidamente, sin embargo, podría observarse que en las últimas décadas el patrón de inversión y desarrollo transformó los tradicionales "cordones" (primero, segundo, tercero, una suerte de anillos alrededor de la ciudad) en "corredores" (norte, sur, oeste), según varios expertos.

El corredor "norte", históricamente más acomodado, recibió inversión pública pero su progreso parece explicarse mayormente por el dinamismo de la inversión privada inmobiliaria. Así logró despegarse del tradicional concepto de pobreza asociado con la zona mientras que el sur del conurbano siguió la trayectoria opuesta, a pesar de la inversión pública recibida y aun tomando en cuenta sus déficits estructurales y las situación económica de sus habitantes. El corredor del oeste queda en una situación intermedia entre la prosperidad del norte y las urgencias del sur.

Una observación general mostraría que la inversión pública parece operar mejor en concurrencia con la acción privada. ¿Cuánto podría potenciarse el proceso bajo liderazgo ciudadano? ¿Cómo materializarlo? ¿Cómo asegurar que los intereses de corto plazo de la política electoral no postergan las soluciones estructurales?

Las ideas discutidas en Argentina 4.0 pueden ayudar en ese proceso aun cuando sean muchas las dimensiones que los cambios propuestos deben abarcar.

Algunas de ellas son realmente esenciales. Por ejemplo, la autonomía municipal en la provincia de Buenos Aires y la distribución de recursos en ese nivel de gobierno a través de la coparticipación provincial de impuestos.

La provincia de Buenos Aires, con más de 15,6 millones de personas, concentra casi el 39% de la población del país y el 32% del valor total de la producción nacional (que se eleva al 45 % si se considera sólo la producción manufacturera). Sus recursos propios –es decir, los que consigue a través de impuestos provinciales– cubren el 40% de su presupuesto. Consta de 135 municipios, 24 de los cuales representan el conurbano.

Aunque el conurbano contribuye aproximadamente con la mitad del Producto Bruto Provincial, su población –casi dos tercios de la provincial– se encuentra mayoritariamente en la pobreza (53%) y una cantidad importante todavía vive en la indigencia (23%).

Los 24 municipios del conurbano recibieron unos $66 por habitante en promedio contra un nivel de $ 191 por persona que obtuvieron los 111 municipios rurales del interior provincial (2003) a través de la coparticipación provincial.

¿Qué duda cabe que hay que modificar esta realidad para mejorar la provisión de bienes públicos como la seguridad, la salud y la educación en el conurbano? ¿Esperaremos a que el Estado haga todo o liberaremos la energía de los emprendedores sociales y convocaremos al sector privado?

Tenemos mucho que hacer para derrotar la pobreza y construir un país más justo. Hemos progresado mucho en estos años pero es necesario poner el desempeño del país en perspectiva. Por ejemplo, el índice de Desarrollo Humano que publica el Programa de Naciones Unidas para el Desarrollo muestra que la Argentina detentaba el puesto 34 en el mundo en el año 2003 (0,86). En el informe 2012 el país se ubica en el puesto 45 (0,81).

Compararnos con nuestro propio desempeño puede llevar a evaluaciones parciales o equivocadas. Nosotros progresamos pero muchos países hicieron lo mismo y, al parecer, hay quienes lo han hecho mejor que nosotros.

En todo caso, como nos ha enseñado el salvaje siglo XX, los programas de transformación necesitan perdurar en el tiempo para producir resultados concretos y eso requiere que se apliquen de manera flexible, experimentando distintas opciones y apelando a la prudencia para introducir novedades gradualmente.

Ninguna idea llevada al extremo parece haber obtenido resultados perdurables en materia de organización social y económica de la comunidad.

Sería ideal que Argentina supere la tendencia a cambiar de política sólo o principalmente a través de crisis políticas o económicas y logre ajustar sus programas de gobierno de una manera pacífica y consensuada. No imagino mejor contribución de la clase política para demostrar el amor por el país y su pueblo.

Promover una sociedad de clase media comprometida con la modernidad y el progreso que trabaje para eliminar la desigualdad y promover una forma más abierta y transparente de ejercer el poder, con mayor participación y cooperación de ciudadanos "empoderados" por una mayor cantidad y variedad de "capacidades sociales", capital físico, económico y social puede parecer un objetivo lejano, abstracto o inasible. Una persona razonable se preguntaría incluso si es sensato intentarlo.

Pero en este nuevo mundo, que transita un cambio de época, el futuro nos aguarda al doblar cualquier esquina. Es un mundo donde todo es posible y, además, puede ocurrir en cualquier momento.

Bienvenidos a Argentina 4.0, un lugar donde la política busca convertirse en una fuerza transformadora positiva en favor de la gente.

Bibliografía

ACEMOGLU & ROBINSON, *Why nations fail*. Crown Business, 2012

AHRENS, CASPERS & WEINGARTH, *Good Governance in the 21st Century*, Edward Elgar, 2011.

AMSDEN, *The rise of the rest*. Oxford, 2001.

ATTALI, *A brief history of the future*. Arcade, 2006.

ATTALI, *¿Y después de la crisis qué…?*. Gedisa, 2009.

BASSIOUNI, Cherif, *Crimes Against Humanity in International Criminal Law*. Kluwert Law International, 1999.

BATELLE, *The search*. Portfolio Penguin, 2005.

BERLINER, *The economics of good society*. Blackwell publishers, 1999.

BOTANA, *El siglo de la libertad y el miedo*. Sudamericana, 1998.

BOTANA, *Argentina 2010 entre la frustración y la esperanza*. Taurus, 2010.

BRZEZINSKY, *The Choice*. Basic Books, 2005.

CARMONA, *El debate sobre nuevos estilos de gobierno en ciudades argentinas*. Ciccus ediciones, Universidad Nacional de General Sarmiento, 2012.

CHATTOPADHYAY, MAITI & RAKSHIT, *Planning and Economic policy in India*. Sage 1996.

CHATTOPADHYAY, BATRA & OZSOMER, *The new emerging market multinationals*. Mc Graw Hill, 2012.

CHUDNOSKY, KOSACOFF & LOPES, *Las multinacionales latinoamericanas: sus estrategias en un mundo globalizado*. Fondo de Cultura Económica, 1999.

CLAPP & DAUVERGNE, *Path to a green world*. Massachusetts Institute of Technology, 2005.

CLARK, *A Farewell to Alms, A brief Economic History of the World*. Princeton, 2007.

CONQUEST, *Reflections on a ravage century*. John Murray, 1999.

CORIAT & TADDÉI, *Made in France*. Allianza Editorial 1993.

CROUCH, *Capitalist diversity and change*. Oxford, 2005.

DAVID & THOMAS, *The economic Future in Historical Perspective*. Oxford University Press for The British Academy, 2003.

DIAMOND, *Collapse*. Penguin Allen Lane, 2005.

DIAMOND, *Guns, Germs and Steel*. Vintage, 1998.

DE LA DEHESA, *Comprender la globalización*. Alianza Editorial, 2000.

DE LA DEHESA, *Globalización, desigualdad y pobreza*. Alianza Editorial, 2003.

DUNNING, *Regions, Globalization and the knowledge-based economy*. Oxford, 2000.

EASTERLY, *The elusive quest for growth*. Massachusetts Institute of Technology, 2001.

EASTERLY, *The White man's burden*. Oxford, 2006.

ESTEVADEORDEAL, FRANTZ & NGUYEN, *Regional Public Goods*. Inter-American Development Bank & Asian Development Bank, 2003.

FERGUSON, *Dinero y poder en el mundo moderno, 1700-2000*. Taurus 2001.

Ferraz, Kupfer & Haguenauer, *Made in Brazil*. Campus 1997.

FLORIA, *Pasiones nacionalistas*. Fondo de Cultura Económica, 1998.

FLORIA & GARCIA BELSUNCE, *La Argentina política*. El Ateneo, 2005.

FOX, *The Myth of the Rational Market*. Harper, 2009.

FREEMAN & BARTELS, *The future of foreign investment in southeast Asia*. Routledge Curzon, 2004.

FREEMAN & KOLSTAD, *Moving to markets in environmental regulation*. Oxford, 2007.

GALBRAITH, *Historia de la economía*. Ariel, 1998.

GATES, *Business @ the speed of thought*. Penguin 1999.

GATES, *The ownership solution*. Penguin 1998.

GIBSON, *Rethinking the Future*. Nicholas Brealey, 1997.

GILPIN, *The political economy of international relations*. Princeton, 1987.

GUIDDENS, *The third way*. Polity 1998.

GHEMAWAT, *World 3.0*. Harvard University Press, 2011

GHONIM, *Revolution 2.0*. Houghton Mifflin Harcourt, 2012.

HALL & SOSKICE, *Vareities of Capitalism*. Oxford 2004.

HARRIS, *Vacas, cerdos, guerras y brujas*. Alianza Editorial, 1980.

HARVEY, *A brief history of neoliberalism*. Oxford, 2005.

HARVEY, *The enigma of capital*. Oxford, 2010.

HAWKEN, Lovins & Lovins, *Natural Capitalism*. Earthscan, 1999.

Hayami, *Development Economics*. Oxford, 2001.

Heinberg, *The party's over*. New Society, 2005.

Held & McGrew, *Governing Globalization*. Polity Press, 2005.

Hutchings, *International political theory*. Sage, 1999.

Hutton & Guiddens, *On the Edge*. Jonathan Capr, 2000.

Kahler & Lake, *Governance in a global economy*. Princeton, 2003.

Kaletsky, *Capitalism 4.0*. Publicaffairs, 2010.

Kaul, Grunberg & Stern, *Global Public Goods*. Oxford, 1999.

Kaul, Concei Cao, Le Goulven & Mendoza, Providing Public Goods. Oxford, 2003.

Lagos & Landerretch, *El Chile que se viene*. Catalonia, 2011.

Landes, *The wealth and poverty of nations*, Northon, 1999.

Leonardi, *Cohesion policy in the European Union*, Palgrave 2005.

Linder, *Swiss democracy*, Palgrave 1998.

Linz & Stepan, *Problems of democratic transition and consolidation*. Johns Hopkins, 1996.

López Accotto, Martínez, Grinberg & Mangas. *La provincia de Buenos Aires y sus municipios, los laberintos de una distribución anacrónica de recursos*. Universidad Nacional de General Sarmiento, 2012.

López-Calva & Lüstig, *La disminución de la desigualdad en América Latina ¿Un decenio de progreso?* Fondo de Cultura Económica, 2011.

Lynch, *The Arab uprising*. Publicaffairs, 2012.

Magariños, *El rol del Estado y la política industrial de los 1990s*. Ediciones Macchi, 1995.

Magariños, Assaf, Lall, Martinussen, Ricupero & Sercovich, *Reforming the UN System*. Kluwer Law International, 2001.

Magariños, Long Yongtu & Sercovich, *China in the WTO*. Palgrave Macmillan, 2002.

Mander, *The capitalist papers*. Counterpoint, 2012.

Marber, *Seeing the elephant*. Wiley 2009.

Martínez Gonzales-Tablas, *Economía política de la globalización*. Ariel, 2000.

Martinussen, *Society, states & market*. Fernwood Books, 1997.

Mauldin & Tepper. Endgame. Wiley 2011.

McDonough & Braungart, *Cradle to Cradle*. North Point Press, 2002.

Meier & Stiglitz, *Frontiers of Development Economics*. Oxford, 2001.

MÉNDEZ, O'DONNELL & PINHEIRO, *La (in)efectividad de la ley y la exclusión en América Latina*. Paidós, 2002.

MÍGUEZ, *Historia económica de la Argentina*. Sudamericana, 2008.

MOSTROUS, GUE & DITTMAN, *The rise of the state*. Pearson Education as FT Press, 2011.

MOWERI & ROSENBERG, *Paths of Innovation*. Cambridge, 1998.

PAZ BÁÑEZ, *Economía mundial*. Pirámide, 1998.

PEYREFFITTE, *Milagros económicos*. Editorial Andrés Bello 1997

PERALTA RAMOS, *La economía política argentina: poder y clases sociales (1930-2006)*. Fondo de Cultura Económica. 2007.

PROGRAMA DE LAS NACIONES UNIDAS PARA EL DESARROLLO, *El estado de la ciudadanía*. Sudamericana, 2011.

PROGRAMA DE LAS NACIONES UNIDAS PARA EL DESARROLLO, *La Argentina del largo plazo: crecimiento, fluctuaciones y cambio estructural*. PNUD, 2011.

RAHMAN & ANDREU, *Responsible Global Governance*. Academic Foundation, 2004.

RAPOPORT, *Historia económica, política y social de la Argentina (1880-2003)*. Emecé, 2007.

REICH, *El trabajo de las naciones*. Vergara, 1993.

RIFKIN, *The hydrogen economy*. Tarcher Putnam, 2002.

RIFKIN, *La tercera revolución industrial*. Paidós, 2011.

RODRIK, *The globalization Paradox*. Norton, 2011.

RYDEN, *Representation in crisis*. Suny. 1996

SERCOVICH, *Competition and the world economy*. Edward Elgar, 1999.

SHAPIRO, *2020 Un nuevo paradigma*. Tendencias 2008.

SHARMA, *Breakout Nations*. Penguin Allen Lane, 2012.

SHUMWAY, *La invención de la Argentina*, Emece, 2002.

SIDICARO, *Los tres peronismos*. Siglo XXI, 2010.

SINHA, *The Indian Economy in the 21ˢᵗ century*. Ajanta, 1998.

SPENCE, *The next convergence*. Picador 2012.

SOLUDO, OGBU & CHANG, *The politics of trade and industrial policy in Africa*. International Development Research Centre (IDRC) Africa World Press, 2004.

SOROS, *The crash of 2008*. Pubicaffairs, 2008.

STIGLITZ, *Caída libre*. Taurus 2010.

STOKER, *Why politics matter*. Palgrave, 2006.

TAPSCOTT & WILLIAMS, *Macrowikinomics*. Portfoio Penguin 2012.

THAROOR, *Pax Indica*. Penguin Allen Lane, 2012.

THELEN, *How institutions evolve*. Cambridge, 2004.

TOFFLER, *La tercera ola*. Plaza & Janés, 1981.

TOFFLER, *Las guerras del futuro*. Plaza & Janés 1994.

UNITED NATIONS INDUSTRIAL DEVELOPMENT ORGANIZATION (UNIDO), *Industrial Development Report, 2002/2003*.

UNITED NATIONS INDUSTRIAL DEVELOPMENT ORGANIZATION (UNIDO), *Industrial Development Report, 2004*.

UNITED NATIONS INDUSTRIAL DEVELOPMENT ORGANIZATION (UNIDO), *Industrial Development Report, 2005*.

UNITED NATIONS INDUSTRIAL DEVELOPMENT ORGANIZATION (UNIDO), *Public Goods for Economic Development*, 2008.

UNITED NATIONS INDUSTRIAL DEVELOPMENT ORGANIZATION (UNIDO), *Industrial Development Report, 2009*.

VAN OVERTVELDT, *Bernanke's test*. Agate, 2009.

VILLAREAL & VILLAREAL, *México competitive 2020*. Oceáno, 2002.

WANG, *Integrated Study of China's Development and Reform*. Foreign Language Press, 2003.

WATSON, *The evolution of international society*. Routledge, 1992.

WATSON, *Future File*, WS Bookwell, 2008.

WHITE, *Little & Smith*, Issues in world politics. Palgrave, 2005.

WOODS JR., *Meltdown*. Regnery, 2009.

WORLD BANK, *The quality of growth*. Oxford, 2000.